INICIAÇÃO À FILOSOFIA
PARA OS NÃO FILÓSOFOS

Louis Althusser

INICIAÇÃO À FILOSOFIA PARA OS NÃO FILÓSOFOS

Texto estabelecido e anotado
por G. M. Goshgarian

Prefácio
de Guillaume Sibertin-Blanc

Tradução
Rosemary Costhek Abilio

SÃO PAULO 2020

Esta obra foi publicada originalmente em francês, com o título INITIATION À LA PHILOSOPHIE POUR LES NON-PHILOSOPHES por Presses Universitaires de France, Paris, em 2014.
Copyright © 2014, Presses Universitaires de France.
Copyright © 2018, Editora WMF Martins Fontes Ltda.,
São Paulo, para a presente edição.

Todos os direitos reservados. Este livro não pode ser reproduzido, no todo ou em parte, armazenado em sistemas eletrônicos recuperáveis nem transmitido por nenhuma forma ou meio eletrônico, mecânico ou outros, sem a prévia autorização por escrito do editor.

"Cet ouvrage, publié dans le cadre du Programme d'Aide à la Publication 2016 Carlos Drummond de Andrade de l'Institut Français du Brésil, bénéficie du soutien du Ministère de l'Europe et des Affaires étrangères."

"Este livro, publicado no âmbito do Programa de Apoio à Publicação 2016 Carlos Drummond de Andrade do Instituto Francês do Brasil, contou com o apoio do Ministério francês da Europa e das relações exteriores."

1ª edição 2019
2ª tiragem 2020

Tradução
ROSEMARY COSTHEK ABILIO

Acompanhamento editorial
Fernando Santos
Preparação de texto
Maria Luiza Favret
Revisões
Ana Alvares
Ana Caperuto
Capa e edição de arte
Gisleine Scandiuzzi
Produção gráfica
Geraldo Alves
Paginação
Studio 3 Desenvolvimento Editorial

Dados Internacionais de Catalogação na Publicação (CIP)
(Câmara Brasileira do Livro, SP, Brasil)

Althusser, Louis
  Iniciação à filosofia para os não filósofos / Louis Althusser ; texto estabelecido e anotado por G. M. Goshgarian ; prefácio de Guillaume Sibertin-Blanc ; tradução Rosemary Costhek Abilio. – São Paulo : Editora WMF Martins Fontes, 2019.

  Título original: Initiation à la philosophie pour les non-philosophes.
  ISBN 978-85-469-0164-7

  1. Filosofia francesa I. Goshgarian, G. M. II. Sibertin-Blanc, Guillaume. III. Título.

17-05582   CDD-194

Índice para catálogo sistemático:
1. Filosofia francesa   194

Todos os direitos desta edição reservados à
Editora WMF Martins Fontes Ltda.
Rua Prof. Laerte Ramos de Carvalho, 133 01325-030 São Paulo SP Brasil
Tel. (11) 3293-8150 e-mail: info@wmfmartinsfontes.com.br
http://www.wmfmartinsfontes.com.br

Sumário

Prefácio da edição francesa
   por *Guillaume Sibertin-Blanc*   9
Nota da edição francesa
   por *G. M. Goshgarian*   27

INICIAÇÃO À FILOSOFIA PARA OS NÃO FILÓSOFOS

1. O que dizem os "não filósofos"?   33
2. Filosofia e religião   43

O GRANDE DESVIO

3. A abstração   73
4. A abstração técnica e a abstração científica   85
5. A abstração filosófica   95
6. O mito do estado de natureza   101
7. O que é a prática?   109
8. A prática da produção   117
9. A prática científica e o idealismo   125
10. A prática científica e o materialismo   135
11. A prática ideológica   147
12. Os aparelhos ideológicos de Estado   155

13. A prática política 175
14. A prática psicanalítica 191
15. A prática artística 203
16. A prática filosófica 209
17. Ideologia dominante e filosofia 217
18. O laboratório teórico da filosofia 223
19. Ideologia e filosofia 233
20. Filosofia e ciência da luta de classes 237
21. Uma nova prática da filosofia 245
22. A dialética: leis ou teses? 249

O organizador agradece aos srs. François Boddaert e Olivier Corpet, bem como à equipe do Institut Mémoires de l'Édition Contemporaine (Imec), por sua colaboração na edição da presente obra.

G. M. Goshgarian agradece a Paul Garapon, Christine Gardon, François Matheron, Peter Schöttler, Tzuchien Tho, Fabienne Trévisan, Maria Vlădulescu, Jackie Épain, Sandrine Ferré, Laurie Tuller, à equipe de redação da revista de estudos althusserianos Décalages *e a toda a equipe do Imec.*

Prefácio da edição francesa
por Guillaume Sibertin-Blanc

Iniciação à filosofia para os não filósofos, cujo manuscrito foi estabelecido por G. M. Goshgarian, é aqui apresentado ao público pela primeira vez. Nele, Althusser combina o que, sob muitos aspectos, parecerá uma síntese, na qual a unidade de uma exposição geral não exclui justaposições, às vezes inesperadas, de proposições feitas pelo autor ao longo de seus sucessivos deslocamentos – desde os cursos de 1967 sobre a "filosofia espontânea dos cientistas"[1] e *Lénine et la philosophie* [Lênin e a filosofia] até a Soutenance d'Amiens [Defesa de tese de Amiens] e a conferência de Granada de 1976, "La transformation de la philosophie" [A transformação da filosofia] – e a mais imediata ressonância com a atualidade de sua redação, aquela que, em 1977-1978, tem seu diagnóstico nos textos da "crise *aberta* do marxismo" e que dá à *Iniciação* seu endereço, talvez sua causa latente e, por fim, sua razão *em conjuntura*. Conjuntura de crise política e teórica do marxismo, a conjugar uma crise do movimento operário e de suas organizações com a progressão dos movimentos sociais, minoritários e de massas, que, mesmo do exterior das formas históricas da luta de classes operária (o partido, o sindicato), não deixam de questionar a "finitude" da teoria marxista.

---

1 E, muito particularmente, o quinto curso, que permaneceu inédito durante a vida de Althusser e com uma surpreendente fecundidade, que veremos posta à prova também aqui, bem como "Notes de recherches", de outubro de 1966 a fevereiro de 1968: L. Althusser, "Du côté de la philosophie (cinquième cours de philosophie pour scientifiques)" (1967), em *Écrits philosophiques et politiques*, ed. F. Matheron. 2. ed. Paris: Stock-Imec, 1995, t. II; Paris: Le Livre de Poche, 1997, pp. 267-308; e "Notes sur la philosophie (1967-1968)", ibid., pp. 313-56.

Basta reler as últimas linhas da intervenção de 1978, "Le marxisme aujourd'hui" [O marxismo hoje], e se encontrará nelas nada menos do que o ponto de partida da *Iniciação*: "Pois os problemas teóricos não se resolvem na cabeça dos intelectuais (universitários ou políticos, dirigentes ou não, 'intelectuais' ou 'manuais' [sic]), que não decidem sobre o surgimento deles, nem sobre sua colocação, nem sobre sua abertura. [...] O marxismo está às vésperas de profundas mudanças, cujos primeiros sinais são visíveis. A teoria marxista pode e deve assumir hoje, para não mais abandoná-las, as velhas palavras de Marx: devemos 'acertar contas com nossa consciência filosófica anterior'. E, em primeiro lugar, com a 'consciência filosófica' de Marx, sempre 'anterior'. Sabendo que, evidentemente, isso não compete apenas aos filósofos, intelectuais e dirigentes, nem mesmo apenas aos partidos, pois 'todo homem é filósofo' (Gramsci). Em última instância, compete às massas populares na prova de seu combate."[2]

Sendo assim, por que propor uma "iniciação"? Iniciar seria introduzir num novo elemento artes de uma vida feliz, segredos de uma prática voluptuosa ou mistérios de um saber esotérico destinados a fazer os neófitos ingressarem no círculo restrito que seu rito de passagem reserva aos que o cumprirem. Este livro, que Althusser também chama de seu "manual" – o termo é particularmente adequado –, ao contrário, parte da constatação mais exotérica possível: *há* uma ideia dada da filosofia, o que parece anular de imediato o empreendimento introdutório e didático que seu título anuncia. Entretanto, se as contas não zeram, é porque essa ideia não é simples, mas dupla e contraditória. Tal dualidade não vem primeiramente da divisão entre sua tendência materialista e sua tendência idealista, de acordo com a tese que Althusser reescreve continuamente, a partir das fórmulas *princeps* de Engels e Lênin, desde 1968 – *Lénine et la philosophie*, *La Philosophie comme arme de la révolution* [A filosofia como arma da revolução] etc. –, e à qual a *Iniciação* dá uma operatividade máxima. Vem mais profundamente da divisão entre trabalho manual e intelectual, da hierarquização à qual ela apõe modos de pensamento e de conhecimento, da especialização da função intelectual e de sua relação bifacial, de pedagogismo e dominação, com esses "homens

---

2 L. Althusser, "Le marxisme aujourd'hui" (1968), reed. em *Solitude de Machiavel*, ed. Y. Sintomer. Paris: PUF, 1998, pp. 308-9, Col. Actuel Marx Confrontation.

da prática" que presumivelmente são ensinados por seu saber ou obrigados a "aplicá-lo" como se executassem ordens. Ao inserir-se nessa divisão, a ideia dada da filosofia assume assim duas formas: a de uma "filosofia espontânea dos não filósofos", unificação de uma atitude prática e intelectual perante o mundo na qual se combinam, em formas mais ou menos contraditórias de "atividade passiva", a aceitação prudente ou resignada do mundo tal como ele é e a apreensão "racionalista" de um mundo que sempre abre alguma brecha para a transformação; e também a ideia espontânea que os próprios "filósofos profissionais" têm sobre sua prática – personagens estranhos, devotados à exegese infinita dos textos em busca de seu Sentido, professores singulares especializados em ensinar essa disciplina que, desde seu surgimento, tem se declarado não ensinável.

Essas duas filosofias espontâneas, ou essas duas ideias dadas da filosofia, não têm o mesmo conteúdo nem a mesma história, ou a mesma relação com a história, a das lutas de classes que permeiam ambas e fazem que tanto uma como a outra nada tenham de "espontâneo". Mas, entre elas, todo um tecido de relações está sempre estendido, se mais não fosse porque os não filósofos interiorizam a visão que os filósofos profissionais têm de sua própria atividade, relações que se pode considerar que a *Iniciação* tem como única tarefa desfazer, por meio de um novo "longo desvio", seguindo o gesto que Althusser elevou à posição de gesto filosófico por excelência de descentramento, de demarcação de uma distância tomada, ou seja, da posição de clivagem de uma *tese*[3]. No início do manuscrito de 1969-1970, "La reproduction des rapports de production" [A reprodução das relações de produção], Althusser criticava Gramsci, devolvendo-lhe a censura que ele dirigira a Bukharin de ignorar um aspecto central da concepção espontânea que os filósofos têm de sua própria atividade e que os não filósofos assumem quando os representam, vivendo num mundo de abstrações[4]. Representação contradité-

---

3 Como o famoso "desvio por Espinosa", para repensar a relação crítica de Marx com Hegel em outros termos, diferentes daqueles da dialética idealista: "Éléments d'autocritique" (1972), reed. em *Solitude de Machiavel*, op. cit., pp. 181-9.
4 Ver A. Gramsci, *Cahiers de prison*, 10º caderno ("L'anti-Croce"), § 12, e 11º caderno, § 13, no qual o autor critica Bukharin por não haver começado seu *Manuel populaire* de sociologia marxista por um exame crítico da "filosofia dos não filósofos" e da ideia "espontânea" que o povo faz da filosofia. Cf. L. Althusser, *Sur la reproduction*. Paris: PUF, 1995, p. 32, Col. Actuel Marx Confrontation. Lembramos que esse manuscrito, no qual Althusser testa longamente

ria, novamente, visto que são essas mesmas "abstrações" que simbolizam para os primeiros a eminência de sua disciplina, fora do alcance dos "homens comuns", e dão aos outros a oportunidade para um "acerto de contas" zombeteiro com esses animais estranhos que vivem com a cabeça nas nuvens. Tomar como fio condutor precisamente a questão das abstrações é, sem dúvida, uma das originalidades da *Iniciação*.

Seu primeiro efeito é submeter o princípio dialético materialista de "unidade entre a teoria e a prática *sob o primado* da prática" (numa afinidade inicial com Gramsci, ainda mais digna de nota porque Althusser estará sempre procurando distanciar-se dela) a uma polarização exatamente inversa à da filosofia da *práxis*. Esta faz do primado da prática um princípio hermenêutico, empenhando-se em recuperar até mesmo nas filosofias mais especulativas o elemento "concreto" que comportam ou a "praticidade" que constitui seu "elemento histórico" imanente – o que já pressupõe certa prática da abstração, enquanto "extração" de um sentido dado nas coisas como seu "núcleo" histórico concreto (seu "sentido prático"), no que Althusser verá sempre uma variante empirista do idealismo, deixando transparecer o idealismo latente das próprias filosofias da *práxis*. No sentido contrário, a *Iniciação* põe em prática a concepção agonística da filosofia, que impõe ocupar as posições do adversário, assumi-las "preventivamente", sob pena de logo se ver ocupado e dividido por elas.

Não é no caráter concreto da prática, por oposição às abstrações das teorias, que Althusser se apoia para pôr em cena o conflito de tendências entre o materialismo e o idealismo que divide perpetuamente o campo filosófico. Ao contrário, é no elo forte da tendência idealista que é puxado o fio de Ariadne para guiar o Grande Desvio, partindo da ideia dada da filosofia, aquela que permite aos filósofos atribuírem um poder exorbitante às "ideias", o que não é possível sem atribuírem a si mesmos um poder, não menos exorbitante, *sobre* as ideias, ou sem elegerem alguns de seus "portadores", que supostamente mantêm uma relação privilegiada

---

sua teoria dos "aparelhos ideológicos de Estado", que é objeto de uma retomada substancial na *Iniciação*, era apresentado pelo próprio autor como um "longo desvio" entre a questão preliminar *O que é a filosofia?* e aquela à qual deveria retornar em um segundo volume: *O que é a filosofia marxista-lêninista* (ou: *O que é "a intervenção filosófica revolucionária na prática científica e na prática da luta de classes proletária"*)?

com as abstrações. Mas se partirá dela apenas para desdobrar a multiplicidade de "aspectos" ou de "modos" de abstração implicados na diversidade das práticas, tanto sociais, técnicas, estéticas, produtivas e políticas (seguindo os dois "modelos" priorizados até então por Althusser) como também, e *primeiramente*, práticas linguística e sexual (seguindo uma ordem de exposição significativa que tende a ver nessas duas, assim como nas anteriores, o duplo paradigma de toda "apropriação do concreto" *sob relações abstratas*...). A análise dessa multiplicidade comanda então uma pluralização da unidade entre a teoria e a prática, unidade tão variável quanto os diferenciais de abstração que a cada vez a condicionam, mas, ao mesmo tempo, impedem que se faça dela uma identidade simples (ou reflexiva, ou expressiva, ou aplicativa). Consequentemente, é a cláusula materialista do primado da prática sobre a teoria que deixa de funcionar como um princípio hermenêutico simples. Sob a forma de exposição aparentemente tipológica adotada por Althusser, esse primado, por sua vez, subordina-se a uma *tópica das práticas*, que torna suas figuras inevitavelmente heterogêneas e, portanto, torna ele mesmo irredutivelmente *sobredeterminado*.

A *Iniciação* passa então a ser escrita em pauta dupla. Traçar tal tópica das práticas em função dos regimes de abstração que elas supõem, materializam e transformam é visar uma determinação diferencial da prática filosófica. Portanto, é recolocá-la entre as outras práticas, sem separar a questão da especificidade das abstrações que ela maneja (suas "categorias") da localização de seus efeitos, diferenciados nos outros processos de saber, técnicos, científicos, estéticos, analíticos ou políticos, cujas abstrações o trabalho filosófico "explora" ou transforma. É formular, em troca, a *complexidade imanente* das abstrações que atuam em cada prática, portadora de mais pensamento do que o que pode ser conhecido num regime de abstração único ou visto como teoricamente homogêneo. As abstrações de regimes distintos "inserem-se", por sua vez, em *outras práticas* que não as que as produzem, o que faz de sua inserção tópica o meio de explicar a complexidade dos processos sociais de pensamento e de conhecimento que, por nunca poderem dominar plenamente suas condições nem seus efeitos, nunca constituem por si mesmos sua própria esfera de interioridade. No limite, o conceito de abstração sai de sua oposição empirista ou positivista em relação ao "concreto" para significar a hipertrofia do pensamento sobre toda "instância teórica", quaisquer que sejam a determinação e a qualificação de seus portadores. Dizendo isso de modo contrário, a distinção entre "práticas teóricas" e "práticas não teóricas" tende a se tornar uma distinção-limite, o que não significa que desapareça, e sim que permanece irredutivelmente litigiosa, podendo ser estabelecida apenas por um forçamento, em que se decidem a hierarquia dos saberes e a distribuição polêmica do saber e do não saber.

Mas esse momento, que poderia ser chamado de momento do *antiteoricismo consumado* de Althusser, é também aquele em que mais radicalmente se acentua a *determinação política* da filosofia como continuação da política por outros meios, ou como "luta de classes na teoria" (pelo menos "em última instância", o que quer dizer também que ela não se "reduz" a esta, assim como não se "deduz" desta). É, portanto, também o momento em que o "conflito de tendências" que divide o campo filosófico deverá fazer os antagonismos de classe se comunicarem com as determinações idealistas e materialistas da "teoria", da "prática" e de suas relações (e, "em última instância", com os sentidos antitéticos que o "primado" de uma ou de outra assume). Por esse motivo, não está mais em jogo discernir a especificidade das abstrações filosóficas, e sim explicar o manejo idealista da abstração, delegando ao campo filosófico a tarefa de unificar uma ideologia dominante essencial para a dominação de classe. Isso inevitavelmente coloca, por sua vez, o problema de uma *relação materialista com a abstração*, ou da capacidade da "tendência materialista" na filosofia de transformar sua prática para fazer do poder de abstração outra coisa que não seja um poder de sujeição das práticas às ideias dominantes que "cimentam" uma ordem estabelecida de dominação e exploração.

Salientou-se que essa determinação política implicava saber como, no momento em que a filosofia parece absolutamente costurada à política, manter uma *diferença* entre elas[5]. Ou, como escreve Althusser na *Iniciação*, como fazer da filosofia, depois de ter sido "serva da teologia" e enquanto permanece serva da ideologia dominante, outra coisa que não seja "serva da política", encarregada de autorizar a direção política e sua linha com uma garantia erudita, ou mesmo de gratificar a ideologia proletária

---

5 Ver S. Lazarus (dir.), *Politique et philosophie dans l'œuvre de Louis Althusser*. Paris: PUF, 1993, pp. 29-45, 81 ss., Col. Pratiques théoriques.

com um suplemento de alma especulativo ou com a "coerência" de uma concepção de mundo sistemática. A *Iniciação* sugere outra formulação do problema, mais "abstrata" num sentido, porém reconduzindo de modo mais estrito ao diagnóstico da "crise aberta do marxismo": como inserir num mesmo dispositivo a filosofia idealista e a filosofia materialista, ou, caso se queira destacar que elas nunca se apresentam esquematicamente numa oposição simples (mas isso não muda em nada o problema), o idealismo e o materialismo como tendências antagônicas, sempre emaranhadas, dividindo, através de suas combinações desiguais, o campo da "filosofia".

Esse problema, que o deslocamento do questionamento sobre "a filosofia marxista" (materialismo dialético) para o de uma "prática marxista" da filosofia acusará de maneira cada vez mais clara, tende a fazer do materialismo mais ou menos do que uma tendência em luta contra outra que lhe seria formalmente homogênea: antes uma *anomia* no interior de um campo filosófico constitutivamente idealista, organicamente ligado à dominação de classe e estruturalmente ordenado em negação das lutas ideológico-políticas que o condicionam e lhe delegam as intervenções dela.

Nada mostra melhor isso do que o desdobramento dado na *Iniciação* à cena platônica do "começo da filosofia", sobre a qual Althusser havia projetado, em várias ocasiões, desde 1967 – no quinto *Cours de philosophie pour scientifiques* [Curso de filosofia para cientistas] e nas "Notes sur la philosophie" [Notas sobre a filosofia], menos incisivamente em *Lénine et la philosophie*, de novo mais incisivamente no início de *Sur la reproduction des rapports de production* [Sobre a reprodução das relações de produção] etc. –, todos os problemas relativos a uma determinação da "instância filosófica" a partir de suas condições de aparecimento, que são ao mesmo tempo suas condições de existência e as de suas grandes mutações ao longo de sua história: um entrelaçamento, sempre singular, de um "corte" científico e de uma "revolução" das condições sociais e ideológicas da luta de classes. Tais conjunturas, ou "conjunções político-científicas", atribuem à instância filosófica a tarefa contraditória de registrar uma mutação da racionalidade científica e, ao mesmo tempo, conjurar ou *apagar* as reviravoltas que ela induz nas linguagens da dominação de classe; em outras palavras, a tarefa de pensar a transformação irreversível de um espaço teórico-ideológico no interior de uma estrutura intelectual (de modo paradigmático: uma "teoria do conhecimento") que opera sua *negação*. Apenas sobre essa cena platônica – na qual Althusser pelo menos uma vez sugeriu que estariam muito emaranhadas uma observação empírica das condições de aparecimento histórico da filosofia e a cena de um *fantasma*, simbolizando um "inconsciente filosófico" cuja única história é a repetição dessa cena originária – persiste o problema de saber se essa negação, à qual se reduz, em última análise, o *idealismo* em filosofia, não é essencial para a própria instância filosófica e, por conseguinte, constitutiva de seu discurso como tal.

Sob esse aspecto, essa cena interessa tanto pelo que diz como pelo que não pode dizer. Até mesmo se torna ainda mais significativa quando a intervenção "restauradora" do *aggiornamento* filosófico, do qual o platonismo fornece o protótipo, confronta-se com o espaço ideológico-político da modernidade "burguesa", mobilizando uma filosofia menos reativa do que ofensiva, menos "em atraso" com relação às reviravoltas da luta ideológica que ela deveria atenuar do que "em avanço" com relação a uma revolução social e política que ela prepara, passando a servir à luta ideológica de uma classe *ascendente*. Ao longo dos capítulos sobre a prática ideológica, a prática política e os aparelhos ideológicos de Estado – afinal, é cerca de metade da *Iniciação* que lhe é destinada –, o problema recolocado de maneira central não é outro senão o da *hegemonia*. Mas, em Althusser, esta tende a designar não um modo específico de dominação, e sim o modo de dominação *especificamente inventado pela classe burguesa*, do qual dão prova suas duas singularidades de classe (que são também os dois aspectos de sua "universalidade"): ter aperfeiçoado a um ponto inigualável seu Estado, ter forjado meios inéditos de conquistar a adesão das classes dominadas, que ela sempre precisou explorar *politicamente*, não menos do que economicamente. Mas é então que a costura da filosofia ao campo das lutas ideológico-políticas fica mais estreita do que nunca, com seu trabalho de totalização sobre suas categorias, vindo alinhar-se estritamente ao trabalho de unificação ideológica, indispensável para a formação de uma ideologia dominante, tanto objetivamente (unificação dominante de ideologias "locais" e "regionais") como subjetivamente (unificação da própria classe dominante *e* hegemonização de seus "valores" e de seus "interesses", para ganhar o consentimento das classes dominadas)[6].

---

[6] Segundo formulações aqui ainda muito próximas de Gramsci, como se verá, por exemplo, na retomada da dialética de "dominação" e "direção", no capítulo 16.

Duas teses são então projetadas para o primeiro plano. Uma remete às lutas da classe dominante ou ascendente o elemento ideológico no qual a filosofia, esse "laboratório teórico" da hegemonia, opera seus remanejamentos e invenções categoriais, sempre em função dessas abstrações especiais que Althusser chama de "inexistentes". Nada de totalizar "o que existe" num pensamento total que designe, de direito, a cada coisa, "seu lugar, sua origem, sua função e sua destinação", e forje, assim, ao mesmo tempo, a mais abstrata justificação de uma ordem estabelecida que ele absolutiza e o meio para uma classe dominante garantir para si a ficção de dominar seu futuro, sem a intervenção de algo inexistente que possibilite a saturação do todo que, ao mesmo tempo, o inclui e exclui (o "Deus dos filósofos", na ideologia religiosa, a "pessoa humana" ou o "sujeito do conhecimento e da ação", na ideologia jurídico-moral etc.). A tópica das práticas e de seus regimes de abstração vem reforçar aqui a tese que o manuscrito de 1969 havia resgatado, distinguindo ideologias "primárias" e "secundárias" da irredutível multiplicidade de ideologias, ou, dito inversamente, da extensão da luta de classes a todas as práticas, através da submissão delas aos "rituais" disciplinares dos aparelhos ideológicos de Estado. Como cada aparelho ideológico já procede a uma unificação de sentido e de reconhecimento dos agentes que lhe são subordinados, a abstração filosófica intervém operando uma sobreunificação das próprias ideologias (religiosa, científica, jurídica, moral, política etc.), sob o domínio de uma ideologia particular. A filosofia talvez não tenha um *objeto* ("no sentido de que uma ciência tem um objeto"), mas possui uma *matéria*: a ideologia regional tornada determinante pelas práticas e lutas da classe dominante. Isso é ilustrado pela passagem – não uma substituição termo a termo, destaca Althusser, mas uma "transferência de dominação" que insere em seu interior o trabalho da ambivalência e do equívoco – do longo labor das categorias filosóficas na ideologia religiosa para a relação constitutiva da filosofia moderna com a ideologia jurídica. Dão prova disso não só a categoria *sujeito*, da qual ela faz seu significante-mor, e mais ou menos todos os filosofemas do pensamento moderno que conferem a seu pressuposto sua extensão sistemática ("o Sujeito, o Objeto, a Liberdade, a Vontade, as Propriedades, a Representação, a Pessoa, a Coisa[7] etc."), mas também a própria concepção do sistema pensado de acordo com as exigências de uma *constituição*, a representação do "portador" do discurso filosófico dispensador das questões *de juris* e, mais uma vez, a ideia teórica e prática do "sujeito legislador"[8].

O efeito de tudo isso, por fim, é realmente sujeitar a filosofia *ao Estado* e a seus aparelhos ideológicos e, portanto, às lutas de unificação ideológica da classe ascendente, de que o Estado é, ao mesmo tempo, o lugar, o meio e o efeito. De modo que a unidade da ideologia dominante parece estar necessariamente sujeita a uma *dupla inserção*, como obra de uma dupla unificação, do e no Estado, da e na filosofia – duplicação empírico-transcendental que, para o Estado, implica, de um modo ou de outro, fazer-se *representado no seio da filosofia em si*. E o *sistema* é essencial para a filosofia, ou para o que Deleuze, no mesmo momento, chama de sua "noologia", não só como sua forma de exposição preferencial, mas como sua *forma de existência*, precisamente na medida em que "reproduz nela a forma do Estado", ao mesmo tempo que "representa o Estado" no processo social dos saberes.

A partir daí, a *Iniciação* não para de adensar a dificuldade. Quanto mais Althusser acentua a necessária *assimetria* entre as lutas das classes dominante e dominada, mais a tendência idealista passa a se identificar com *a Filosofia* como tal, da qual ela domina a história e as grandes configurações sucessivas; e, também, mais a demarcação do materialismo marxista como "posição de classe proletária em filosofia" tende a lhe acentuar a singularidade absoluta, ou a figurar no *Kampfplatz* filosófico nessa dimensão que anteriormente qualifiquei de anômica. As formulações de tal singularidade continuarão múltiplas em Althusser. Ele nunca esgotará aquela formulação racionalista, que considera a filosofia marxista como a única a não negar o campo das lutas históricas nas quais toma posição – "uma prática que abriu mão da negação e que, sabendo o que faz, *age de acordo com o que é*"[9]. Esse privilégio, como se verá na *Iniciação*, é ainda mais duvidoso quando se mantém seu correlato, que não o é menos, de sujeitar o idealismo filosófico a uma burguesia inexo-

---

7 L. Althusser, "Éléments d'autocritique", op. cit., n. 22, p. 171.
8 Cf. *Sur la reproduction*, op. cit., pp. 88, 94-6, sobre a sistematicidade das axiomáticas jurídicas modernas; e "Éléments d'autocritique", op. cit., n. 22, pp. 171-2.
9 L. Althusser, *Lénine et la philosophie*, reed. *Solitude de Machiavel*, op. cit., p. 135.

ravelmente inconsciente de suas próprias lutas, levada pelos mecanismos objetivos da ordem existente que, no limite, a tornam ainda mais poderosa, lutando às cegas... Porém, outra formulação, não menos arriscada, mas de modo diferente, tende a fazer da "prática marxista" da filosofia uma luta contra as determinações ideológico-políticas constitutivas da filosofia como tal, o que é inevitável chamar de uma *prática contrafilosófica na filosofia*. Sem dúvida, é um exagero. Também se poderia considerar que o exagero vem desde o começo, desde *Ler O capital*, desde o questionamento desses gestos tão falsamente evidentes da prática intelectual, como "ler" (o que foi muito comentado) e "escrever" (o que o foi bem menos).

Questiona-se aqui, mais uma vez, o problema da *defasagem* ou do *atraso* da "ruptura filosófica" supostamente produzida pelo materialismo histórico. Sabe-se que sua interpretação continuará sempre a concentrar os esforços de Althusser para conferir uma significação não escolástica à distinção, tão famosa quanto polêmica, entre *ciência* materialista da história das lutas de classes e *filosofia* marxista, fazendo dela o indício de uma série de dificuldades imanentes à história complexa tanto da "teoria marxista" (pensando sua dualidade ciência/filosofia a partir do *anacronismo interno* de seu interminável *atraso filosófico*) como do movimento operário (problematizando suas divisões organizacionais e ideológicas a partir da destruição destas pela unidade Partido-Estado, que autoriza sua "linha" com o domínio de um Saber absoluto) e da "fusão histórica" de ambos (interrogando os impensados desta a partir de sua crise e de seu desintrincamento, ponto nodal do diagnóstico de Althusser nas intervenções de 1977-1978, em que parecia que todos os problemas, tanto teóricos como políticos, deviam ser reabertos). Mais exatamente, nesse ponto da trajetória do pensamento althusseriano, o problema é saber o que entender – se realmente se trata de algo mais que uma simples troca de palavras – não mais por essa "nova filosofia" que o materialismo dialético quis nomear, mas por essa "nova prática da filosofia" da qual o marxismo significaria ainda a exigência, como posição de classe proletária no *Kampfplatz* filosófico. A respeito disso, a *Iniciação* retoma a autocrítica formulada já em 1967-1968, mas também a radicaliza, o que torna mais paradoxais suas consequências. Nela, Althusser punha na berlinda a interpretação do "silêncio filosófico de Marx" que prevalecia implicitamente em *Ler O capital*, suspeitando de que havia "projetado no texto original do *Capital* uma filosofia marxista constituída em momento posterior (Engels, Lênin e... nós), simulando acreditar que ela já existia, em estado prático, no texto científico de Marx"[10]. Mas isso já era questionar a ideia de que tal filosofia seja "constituível", e mesmo a pretensão de elaborar uma e, assim, deslocar a suposição de uma filosofia existente *em estado prático* para a tese de uma filosofia existente apenas *em sua diferença prática* e, portanto, indissociável das condições heterônomas de sua intervenção (as exigências da luta nas ideologias teóricas e políticas) e de uma conjuntura que lhe prescreve também sua "forma particular (uma forma ideológica apresentada como contrassistema)" – condições, conjuntura, forma de intervenção de que não se pode "extraí-la" sem perder o que constitui precisamente seu foco de interesse e seus efeitos próprios.

Vamos reencontrar na *Iniciação* aquela atenção voltada, desde *Lénine et la philosophie*, para a forma de existência da intervenção filosófica. Notaremos, sobretudo, a radicalização da positividade, por mais paradoxal que seja, conferida a esse modo de presença indefinidamente litigioso da filosofia materialista-marxista[11]. Litigioso já não tanto nos textos *científicos* de Marx, mas sob duas modalidades separadas: na obra política dos dirigentes comunistas (o que não pode ser identificado somente com seus *escritos* políticos) e no estado *marginal* de escritos explicitamente filosóficos, mas dos quais a *raridade* mesma e a forma fragmentária (a começar, evidentemente, pela das *Teses sobre Feuerbach*) passam a assumir o sentido de uma *recusa* ativa. A ausência de sistema já não revela um "atraso" ou uma lacuna "sintomal", que vislumbra uma filosofia marxista latente, ainda a ser explicitada, numa forma de exposição própria, o que equivaleria a conferir-lhe uma autonomia fictícia, alimentando o fantasma idealista de um domínio absoluto sobre o real. De nada vale o *Materialismo dialético e materialismo histórico* de Stálin figurar aqui como uma "exceção aberrante": o próprio Althusser sugere que ele não faz mais do que levar até o fim a pretensão já presente em

10 L. Althusser, "Notes sur la philosophie", op. cit., pp. 332-3 (nota de 15 de novembro de 1967).
11 Ver a Conferência de Granada, "La transformation du marxisme" (1976).

Engels de circunscrever um conhecimento das "leis da dialética" e das "leis do materialismo", sobre cuja desconstrução se encerrará justamente a *Iniciação*. A recusa do sistema forma agora o reverso estrito desse caráter *tético*, divisor e, portanto, antitético da intervenção filosófica, afirmado com força por Althusser desde 1967-1968, mas que passa a condensar todos os antagonismos: contra o Estado, contra a hegemonização ideológica, contra a filosofia em si e, talvez, em última análise, contra a ideologia, entretanto necessária para a própria organização em sua materialidade política de *aparelho*[12].

Está claro, em certo sentido, que essa oposição tese/sistema só pode expressar uma fuga para a frente, para "o futuro dessa nova prática da filosofia" continuamente adiada por seu próprio anúncio, com a ressalva de considerar que o problema colocado pelo sistema como forma de existência da filosofia, ao mesmo tempo *filosoficamente necessária* e *politicamente sobredeterminada*, correlaciona um problema interno à luta de classes ideológica. Como unificar uma ideologia dos dominados e, portanto, trabalhar para sua hegemonização colocando-se no horizonte contraditório de uma *ideologia dominante dos dominados*, sem prorrogar nesta uma ideologia de dominação ou, segundo a expressão contundente que condensa a torção interna à fórmula comunista da emancipação através da ditadura do proletariado, "sem encerrar uma classe dominante nas formas de seu poder de classe"?[13] *A contrario*, mencionando de passagem a "guerrilha filosófica" de Nietzsche e Kierkegaard, e interpretando-a como uma situação de força desfavorável demais para sustentar "uma guerra frontal generalizada" contra seu adversário filosófico-ideológico-estatal, a *Iniciação* indica, em especial, a ambivalência desse antissistematismo para o próprio marxismo. Ele só adquire sentido numa

---

12 "Toda organização de luta produz uma ideologia específica destinada a defender e assegurar sua unidade própria para sua luta e em sua luta. [...] Para que o partido fosse unificado em sua prática de organização, estivesse seguro com relação a sua causa e a seu futuro num período dramático, era-lhe necessário nada menos que a garantia proclamada da Verdade de sua ideologia e da unidade sem falha entre sua teoria e sua prática [...]. A ponto mesmo de não mais perceber que essa função desconhecida da ideologia podia acabar reproduzindo no próprio partido, na diferença entre seus dirigentes e seus militantes, a própria estrutura do Estado burguês, que é a separação entre 'os governantes e os governados'." (L. Althusser, "Le marxisme aujourd'hui", *Solitude de Machiavel*, op. cit., p. 306). Cf. *Sur la reproduction*, op. cit., pp. 263-4.
13 Ver capítulo 19.

unidade dos contrários, ou como contratendência, acoplada de modo contraditório à luta hegemônica das classes dominadas para conquistar sua própria unidade e, ao mesmo tempo, dar a seu pensamento uma "forma ideológica de massa" e, consequentemente, à tarefa sempre necessária, mas "a ser continuamente retomada, de *ajustar* melhor a filosofia a seu papel unificador, ao mesmo tempo que evita, constantemente, as armadilhas da ideologia e da filosofia burguesas", sendo que a primeira dessas armadilhas está nesse mesmo papel unificador...[14]

O que deduzir dessa contradição, senão a urgência de relançar a questão das condições que a tornariam praticamente ativa? Portanto, antes de ceder lugar ao "Grande Desvio" do texto althusseriano e deixar que seus leitores façam pessoalmente o trajeto dessa iniciação a uma prática que ainda não existe na filosofia – pelo menos, cujas aplicações não estabeleceram nenhum modelo, *a fortiori*, cujos textos da tradição filosófica não prescrevem nenhum método, cabendo a cada um, portanto, efetuá-la a partir da posição que assume nas lutas de sua época –, seria preciso voltar uma última vez ao diagnóstico da crise do marxismo, contemporâneo da *Iniciação*. Ou seja, a esse momento em que, enquanto Althusser retrabalha formulações que sua análise da Revolução Cultural chinesa havia provocado dez anos antes, a "instância filosófica" parece cada vez menos ocupável, e não só pelos teóricos do movimento operário, mas também por seus dirigentes políticos, a exemplo dos primeiros, Marx ou Lênin, Gramsci ou Mao, dos quais ele acabara fazendo, como atualizações de uma determinação totalmente política da intervenção filosófica, seus verdadeiros "portadores". Mas, ao mesmo tempo, talvez aqui devamos voltar a uma última dificuldade imposta à *Iniciação* por seu próprio fio condutor: pode existir uma modalidade de abstração específica dessa nova prática da filosofia? Não estará ela destinada, também aqui, a lutar apenas no terreno de seu adversário idealista e, portanto, nos termos de suas categorias totalizantes e pela suplementação de suas totalidades por "inexistentes"? Isso é incontestável. Entretanto, reexaminando, trata-se também de uma prática do inexistente totalmente diversa, que veremos esboçada, de tempos em tempos, em notações descontínuas, mas que, afinal, comanda a forma mesma do "desvio".

---

14 Ver capítulo 21.

Conviria detalhar, sob suas ocorrências heterogêneas, a atenção recorrente aos *nadas* (às margens das totalidades idealistas), aos *detritos* (em contraponto aos recalques e negações praticados pelo idealismo), aos *silêncios* (nas falhas da pretensão idealista de possuir a Verdade toda e de encher a praça com seu discurso infinito, falando "para todo mundo e por todo mundo")... Na *Soutenance d'Amiens*, distanciando da "totalidade" hegeliana o "todo" marxiano, não só pelas diferenças reais ou pelas desigualdades irredutíveis que o estruturam, mas pela consequência de que *nem tudo* pode "caber nesse todo" ("não está dito [...] que tudo seja ou infraestrutura, ou superestrutura"), Althusser observava de passagem que, nas margens do *Capital*, "a teoria marxista das sociedades e da história implica toda uma teoria de seus falsos custos e de seus detritos", assim como do processo de produção caem certos "restos" que não têm como se inserir nem na forma-valor, nem nos códigos do valor de uso[15].

Porém, em toda parte da *Iniciação* se faz ouvir essa preocupação, que Althusser coloca mesmo no coração de seu retrato do filósofo materialista, com aquilo que "não serve para nada" e, indo além da crítica espinosista do finalismo, com experiências que nenhuma "utilidade" resgata, acontecimentos que nenhum "sentido" salva, sofrimentos que nada repara, angústias que renascem continuamente, perdas irreversíveis ou "fracassos sem apelação"[16]. Figura invertida do manejo idealista do "suplemento", desses inexistentes aos quais a filosofia empresta a consistência imaginária que lhe permite saturar o todo que ela pretende pensar e conhecer? No entanto, o próprio idealismo, Althusser insiste nisso, não pode dar uma "existência filosófica" a essas abstrações especiais sem, por outro lado, rejeitar algum elemento em falta ou em excesso, tratado, por sua vez, como inexistente, mas agora reprimindo-o ou negando-o, até mesmo forcluindo-o[17]. A própria história da filosofia é balizada por uma "prodigiosa *quantidade de filosofias rejeitadas* [...] como detritos teóricos"[18],

15 L. Althusser, *Soutenance d'Amiens* (1975), em *Solitude de Machiavel*, op. cit., p. 214.
16 Ver capítulo 2.
17 Ou seja, as duas faces do tratamento idealista da própria tendência materialista: sua repressão neurótica, expondo assim o idealismo ao permanente retorno do reprimido, ou sua forclusão psicótica, segundo a interpretação paranoica, usando de modo literal as palavras de Aristóxenes, de uma destruição orquestrada dos escritos de Demócrito, de acordo com o desejo secreto do próprio Platão.
18 Ver capítulo 16.

mas também pelos reprimidos de seu próprio conflito de tendências, colocando a *Iniciação* sob o horizonte não de uma *história filosófica da filosofia*, que só pode ser sua história dominante, e sim de uma história subalterna, de uma *história menor da filosofia* (e remetendo, na França, aos trabalhos de Foucault e de Rancière).

Será por acaso que, no momento em que Althusser chama para interrogar o marxismo como "teoria finita" – que é também o momento em que, depois de outros, ele, por fim, dá atenção aos movimentos de luta "fora dos partidos e mesmo do movimento operário", e em que a tarefa de "externalizar" o partido com relação a seu próprio funcionamento como aparelho ideológico de Estado se hiperboliza na palavra de ordem de uma luta de classes "fora do Estado" –, ele invoca os direitos de uma "história de tudo o que a filosofia idealista dominante (e mesmo a filosofia dominada, materialista, com excessiva frequência forçada pela pressão da outra a pensar unicamente dentro de suas questões) *ignorou, rejeitou, censurou, abandonou* como lixo da existência e da história": não só "*o trabalho*, suas condições, a exploração, o escravo, o servo, o proletário, as crianças e as mulheres no inferno da fábrica, os casebres, a doença, a usura", mas também, "acima de tudo, *o corpo* e seu desejo, que lhe vem do sexo, essa parte suspeita do homem e da mulher que inúmeras autoridades vigiaram e ainda vigiam; acima de tudo, *a mulher*, essa antiga propriedade do homem, e *a criança*, esquadrinhada já desde a infância por todo um sistema de controle; acima de tudo, *a loucura*, condenada à prisão 'humanitária' dos asilos; acima de tudo, *os prisioneiros*, que a lei e o direito acuam, e todos os banidos, todos os condenados e todos os torturados; acima de tudo, *os bárbaros*, para os gregos, e os '*metecos*' ou 'estrangeiros' ou '*indígenas*', para nós..."[19].

Que o conhecimento das doutrinas filosóficas conserva aqui toda a sua importância, isso não está em questão. Simplesmente, Althusser, apostando, como fizera em 1968, no *autodidatismo do Outro*, o de Lênin evocando Marx e o de Engels evocando o operário Dietzgen, não pretende ensiná-las. Iniciar significa também começar, ou recomeçar, retomando a iniciativa, pelo menos – ouviremos com frequência essa inquietude –, "se ainda houver tempo para isso". "Ora, mais do que nunca",

---

19 Ver "O Grande Desvio".

escrevia Althusser quase no mesmo momento, "as massas estão em movimento. É preciso pôr-se à sua 'escuta' para compreender isso". "Tampouco está em causa aqui 'ampliar' a política existente, e sim saber estar à escuta da política onde ela nasce e se faz. Uma tendência importante está se delineando na época atual para fazer a política sair de seu estatuto jurídico burguês. A velha distinção partido/sindicato é posta duramente à prova, iniciativas políticas imprevistas nascem fora dos partidos e mesmo do movimento operário (ecologia, luta das mulheres, dos jovens etc.), numa grande confusão, é bem verdade, mas que pode ser fecunda"[20]. Por isso, a iniciativa dessa transformação da prática filosófica, ou da reinvenção de uma posição marxista na filosofia, permanece por inteiro sob a lição exotérica da luta das classes dominadas. Daí a ressonância entre esses dois retratos do filósofo materialista que o leitor descobrirá no início e no final da *Iniciação*, e também num capítulo central, com o retrato do analista, "agente silencioso de um processo sem sujeito", recolocando em causa do modo mais radical todo "sujeito que supostamente sabe". Em seu final: o filósofo militante, "um homem que luta na teoria", mas que só pode aprender a fazê-lo pela luta nas outras práticas, a começar pela luta de classes ideológica e política. No limiar: esses pensadores que "sabem que só podem se tornar filósofos pouco a pouco, modestamente, e que sua filosofia lhes virá *de fora*: então se calam e escutam".

---

[20] L. Althusser, *Solitude de Machiavel*, op. cit., pp. 289 e 308.

Nota da edição francesa
por G. M. Goshgarian

"Minha ambição: escrever manuais, você sabe", revela Althusser numa carta de 28 de fevereiro de 1966 para Franca Madonia. Ele demora para realizá-la. Dos dois "manuais" que não conseguiu concluir nos anos 1960, apenas dois pequenos fragmentos vieram a público: um extrato da introdução de um longo manuscrito sobre "A união entre a teoria e a prática", publicado em abril de 1966, com o título "Matérialisme historique et matérialisme dialectique" [Materialismo histórico e materialismo dialético], nos *Cahiers marxistes-léninistes*, e uma "definição provisória da filosofia", de nove páginas, que se tornou o primeiro capítulo de "La reproduction des rapports de production", o manuscrito do qual Althusser extraiu, em 1970, seu célebre artigo sobre a ideologia e os aparelhos ideológicos de Estado.

Esse primeiro capítulo de *Sur la reproduction* deveria ter continuidade e ampliar-se num segundo volume, que, depois do "longo desvio" do volume I, iria desenvolver, segundo a "Advertência ao leitor", "uma definição científica da filosofia". Mas o primeiro volume de *Sur la reproduction* só foi publicado na íntegra cinco anos depois da morte do autor. Quanto ao segundo, nunca foi escrito. Entretanto, em meados dos anos 1970, Althusser de certo modo reescreveu esse manual de filosofia não existente: primeiro em 1976, na forma de um manuscrito de 140 páginas, que permanece inédito; depois, um ou dois anos mais tarde, na forma do texto que publicamos aqui, com o título que seu autor lhe deu: *Iniciação à filosofia para os não filósofos*.

Althusser termina a redação do manuscrito de 1976 – que inicialmente recebe o título de *Introduction à la philosophie* [Introdução à filosofia] e depois, repetindo o da Soutenance d'Amiens, de 1975, *Être marxiste en philosophie* [Ser marxista em filosofia] – pouco antes de 8 de agosto, data em que envia uma fotocópia do texto a Pierre Macherey. Inquieto, como indica a carta a Macherey que acompanhava a remessa do manuscrito, pelo fato de esse texto talvez exigir demais do leitor não especializado ao qual se destina, Althusser decide retomá-lo, em 1977 ou 1978. Realmente, esse "manual" em nova versão, reescrito de ponta a ponta e várias vezes retrabalhado e remanejado, no fim das contas tem pouco em comum com seu predecessor. Com 154 páginas datilografadas na versão que Althusser submete à sua amiga Sandra Salomon, ele inclui um pouco mais de metade da "Note sur les AIEs" [Nota sobre os AIEs], num estado anterior àquele ao qual Althusser dera a última demão, no início de fevereiro de 1977 (como atesta sua correspondência com Peter Schöttler, que publica uma tradução alemã da "Nota" no final de 1977). A esse texto já bem avançado Althusser incorpora cerca de vinte páginas sobre a prática da produção em suas relações com a *poíesis* e a *práxis* aristotélicas. Conservado no Institut Mémoires de l'Édition Contemporaine (Imec), esse texto datilografado, de aproximadamente 175 páginas (Tapuscrit II [Datiloscrito II]), está repleto de correções e acréscimos manuscritos não datáveis. Além disso, Althusser redige uma nova versão do início do texto (tudo o que antecede o capítulo 6, sobre "O mito do estado de natureza"), de modo que as quinze páginas de introdução no Datiloscrito II são substituídas pelas 74 páginas datilografadas de um manuscrito fisicamente bem diferente do restante (Tapuscrit I [Datiloscrito I], também conservado no Imec), às quais estão integrados alguns elementos extraídos do Datiloscrito II. O Datiloscrito I, por sua vez, tem mais de duzentas correções e acréscimos manuscritos.

Uma página de instruções que Althusser redigiu para um datilógrafo indica que ele pretendia mandar datilografar novamente os dois datiloscritos. Sem dúvida, planejava fazer outras modificações neles, ainda que fosse só para eliminar as poucas repetições surgidas ao remanejar o início do texto. Mas seus arquivos não parecem conter um estado do texto posterior ao constituído pelo conjunto dos dois datiloscritos corrigidos à mão, que publicamos aqui sem alterações, ajustando apenas os deslizes de escrita e os erros e omissões de pontuação.

Aqueles que estão familiarizados com a obra althusseriana constatarão que o "manual" de 1978, ao mesmo tempo que inicia o leitor "não filósofo" na filosofia, inicia-o também na filosofia de seu autor e, mais particularmente, na que Althusser elabora a partir da guinada "antiteoricista", de 1966-1967. Assim, elementos de vários textos que foram objeto de uma publicação póstuma (dois permanecem inéditos) acham-se resumidos e mesmo anunciados na *Iniciação à filosofia*: além de "La reproduction des rapports de production" e da "Note sur les AIEs", o "Cinquième cours de philosophie pour scientifiques" (1967), o curso "Sur Feuerbach" [Sobre Feuerbach] (1967), o fragmentário "Livre sur l'Impérialisme" [Livro sobre o imperialismo] (1973), "La transformation de la philosophie" (a Conferência de Granada de 1976), *Les Vaches noires* [As vacas pretas] (1976), *Marx dans ses limites* [Marx em seus limites] (1977-1978) e o manuscrito de 1982, parcialmente publicado em 1994 com o título "Le courant souterrain du matérialisme de la rencontre" [A corrente subterrânea do materialismo do encontro].

Não sabemos por que Althusser desistiu de publicar a *Iniciação à filosofia*, apesar de estar praticamente concluída, como mostra o texto aqui apresentado ao público pela primeira vez.

INICIAÇÃO À FILOSOFIA PARA OS NÃO FILÓSOFOS

1

O QUE DIZEM OS "NÃO FILÓSOFOS"?[1]

Este pequeno livro se destina a todos os leitores que, com ou sem razão, se consideram "não filósofos" e, apesar disso, querem ter uma ideia da filosofia.

O que dizem os "não filósofos"?

O operário, o camponês, o empregado: "De filosofia nós mesmos não sabemos nada. Não é coisa para nós. É para intelectuais especializados. É difícil demais. E ninguém nunca nos falou sobre ela: largamos a escola antes disso."

O executivo, o funcionário público, o médico etc.: "Sim, tivemos aulas de filosofia. Mas era abstrato demais. O professor conhecia o assunto, mas era confuso. Não aprendemos nada. E, afinal de contas, filosofia serve para quê?"

Algum outro: "Nem me fale! Filosofia me interessou muito. Devo dizer que tínhamos um professor apaixonante. Com ele a gente entendia a filosofia. Mas depois precisei ganhar a vida. Assim, não houve jeito, os dias só têm 24 horas: perdi contato. É uma pena."

E se vocês perguntarem a todos: "Mas, então, já que não se consideram filósofos, quem, na sua opinião, são os homens que merecem ser chamados de filósofos?", eles responderão a uma só voz: "Ora, *os professores de filosofia*!"

---

[1] Os capítulos 1 e 2 assemelham-se ao primeiro capítulo de um texto que Althusser redigiu em 1969, mas que, durante sua vida, permaneceu inédito: "La reproduction des rapports de production", em *Sur la reproduction*, ed. J. Bidet, com prefácio de É. Balibar. 2. ed. Paris: PUF, 2011, Col. Actuel Marx Confrontation.

E é a pura verdade: além dos homens que, por razões pessoais, ou seja, por prazer ou por conveniência, continuam a ler autores filosóficos, a "fazer filosofia", os únicos que merecem o nome de filósofos são realmente os professores de filosofia.

Esse *fato* suscita naturalmente uma primeira pergunta, ou melhor, duas:

1. Com efeito, será realmente por acaso que a *filosofia* está tão ligada assim ao seu *ensino* e aos que a ensinam? Creio que não, pois, afinal, esse casamento filosofia–ensino não data de nossas aulas de filosofia, não data de ontem. Já nas origens da filosofia, Platão ensinava filosofia, Aristóteles ensinava filosofia... Se não é fruto do acaso, esse casamento filosofia–ensino expressa uma necessidade oculta. Tentaremos descobri-la.

2. Vamos mais longe. Como, *aparentemente*, a filosofia não serve para muita coisa na vida prática, como não produz conhecimento nem tem aplicações, pode-se indagar: Mas para que serve a filosofia? E pode-se até mesmo fazer esta pergunta estranha: Por acaso a filosofia *serviria somente para seu próprio ensino* e para nada mais? E, se serve somente para ser ensinada, o que isso pode significar? Tentaremos responder a essa pergunta difícil.

Vejam como são as coisas na filosofia. Basta refletirmos *sobre um aspecto mínimo dela* – aqui, o fato de quase todos os filósofos serem professores de filosofia – para que surjam, sem que tenhamos tempo nem de respirar, perguntas inesperadas e surpreendentes. E essas perguntas são tais que devemos fazê-las, mas não temos meios para responder a elas. Para isso, precisamos fazer *um desvio muito longo*, e esse desvio nada mais é que a própria filosofia. Portanto, o leitor precisa ter paciência. A paciência é uma "virtude" filosófica. Sem ela, não é possível ter uma ideia da filosofia.

Então, antes de seguir em frente, vamos dar uma olhada discreta nesses homens, os professores de filosofia. Eles têm marido ou mulher como vocês e eu, e filhos, se assim quiseram. Comem e dormem, sofrem e morrem, do modo mais comum do mundo. Podem gostar de música ou de esportes, fazer política ou não. Sem dúvida, não é isso o que os torna filósofos.

O que torna esses homens filósofos é o fato de viverem num mundo à parte, num mundo *fechado*, constituído pelas grandes obras da história da filosofia. Esse mundo, aparentemente, não tem exterior. Vivem com Platão, com Descartes, com Kant, com Hegel, com Husserl, com Heidegger etc. O que fazem? Estou falando dos melhores, é claro: leem e releem indefinidamente as obras dos grandes autores, comparam umas com as outras, distinguem umas das outras, de ponta a ponta da história, para compreendê-las melhor. É de causar espanto essa *releitura perpétua*! Nunca um professor de matemática, de física ou de outra disciplina relerá perpetuamente um tratado de matemática ou de física. Nunca esses professores "ruminarão" esses tratados. Transmitem os conhecimentos, explicam-nos ou demonstram-nos, e ponto final: *não voltam a eles*. Entretanto, voltar interminavelmente aos textos é a prática da filosofia. O filósofo sabe muito bem disso, e ainda por cima explica o motivo: uma obra filosófica não revela seu sentido, sua mensagem, numa única leitura, porque está sobrecarregada de sentido, ela é, por sua própria natureza, inesgotável e como que infinita, e tem sempre algo novo a dizer para quem sabe *interpretá-la*. A prática da filosofia não é simples leitura, nem mesmo demonstração. É *interpretação, interrogação, meditação*. Busca fazer as grandes obras dizerem o que elas *querem dizer*, ou *podem querer dizer*, na Verdade insondável que contêm, ou melhor, que indicam silenciosamente, "apontando" em sua direção.

Consequência: esse mundo sem exterior é *um mundo sem história*. É constituído pelo conjunto das grandes obras consagradas pela história, mas não tem história. Prova disso: para interpretar uma passagem de Kant, o filósofo invocará tanto Platão como Husserl, como se não houvesse vinte e três séculos a separar os dois primeiros e um século e meio entre o primeiro e o último, como se o antes e o depois pouco importassem. Para o filósofo, todas as filosofias são, por assim dizer, *contemporâneas*. Respondem umas às outras em eco, porque no fundo sempre respondem apenas às mesmas questões, que constituem a filosofia. Daí a célebre tese: "a filosofia é eterna". Como se pode ver, para que a releitura perpétua, o trabalho ininterrupto de meditação sejam possíveis, é preciso que a filosofia seja simultaneamente infinita (o que ela "diz" é inesgotável) e eterna (toda a filosofia está contida em germe em cada filosofia).

É essa a base da prática dos filósofos, ou seja, dos professores de filosofia. Nessas condições, se vocês lhes disserem que eles *ensinam* filosofia, tomem cuidado! Salta aos olhos que não ensinam como os outros professores, os que oferecem a seus alunos conhecimentos a serem aprendidos, ou seja, resultados científicos (provisoriamente) *definitivos*. Para o professor de filosofia que compreendeu bem Platão e Kant, *filosofia não se ensina*[2]. Mas, então, o que faz o professor de filosofia? Ensina seus alunos a *filosofar*, interpretando para eles os grandes textos ou os grandes autores da filosofia, auxiliando-os, com seu exemplo, a filosofar. Em resumo, busca inspirar-lhes o *desejo de filosofar* (pode-se traduzir assim a palavra grega *philo-sophia*). E, caso se sinta bastante forte, o professor pode subir mais um grau e passar à *meditação pessoal*, ou seja, ao esboço de uma filosofia original. Prova de que a filosofia produz o quê? Filosofia e nada mais, e de que tudo isso acontece num mundo fechado. Não é de surpreender que esse mundo dos filósofos seja fechado: como nada fazem para sair dele, ao contrário, penetram cada vez mais na *interioridade* das obras, cavam um grande espaço entre seu mundo e o mundo dos homens, que os olham de longe como a animais estranhos...

Certo. Mas o leitor dirá que acabamos de descrever uma situação-limite, uma tendência extrema, que existe mesmo, mas que as coisas nem sempre são assim. Com efeito, o leitor tem razão: o que acaba de ser descrito é, de uma forma relativamente pura, *a tendência idealista, a prática idealista* da filosofia.

Mas é possível filosofar de maneira muito diferente. Prova disso é que, na história, alguns filósofos, digamos, os *materialistas*, filosofaram de modo muito diferente, e professores de filosofia também tentam seguir seu exemplo. Eles não querem mais fazer parte de um mundo separado, de um mundo fechado em sua *interioridade*. Saem dele para habitar o mundo *exterior*. Querem que entre o mundo da filosofia (que existe) e o mundo real se estabeleçam trocas fecundas. E para eles essa é, essencialmente, a própria função da filosofia: enquanto os idealistas consideram que a filosofia é acima de tudo *teórica*, os materialistas consideram que a filosofia é acima de tudo *prática*, provém do mundo real e produz, mesmo sem saber, efeitos concretos no mundo real.

Notem que, a despeito de sua oposição básica aos idealistas, os filósofos materialistas podem estar "de acordo" com seus adversários a respeito

---

[2] Platão, *Lettre VII*, 341 c-d; Kant, *Critique de la raison pure*, trad. francesa A. Delamarre e F. Marty, em: E. Kant, *Œuvres philosophiques*, ed. F. Alquié et al. Paris: Gallimard, 1980, t. I, p. 1388, Col. Bibliothèque de la Pléiade. "Não se pode aprender filosofia alguma, só se pode aprender a filosofar."

de vários pontos. Por exemplo, sobre a tese de que *"filosofia não se ensina"*. Mas não lhe dão o mesmo sentido. A tradição idealista defende essa tese elevando a filosofia acima dos conhecimentos e convidando cada um a despertar *dentro de si mesmo* a inspiração filosófica. A tradição materialista não eleva a filosofia acima dos conhecimentos: convida os homens a buscar *fora* de si mesmos, nas práticas, nos conhecimentos e nas lutas sociais – mas sem deixar de lado as obras filosóficas –, com o que aprender a filosofar. Nuança, mas que é plena de consequências.

Vejam outro exemplo, que o idealismo preza como à menina dos seus olhos: o caráter inesgotável das obras filosóficas, que diferencia a filosofia das ciências. O materialista está "de acordo" em reconhecer *o fato* de que uma obra filosófica não pode ser reduzida a seu texto imediato, digamos, à sua superfície, pois está *sobrecarregada de sentido*. O materialismo até vai mais longe: reconhece, exatamente como o idealismo, que essa sobrecarga de sentido se deve à "natureza" da filosofia! Mas, como a ideia que faz da filosofia é muito diferente daquela do idealismo, considera que essa *sobrecarga de sentido* de uma obra filosófica não expressa o caráter *infinito* da interpretação, e sim a extrema *complexidade* da função filosófica. Se para o materialismo uma obra filosófica está sobrecarregada de sentido, é porque, para existir como filosofia, ela deve unificar um grande número de significações. Nuança, mas que é plena de consequências.

Vejam, por fim, um último exemplo: a famosa tese idealista de que todas as filosofias são praticamente contemporâneas, de que a filosofia é "eterna" ou de que a filosofia não tem história. Por mais paradoxal que pareça, o materialismo, com ressalvas, pode estar "de acordo" com isso. Com ressalvas, porque considera que na filosofia se produz *história*, que nela ocorrem eventos, conflitos e revoluções reais que modificam a sua "paisagem". Mas, à parte essa ressalva, o materialismo diz à sua maneira que "a filosofia não tem história", na medida em que a história da filosofia é *a repetição de um mesmo conflito fundamental*, aquele que opõe a tendência materialista à tendência idealista, em cada filosofia. Nuança, mas que é plena de consequências.

Desses breves exemplos, podemos reter que, se a filosofia é *una*, existem, no limite, *dois* modos opostos de filosofar, *duas práticas contraditórias da filosofia*: a prática *idealista* e a prática *materialista*. Mas fica claro também que, paradoxalmente, as posições idealistas *invadem* as posições materialistas, e vice-versa. Como a filosofia pode ser una e entregue a duas tendências contraditórias, a idealista e a materialista? Como adversários filosóficos podem ter algo em comum, já que invadem uns aos outros?

Mais uma vez, fazemos perguntas sem poder dar-lhes uma resposta imediata. É preciso passar pelo Grande Desvio. Paciência, portanto.

Paciência, mas, logo em seguida, surpresa, pois, se existe "outra maneira de filosofar", diferente daquela dos professores idealistas, uma prática da filosofia que, longe de retirar o filósofo do mundo, o põe no mundo e o torna irmão de todos os homens, se existe uma prática da filosofia que, longe de trazer do alto a Verdade para os homens, numa linguagem ininteligível para os trabalhadores, *sabe calar-se* e *aprender* com os homens, com suas práticas, seus sofrimentos e suas lutas, então ela pode subverter a hipótese da qual havíamos partido.

De fato, interrogamos homens diferentes pelo seu trabalho e pela sua posição na sociedade. Todos nos falaram dos *professores de filosofia*. Isso é normal: a filosofia é ensinada no curso médio e no superior. Em sua modéstia, ou indiferença, eles identificavam a filosofia ao seu ensino. Que faziam senão repetir, a seu modo, o que as instituições de nossa sociedade declaram, ou seja, que *a filosofia é propriedade dos professores de filosofia*? Intimidados por esse fato consumado da ordem social, impressionados com a dificuldade da filosofia dos filósofos, eles não ousaram se voltar contra um *preconceito filosófico*. A divisão entre trabalho manual e trabalho intelectual e suas consequências práticas, a dominação da filosofia idealista e sua linguagem para iniciados os impressionaram ou desencorajaram. Não ousaram dizer: não, a filosofia não é propriedade dos professores de filosofia. Não ousaram dizer, com os materialistas (como Diderot, Lênin, Gramsci): *"todo homem é filósofo"*.

Os filósofos idealistas falam para todo mundo e por todo mundo. Claro! Eles julgam que são detentores da Verdade sobre todas as coisas. Já os filósofos materialistas são silenciosos: sabem calar-se para escutar os homens. Não se julgam detentores da verdade sobre todas as coisas. Sabem que só podem se tornar filósofos pouco a pouco, modestamente, e que sua filosofia lhes virá *de fora*. Então, calam-se e escutam.

E não é preciso ir muito longe para saber o que eles ouvem, para constatar que entre o povo, entre os trabalhadores que não tiveram um ensino filosófico nem tiveram um "mestre" para seguir na arte de filosofar, existe certa *ideia de filosofia* bastante precisa para que se possa evocá-la e falar dela. Isso quer dizer justamente, como sustentam os materialistas, que "todo homem é filósofo", ainda que a filosofia que eles têm na cabeça não seja exatamente – é claro! – a filosofia dos grandes filósofos e dos professores.

Qual pode ser essa filosofia "natural" a todo homem? Se vocês perguntarem às pessoas que conhecem, às pessoas "comuns", talvez elas se façam de rogadas, por modéstia, mas acabarão reconhecendo: "Sim, tenho uma espécie de filosofia pessoal." O quê? Um modo de "ver as coisas". E, se levarem mais longe as perguntas, elas dirão: "Na vida há coisas que conheço bem, por experiência. Por exemplo, meu trabalho, as pessoas com quem convivo, os lugares que visitei, o que aprendi na escola ou nos livros. Vamos chamar isso de *conhecimentos*. Mas há no mundo muitas coisas que nunca vi e que não conheço. Isso não me impede de ter certa *ideia* delas. Nesse caso, tenho *ideias que vão além dos meus conhecimentos*. Por exemplo, sobre a origem do mundo, a morte, o sofrimento, a política, a arte e a religião. Mas não é só isso: essas ideias chegaram até mim em desordem, dispersas, da direita e da esquerda, separadas umas das outras, não juntas. Pouco a pouco, porém, não sei por que, foram se unificando, e até mesmo aconteceu uma coisa curiosa: reuni todos os meus conhecimentos, ou quase todos, *sob* essas ideias gerais, *sob sua unidade*. Foi então que formei uma espécie de filosofia, uma visão de conjunto das coisas, tanto das que conheço como das que não conheço. Minha filosofia são meus conhecimentos unificados sob minhas ideias." E, se perguntarem a essas pessoas: "Mas essa filosofia serve para quê?", elas responderão: "Muito simples: *para me orientar na vida*. É como uma bússola: ela me dá o norte. Mas, você sabe, cada um faz sua própria filosofia."

É o que diria um homem comum. Mas alguém observador acrescentaria as seguintes considerações.

Diria que, realmente, cada um faz "sua própria filosofia", mas que, *na experiência*, a maioria dessas filosofias são parecidas e constituem apenas variações pessoais de um fundo filosófico comum, a partir do qual os homens se dividem em suas "ideias".

Diria que se pode ter uma ideia do fundo comum dessa filosofia "natural" a todo homem quando, por exemplo, ao falar a respeito de alguém, da maneira como esse alguém suporta o sofrimento ou as provações que o atingem duramente, diz-se que, apesar de tudo, ele encara os reveses da vida "com filosofia", ou, ao contrário, se a sua vida for boa, que ele sabe não abusar de suas benesses. Nesse caso, esse alguém mantém com as coisas, boas ou más, relações comedidas, ponderadas, controladas e sábias, e diz-se que ele é "um filósofo".

O que se encontra no fundo dessa "filosofia"? Gramsci explicava isso muito bem quando dizia: de um lado, uma certa ideia da necessidade das coisas (que é preciso sofrer) e, portanto, um certo *saber*; de outro, uma certa maneira de fazer uso desse saber nas provações e nas venturas da vida e, portanto, uma certa *sabedoria*. Portanto, uma certa atitude *teórica* e uma certa atitude *prática*, ambas juntas: uma certa sabedoria. Nessa filosofia "espontânea" dos homens comuns, repetem-se dois grandes temas que percorrem toda a história da filosofia dos filósofos: uma certa concepção da *necessidade* das coisas, da ordem do mundo, e uma certa concepção da *sabedoria* humana diante do andamento do mundo. Alguém dirá que essas ideias não são filosóficas?

O que é absolutamente surpreendente nessa concepção é seu caráter contraditório e paradoxal, pois, no fundo, ela é muito *ativa*: supõe que o homem *pode* alguma coisa diante da necessidade da natureza e da sociedade, supõe uma profunda reflexão e uma concentração em si, um grande autodomínio nos extremos da dor ou nas facilidades da felicidade. Mas, na verdade, quando não é "educada" e transformada, por exemplo, pela luta política, essa atitude aparentemente ativa expressa quase sempre um refúgio na *passividade*. É sem dúvida, admitamos, uma atividade do homem, mas que pode ser profundamente *passiva* e *conformista*, pois nessa concepção filosófica "espontânea" não está em questão agir positivamente no mundo, como pretendem até mesmo algumas filosofias idealistas, ou "transformá-lo", como pretende Marx, e sim aceitá-lo, evitando todos os seus excessos. Esse é um dos sentidos das palavras que acabam de ser relatadas da boca de um "homem comum": "*cada um faz sua própria filosofia*", na solidão ("cada um por si"). Por quê? Para suportar um mundo que o esmaga ou pode esmagá-lo. E se realmente se trata de controlar o andamento das coisas, é preferível suportá-lo "com filosofia", para se livrar de apuros do melhor modo possível, do que tentar transformá-lo. Em resumo, está em causa adaptar-se a uma necessidade que excede as forças de um homem e que ele precisa achar uma maneira de aceitar, visto que nada pode para mudá-la. Atividade, portanto, mas passiva; atividade, portanto, mas *resignada*.

Estou apenas resumindo aqui o pensamento do filósofo marxista italiano Gramsci sobre esse aspecto. E, por esse exemplo, vocês podem perceber como raciocina um filósofo materialista. Ele não "conta histórias", não faz um discurso exaltador, não diz "todos os homens são revolucionários", mas deixa as pessoas falarem e diz as coisas como elas são. Sim, entre as grandes massas populares *que ainda não foram despertadas para a luta*, ou mesmo entre os que lutaram mas conheceram a derrota, há um fundo de resignação. Essa resignação vem do mais remoto da história, que sempre foi a história de sociedades de classes – portanto, da exploração e da opressão. Os homens do povo, moldados por essa história, inutilmente se revoltaram. Como as revoltas eram sempre sufocadas, só lhes restava resignar-se e aceitar "com filosofia" a *necessidade* que sofriam.

É aqui que vai aparecer a religião.

2

FILOSOFIA E RELIGIÃO

Pois essa necessidade que temos de aceitar é, em primeiro lugar, a da natureza, cujas leis "só podemos comandar obedecendo a ela" (Hegel). Mas é também, e principalmente, a da ordem social, que indivíduos, tomados isoladamente, não podem mudar e, portanto, também têm de aceitar. Daí o aspecto geralmente resignado dessa "filosofia": "a injustiça sempre imperou na Terra, sempre houve ricos e pobres" etc. E, ainda que essa resignação poupe a seus adeptos (no pensamento deles) os males que sua revolta teria agravado, nem por isso deixa de reforçar, quando se estende para massas de homens, a ordem estabelecida e seus malefícios: a ordem estabelecida da classe dominante, que explora os trabalhadores e à qual interessa muito que eles encarem as coisas *com uma "filosofia" da resignação*.

Nessa concepção de uma vida que é preciso "encarar com filosofia", vê-se não só o reconhecimento da *necessidade* das "coisas", mas também a indicação do caráter *incontrolável* dessa necessidade que domina os homens. A qualquer momento pode ocorrer um acidente, uma catástrofe, uma crise, uma intervenção brutal do poder, transtornando a existência. Os homens estão despreparados para enfrentar esses "acasos", que, expressam ora sua impotência para prever, ora a fantasia do poder. Esse poder (da natureza, do Estado) é então visto como *acima* das capacidades dos homens, como dotado de forças quase sobrenaturais e imprevisível em suas "decisões".

Está claro que *o modelo ou o resumo desse poder é Deus*. E é por isso que, nesse nível, a concepção dos não filósofos é sobretudo de natureza *religiosa*. Por mais longe que recuemos na história humana, deparamos com a presença dessa força onipotente, que transcende a capacidade de previsão e de reação dos indivíduos e dos grupos humanos. Os indivíduos suportam então suas existências como um destino que é decidido fora deles, e, como não identificam ninguém que tome a decisão, pensam que o autor e organizador de toda essa ordem que é preciso suportar é *Deus*.

É por isso que a *resignação* domina, em geral, a filosofia espontânea dos homens "comuns" quando estes não são mobilizados para a luta. É por isso que as filosofias pessoais que cada um elabora em seu cantinho são tão parecidas umas com as outras. É que, por trás de cada filosofia pessoal, subsiste *um fundo de religião*, que nada tem de pessoal, mas é social, herança ainda viva da longa história humana. E é um fato bem conhecido que, com exceção de certos momentos da história em que a religião serviu à *revolta* dos humildes (os primeiros cristãos, a guerra dos camponeses e muitas seitas, como a dos cátaros etc.), com exceção das tentativas atuais de certos cristãos de participar dos combates da classe operária, a religião esteve maciçamente ligada, na história, à *resignação* ante às provações deste mundo, em troca da *"promessa"* de uma compensação num outro mundo.

Se *a filosofia nem sempre existiu*, é um fato bem conhecido que, sob uma forma ou outra, a religião sempre existiu, mesmo entre as primeiras sociedades comunitárias ditas "primitivas". Ela precedeu a filosofia, e o advento desta não provocou seu desaparecimento. Muito pelo contrário, visto que se chegou a dizer que a filosofia idealista, que deu início à história da filosofia, com Platão, e muitas outras filosofias desde então eram "filhas da religião". Resta na consciência comum alguma coisa dessa longa dominação da religião, que cedeu terreno, mas não desapareceu de nosso mundo. Assim como resta alguma coisa também da longa dominação do idealismo filosófico, que foi tão bem ligado à religião que a filosofia só conseguiu desprender-se da religião com a condição absoluta de conservar-lhe os dogmas e de reassumir como questões filosóficas as grandes questões religiosas. A única diferença é que a filosofia tratava de *um modo novo* aquelas velhas questões, mas as aceitava como "evidentes".

Por exemplo[1], a religião colocava a questão das questões: a da *Origem do Mundo*. Por que há alguma coisa em vez de nada? Por que há o Ser em vez do Nada? Por que o mundo existe? E os homens? E a religião respondia: o mundo foi criado por Deus a partir do Nada e, se Deus o criou, é para que os animais e as plantas alimentem os homens e para que os homens, filhos de Deus, sejam salvos no final dos Tempos.

Ora, a filosofia herdou essa questão das questões, a da Origem do Mundo, que é a questão do Mundo, dos homens e de Deus. Ela *precisou* conservá-la (criticá-la era uma heresia punida com a fogueira), mas não o fez mantendo a sua simplicidade religiosa, a de uma narrativa ou de uma sequência de grandes imagens míticas. Deu-lhe um conteúdo *conceitual*, de um pensamento abstrato e racional. Foi assim que o Deus pessoal dos Evangelhos, que envia ao mundo seu filho e o faz nascer num estábulo, tornou-se – para o indignado desespero de Pascal, que era um "crente" verdadeiro – "*o Deus dos filósofos e dos eruditos*"[2]: tornou-se um conceito muito abstrato, desempenhando um papel teórico num sistema de conceitos. Platão já o havia pensado como a *Ideia do Bem*, capaz de ordenar um mundo social hierarquizado[3]; e Aristóteles, como *Primeiro Motor*[4], capaz de introduzir o movimento no mundo. Descartes pensou-o como a *Causa Primeira*[5], infinitamente perfeita, de um mundo, em seu todo, reduzido ao mecanicismo; Espinosa, como *Substância Infinita*, ou onipotência da natureza em produzir seus efeitos[6] (o fato de esse Deus espinosista ser idêntico à natureza valeu ao filó-

---

1 Althusser desenvolve as teses apresentadas nos treze parágrafos seguintes em um manuscrito redigido em 1982, cujos extratos foram objeto de uma publicação póstuma: "Le courant souterrain du matérialisme de la rencontre". *Écrits philosophiques et politiques*, ed. F. Matheron. Paris: Stock-Imec, 1994, t. I, pp. 539-82. Elas estão resumidas no primeiro de uma série de cinco "cursos de filosofia para cientistas" que Althusser ministrou em 1967, mas só foram publicados tardiamente: *Philosophie et philosophie spontanée des savants* (1967). Paris: Maspero, 1974, pp. 25-6, Col. Théorie. Cf. p. 60, n.1.
2 "Mémorial de Pascal", em B. Pascal, *Œuvres*, ed. L. Brunschvig. Paris: Hachette, 1921, t. XII, p. 4.
3 *République*, VII, 517b-c.
4 "*Metaphysique*", XII, 7, 1072a-1072b.
5 *Réponses aux premières objections*, em R. Descartes, *Œuvres*, ed. C. Adam e P. Tannery. Paris: Vrin, t. IX, 1ª parte, 1982, pp. 86-8.
6 *Éthique*, trad. francesa B. Pautrat. Paris: Seuil, 1999, Livro I, Definição VI, p. 15; Livro II, Proposição XXIX, Escólio, p. 67.

sofo a acusação, fundamentada, de ateísmo); Leibniz pensou-o como o *Calculador Infinito* do melhor dos mundos possível[7] etc.

Ao mudar assim o nome de Deus e defini-lo com rigor, extraindo daí as consequências teóricas, a filosofia, na verdade, modificava a "natureza" de Deus *para submeter a seus próprios fins filosóficos o Deus que a religião lhe impunha*, para encarregá-lo da *responsabilidade* e da *garantia* de um mundo profundamente modificado pelas descobertas científicas e pelas reviravoltas sociais. Ela colocava Deus a seu serviço, mas ao mesmo tempo servia a ele. Para isso, durante muito tempo, a filosofia idealista, com algumas exceções, assumiu a questão da "Origem Radical das Coisas" (Leibniz[8]) e tentou desvendar o "mistério" dela, pensá-lo em termos conceituais e rigorosos... como se essa questão tivesse sentido.

Ora, a existência de *questões que não têm sentido* é uma das conquistas do materialismo. Naquela que diz respeito à Origem Radical das Coisas, os materialistas e o próprio Kant[9] deviam ver uma simples impostura teórica, inspirada na religião, uma impostura da qual a filosofia deve se livrar, pura e simplesmente. Para dar uma imagem disso, direi que a pergunta *"por que há alguma coisa ao invés de nada?"* é tão absurda como aquela que usamos para distrair as crianças: *"mas por que o mar, no qual inúmeros rios deságuam, não transborda?"*. Quando se pergunta: "por que há alguma coisa ao invés de nada?", não se percebe que, se não houvesse "alguma coisa" (o ser), ninguém estaria aqui para levantar a questão do nada; que essa questão, portanto, é um logro que finge acreditar que o ser *poderia não ser* – ao passo que não se tem escolha!

E, como não temos pressa, eu gostaria de dar um exemplo esclarecedor a respeito dessa famosa questão da Origem do Mundo (que ainda

---

[7] G. W. Leibniz, *Essais de théodicée*, ed. J. Brunschwig. Paris: Garnier-Flammarion, 1969, § 8, p. 108; "Dialogus", em G. W. Leibniz, *Die Philosophischen Schriften*, ed. C. Gerhardt. Berlim: Weidmann, 1890, t. VII, p. 190, nota. "Cum Deus calculat et cogitationem exercet, fit mundus" [Quando Deus calcula e exerce seu pensamento, o mundo se faz].
[8] *Sur l'origine radicale des choses*, trad. francesa P.-Y. Bourdil. Paris: Hatier, 1994, Col. Profil formation.
[9] *Critique de la raison pure*, op. cit., p. 1015. "A aparência transcendental [...] não cessa, mesmo depois de ser descoberta e de ter sua nulidade claramente reconhecida graças à crítica transcendental (por exemplo, a aparência que a seguinte proposição apresenta: o mundo precisa ter um começo no tempo)".

inspira a filosofia de filósofos modernos, como Heidegger), para mostrar como procedem o idealismo e o materialismo.

A filosofia idealista dirá: Deus criou o Mundo a partir do Caos, isto é, do *Nada*. Portanto, antes do decreto divino de criar o mundo, não havia nada (exceto Deus). Notem que a palavra "antes" causa problemas terríveis, pois designa uma anterioridade temporal. Mas o tempo existia antes da criação do mundo? Ou o tempo só passou a existir quando o mundo foi criado, e também ele foi criado? Se o tempo também foi criado, antes dele não havia tempo e, sim, a eternidade de Deus + o Nada, do qual ele tirou o mundo pela simples criação, *a partir de nada*. Isso mostra de maneira incontestável a *onipotência* de Deus, pois no mundo dos homens não é possível "criar" algo a partir de nada, é preciso uma matéria preexistente. Mas, quanto mais poderoso, menos compreensível Deus se torna. Coerente consigo mesma, a filosofia idealista chega a dizer que ele é "incompreensível", que está acima de todas as ideias humanas e que, se falamos dele, é "por analogia" (guardadas as devidas proporções, pois não há medida comum entre ele e nós). Realmente, como compreender que só ele exista, em companhia do Nada, e que tire do nada a existência do mundo! Ele seria então a origem absoluta do mundo, mas incompreensível.

Agora, considerem uma filosofia materialista, como a de Epicuro. Ela não fala da origem do mundo, questão que não tem sentido, e sim do *começo* do mundo. Não mobiliza a onipotência de Deus para tirar o mundo do Nada. Antes do começo não há nem Deus nem Nada. Então há o quê? *Já há* – tese materialista por excelência – *sempre alguma coisa, já há sempre matéria*, que não é o caos, mas sujeita a certas leis. Qual é essa matéria? São os átomos, partículas indivisíveis, que, em número infinito, caem no vazio infinito, sob o efeito da gravidade (lei), paralelamente, sem nunca se encontrarem. O poeta-filósofo romano Lucrécio, que expôs a filosofia de Epicuro, cujos manuscritos foram destruídos, diz, num poema intitulado "Da natureza das coisas", que, antes do começo do mundo, os átomos caíam *"como uma chuva"*, e isso teria durado indefinidamente se eles não tivessem sido dotados de uma propriedade surpreendente, a "declinação", que é a capacidade de se desviarem da linha reta de sua queda, de modo imperceptível. Basta um *mínimo de deslocação, de "desvio"*, para que eles *se encontrem* e se aglomerem, e eis aí o começo do mundo e o mundo. Nem Deus nem Nada na origem, nenhuma origem, e sim o começo; e, para explicar o começo, uma matéria preexistente, que se torna mundo pelo *encontro* (contingente, arbitrário) de seus elementos. E esse encontro, que comanda tudo, é a figura da contingência e do acaso, mas produz a necessidade do mundo. Assim, o acaso produz sozinho, sem a intervenção de Deus, a necessidade[10]. Isso quer dizer que o mundo produz sozinho a si mesmo e que, substituindo a questão idealista da origem pela questão materialista do começo (ou do acontecimento, do advento), *nos desvencilhamos de questões que não têm sentido*, não só aquela da Origem do Mundo, mas também de tudo o que está ligado a ela: a questão de Deus, de sua onipotência, de sua incompreensibilidade, do tempo e da eternidade, além de outras.

Do mesmo modo, a religião colocava a questão do *Fim do Mundo* nos dois sentidos: a morte e o além dela e a destinação do mundo. Por que o homem está no mundo? Qual é a destinação do homem, qual é o sentido de sua existência e de sua história, qual é a finalidade dessa história? A religião cristã respondia com os dogmas do pecado original, da encarnação de Deus em Cristo e da redenção do gênero humano no final dos tempos pela paixão de Cristo. Durante muito tempo, a filosofia retomou, teve de retomar – e continua a retomar, quando é idealista ou espiritualista – essa questão. Mas, naturalmente, não conservou sua forma: essas grandes imagens da narrativa cristã. Pensou essa questão em conceitos filosóficos, em noções abstratas, interligadas tão rigorosamente quanto possível. Elaborou o tema do estado de natureza, da queda inevitável no estado de sociedade, para preservar os homens dos males provocados pelo estado de guerra, resultado da anarquia do estado de natureza, e pensou as condições do triunfo final da liberdade na história. Também nesse caso, ela transformou tanto os termos da questão quanto os termos da resposta *em função da variação histórica dos fatores da luta política e ideológica* e das posições próprias dos filósofos. Mas man-

---

10 Cf. *Lire Le Capital*, ed. É. Balibar. Paris: PUF, 1996 (1965), p. 46, Col. Quadrige. "[...] a teoria marxista da produção do conhecimento" impõe "a obrigação de renunciar a toda teleologia da razão e de conceber a relação histórica entre um resultado e suas condições como uma relação de produção e não de expressão – portanto, o que poderíamos denominar, com palavras que divergem do sistema de categorias clássicas e exigem a substituição dessas mesmas categorias, *a necessidade de sua contingência*."

teve a questão do sentido da existência humana e do sentido da história, antes de a filosofia materialista de Marx, retomando uma inspiração de uma longa tradição em que figuram Epicuro, Maquiavel, Diderot e outros, denunciar categoricamente sua impostura teórica.

Mais uma vez, *uma questão que não tinha sentido*. Só para se ter uma ideia disso, essa questão do sentido da existência e da história humanas, como se alguém onipotente lhes houvesse designado previamente um objetivo final, é tão absurda quanto a ingênua questão de Malebranche: "Mas, então, por que chove no mar, nas areias e nas estradas?"[11] Subentende-se que isso não tem sentido, visto que no mar não falta água e as dunas e os caminhos, onde nada cresce, não precisam dela e, portanto, *isso não serve para nada*. Esse espanto só adquire sentido numa concepção religiosa do mundo, embora se apresente como filosófica, como uma concepção que afirma que *um ser todo-poderoso designou um objetivo e uma função a todos os seres do mundo*. O materialismo responde a isso indagando: E por que não admitir que o mundo está cheio de coisas que "não servem para nada"? Podemos ir mais longe: Por que não admitir que nem o mundo nem a existência humana nem a história humana têm um sentido (um fim, um objetivo previamente estabelecido)? Seria *desanimador*? Mas por que não reconhecer francamente que a condição mais segura para poder agir no mundo, para poder mudar o seu curso e, portanto, dar-lhe *sentido* – pelo trabalho, pelo conhecimento e pela luta – é admitir que *o mundo não tem sentido* (preestabelecido, fixado por um ser todo-poderoso que é pura ficção)?

Assim, emanada da religião, a filosofia retomou as questões da religião. Não se deve julgar que tenha sido apenas por prudência, porque durante séculos foi *proibido* pensar, a não ser em termos religiosos. Não se deve supor que todos os filósofos (há exceções) fossem homens que avançavam "mascarados"[12] (Descartes), que tinham um pensamento du-

---

11 *Traité de la nature et de la grâce*, I, § 14, em N. Malebranche, *Œuvres*, ed. G. Rodis-Lewis. Paris: Gallimard, 1992, t. II, pp. 25-6, Col. Bibliothèque de la Pléiade. Ver também, do mesmo autor: *Entretiens sur la métaphysique, sur la religion, et sur la mort*, IX, § 12, *Œuvres*, op. cit., t. II, pp. 843-4.
12 "Cogitationes privatæ", *Œuvres*, op. cit., t. X, 1986, p. 213. "Vt comœdi, moniti ne in fronte appareat pudor, personam induunt: sic ego, hoc mundi theatrum conscensurus, in quo hactenus spectator extiti, larvatus prodeo." [Como um ator coloca uma máscara para esconder o rubor da fronte, assim também eu, que vou subir ao teatro deste mundo, no qual até agora fui apenas espectador, apareço em cena mascarado.]

plo, uma "doutrina dupla". Essa tese foi muito difundida no século XVIII para explicar as relações contraditórias entre a filosofia e a religião. Seu pressuposto era que, em virtude da própria natureza da filosofia, que parecia ser "pura razão", os filósofos sempre haviam pensado e possuído a verdade, mas, como era proibido proclamá-la publicamente – fazê-lo expunha-os ao risco das penas da Inquisição e até da morte –, haviam elaborado outra doutrina, *para uso público*, avançando "mascarados" para dissimular o que pensavam e para protegê-la das sanções do poder religioso ou político, ao mesmo tempo que transmitiam um pouco da verdade.

Essa concepção idealista não corresponde à verdade histórica. Na realidade, temos fortes motivos para crer que, com exceção de Espinosa, os filósofos que falaram de Deus não apenas cederam às obrigações ideológicas de sua época, mas também acreditaram nesse Deus cujo nome mudaram, nas questões religiosas da Origem do Mundo e do Sentido da existência das coisas; pensaram nessa "problemática" (sistema de questões) da verdade absoluta herdada da religião. De fato, precisavam desse Deus para "fundar" seu sistema filosófico, para "pensar o todo" não como filósofos "puros" que tivessem de dissimular o que pensavam, e sim *como idealistas convictos* que eram.

E a prova de que era possível *pensar de outro modo*, abordar uma "problemática" totalmente diferente, nos mesmos tempos difíceis para a filosofia, é a existência de outra tradição, que não a idealista: a tradição *materialista*, que pensava não só descolada da religião, mas também das questões religiosas transformadas em questões filosóficas. Portanto, tinha uma "base" totalmente diferente, uma "problemática" totalmente diferente, denunciando e rejeitando *as questões sem sentido*.

As poucas observações aqui pontuadas têm um único objetivo: mostrar que a relação da filosofia com a religião não é uma relação simples nem "pura", com a filosofia sendo sempre pura razão e a religião sendo apenas desrazão e impostura social. E isso não só porque a religião, em certas condições de luta social, na verdade bastante raras até agora, pode ser outra coisa que não simples *resignação*, mas também porque a filosofia não é determinada *unicamente* pela sua relação com a religião, pelas questões religiosas. Por trás dessa relação existem *tomadas de posição* especificamente filosóficas, idealistas ou materialistas, que também contemplam outros fatores e fazem a filosofia aceitar ou rejeitar as questões religiosas da origem do mundo e do sentido da existência e da história humanas. Essas tomadas de posição não dependem apenas da existência da religião: remetem a oposições de ideias e de orientação que não podem ser explicadas fora dos grandes conflitos sociais, ideológicos e políticos que animam a história do mundo.

Tudo isso será explicado a seguir.

Se a maioria das questões da filosofia chegaram a ela, num primeiro momento, da religião, então é preciso fazer uma pergunta: *Afinal, o que é a religião?* Pergunta difícil de responder.

Para a maioria dos homens, na longa história humana, a religião não suscitava nenhuma questão e nada tinha de misterioso. Ela mesma respondia a essa questão, pelos serviços que prestava e, muito simplesmente, porque fazia parte da própria ordem das coisas, como uma "evidência" indiscutível. *Ela estava ali*, representada por seus sacerdotes, suas igrejas, seus mitos e seus dogmas, seus sacramentos e suas práticas. Estava ali como a verdade das coisas, para dizer essa verdade, ensiná-la e fazê-la reinar entre os homens. Instalada, reconhecida e apoiada pelo Estado. Como a ordem das coisas, quando é exaltada, funciona sempre em proveito da classe dominante, por muito tempo se concluiu, segundo uma fórmula do jovem Marx, que a religião era apenas "*o ópio do povo*"[13], uma droga destinada a entorpecer as revoltas dos explorados e, portanto, fortalecer os exploradores em sua dominação. E, de fato, a religião desempenha realmente esse papel ideológico de classe em todas as sociedades de classes, mesmo quando uma parte dos crentes é arrastada para o lado dos revolucionários pela luta de classes[14].

Entretanto, nas sociedades comunitárias "primitivas", algo semelhante à religião existia muito antes das sociedades de classes e exercia nelas outras funções. Servia, por meio de seus mitos, para *unificar* o grupo social na luta contra a natureza, da qual ele tirava com dificuldade sua subsistência. Servia também para *regular suas práticas de produção*,

---

[13] "Introduction à la Critique de la philosophie du droit de Hegel", em K. Marx, *Œuvres*, ed. M. Rubel. Paris: Gallimard, 1982, t. III, p. 383, Col. Bibliothèque de la Pléiade.
[14] Primeira redação: "Mesmo quando assume a forma de uma 'religião laica', como nos países socialistas." Segunda redação: "Mesmo quando assume a forma de uma religião 'laica' (a da Razão, cultivada pelas seitas franco-maçônicas, que, no século XVIII, eram progressistas)."

fazendo os feiticeiros ou os sacerdotes determinarem as datas propícias para a semeadura, a colheita, a pesca, a caça, para reunir e organizar os homens em um trabalho *em comum*. Assim, os sacerdotes possuíam, e mesmo guardavam para si, certos conhecimentos de cunho teórico que alicerçavam seu poder sobre os outros homens.

Mas isso não é tudo. O que fazia as vezes de religião presidia também todos os acontecimentos da vida dos indivíduos: *o nascimento, a puberdade, a iniciação sexual e social, a formação dos casais, o parto e a morte*. Vida, sexo, sociedade, morte, talvez também linguagem: um ciclo sem fim. Não por acaso os acontecimentos eram marcados por cerimônias especiais. De fato, eles garantiam a *reprodução* biológica do grupo social e, pela lei da exogamia (casamento fora do grupo), a relação da comunidade com outras comunidades, sua renovação e suas alianças.

Embora tenham abandonado seu papel, então dominante, na unificação da sociedade e na organização da produção, a maioria das religiões que conhecemos em nossas sociedades não abandonaram seu papel de iniciação à existência, à vida sexual e à morte. Continuam sancionando, com suas cerimônias e seus sacramentos, o nascimento, o casamento e a morte, e, por meio da confissão dos "pecados", controlam o encaminhamento para a sexualidade e sua "normalidade". *Por algum laço obscuro, as religiões estão ligadas ao nascimento, à sexualidade e à morte*, esta quase sempre mascarando o nascimento e a sexualidade.

De fato, a morte ronda toda a história da civilização humana. Já se observou que os homens são os únicos animais que enterram seus mortos, ou melhor, que lhes erigem túmulos e, mais, que inclusive os sepultavam com todos os objetos de sua vida diária e até mesmo com seus serviçais e cônjuge, sacrificados nessa ocasião, como para assegurar-lhes *outra vida* visível e manifesta. Nas religiões, a morte está unida, desde sempre, ao tema da outra vida, mesmo em civilizações que não a reconhecem e aparentemente não a temem (Madagáscar) – pois não reconhecer a morte e festejar no túmulo dos defuntos ainda é fingir acreditar que *a vida continua*.

Ora, a religião estava ali para responder à inquietante questão da morte, por meio de toda a sua mitologia da criação do mundo e dos homens, da queda destes e de sua miséria neste baixo mundo e da salvação que lhes garantiria uma vida eterna num outro mundo, finalmente tranquilo e feliz. E essa religião, transformada, um dia podia tornar-se instrumento dos poderosos e servir à sua causa, pregando aos explorados uma *resignação* nesta vida, que seria *compensada* no além, e praticamente reduzir-se a essa função de servidão ideológica. Mas não deixava de ser também a consoladora, que atende às inquietações e aflições dos homens, que dá uma aparência de sentido à vida daqueles arrasados pela servidão e pela exploração, que lhes oferece, para viverem ou terem esperança, alguma ilusão de fraternidade e a esperança ilusória – mesmo assim, esperança – de uma outra vida. Para aqueles infelizes, a inquietante questão da morte, que podia surpreendê-los a qualquer momento, não estava apenas no final de suas vidas. Pois a morte também é o nada da vida, dessa vida que, nas palavras do Evangelho, não passa de "cinzas". Por que é preciso sofrer assim numa "existência que não é uma vida"? A religião respondia a essa *morte em vida* com a promessa de uma sobrevivência, de *outra vida*. Com isso, é fácil entender, ela servia aos interesses dos exploradores, pois pregava a resignação e tornava tolerável o intolerável da vida atual com a promessa de uma compensação em uma vida futura. Mas, independentemente de se querer ou não, tudo isso girava em torno da morte, do temor da morte, da questão da morte, do "mistério" da morte e do sofrimento que acompanha toda a história da humanidade, como os túmulos de seus defuntos. *Por que a morte e o sofrimento? Por que os homens precisam morrer e sofrer?*

Sem dúvida, nada mais difícil para os homens do que aceitar a ideia, defendida pelos materialistas, da "existência" da morte no mundo, do reinado da morte sobre o mundo. Não se trata de dizer apenas que o homem é mortal, que a vida é finita, limitada no tempo. Trata-se de afirmar que existem no mundo coisas que não têm nenhum sentido, nem servem para nada. Em particular, afirmar que *o sofrimento e o mal podem existir sem nenhuma contraparte, sem nenhuma compensação neste mundo, nem em outro.* Trata-se de reconhecer que existem *perdas* absolutas (que não serão recuperadas), *fracassos* irremediáveis, acontecimentos sem nenhum sentido ou sequência, empreendimentos e mesmo civilizações inteiras que abortam e se perdem no nada da história, sem deixar vestígio, como esses grandes rios que desaparecem nas areias do deserto. E, como esse pensamento se apoia na tese materialista de que o próprio mundo não tem nenhum sentido (estabelecido previamente) e existe apenas como um acaso miraculoso, surgido entre um número infinito de outros mundos que, por sua vez, pereceram no nada dos astros frios, vê-se que o risco da morte e do nada cerca o homem por todos os lados, que ele pode sentir medo quando a vida que leva, longe de fazê-lo esquecer a morte, torna-a ainda mais presente.

E, se não esquecermos que, por trás da questão da morte, está *tanto* a questão do nascimento *como* a do sexo e que, portanto, a religião busca responder a essas três questões (nascimento, sexo, morte) que envolvem a reprodução biológica de toda "sociedade" humana, compreenderemos que o papel dela não se reduz ao de "ópio do povo" na luta de classes. Sim, ela está constantemente engajada na luta de classes, quase sempre ao lado dos poderosos. Mas está engajada porque existe, e existe porque subsiste nela esse núcleo de funções, esse núcleo de questões e de respostas que, por trás das grandes afirmações sobre a Origem do Mundo e o Fim do Mundo, *liga-a à morte, ao sexo e ao nascimento*. Essas questões, como já foi dito, envolvem a reprodução biológica das sociedades humanas, são "vividas" pelos homens na inconsciência, na angústia ou numa angústia inconsciente. A inquietude que provocam não desapareceu com as sociedades de classes, muito pelo contrário, mas não poderíamos dizer que se reduz a elas, pois é mais antiga do que elas. É essa angústia que assalta a criança e a faz buscar a proteção dos pais, é ela que faz o homem tremer depois de escapar de um acidente, que faz os soldados envolvidos na batalha empalidecerem antes do ataque, que atinge os idosos ante a aproximação de um fim inelutável, que a doença torna ainda mais doloroso.

Saber enfrentar a morte tal qual é, com toda a lucidez e sem medo, nos perigos a que estamos expostos no trabalho, na guerra, na doença ou mesmo no amor ("diante do amor estamos sozinhos como diante da morte", Malraux), é um grande tema trágico da sabedoria popular e da filosofia materialista. Freud, com um grave câncer na mandíbula, mesmo sabendo que estava condenado, trabalhou até o último momento, sofrendo as piores dores, sabendo que ia morrer e *quando*. Tratava a morte como o que ela é: *nada*. Mas quantos sofrimentos por esse nada!

Falei de Freud, é um exemplo, e conhecido, porque ele era famoso. Mas quantas centenas de milhões de homens obscuros só alcançaram a calma implacável da morte, o que chamamos de "paz da morte", através de sofrimentos indescritíveis e intermináveis? E, sabendo que também a sexualidade pode causar angústias atrozes e que a existência (o nascimento) é um mistério (por que eu e não "um outro"?), vemos que as intervenções religiosas que sancionam de modo objetivo a reprodução biológica dos indivíduos, para fazer deles homens sociais, encontram correspondência na angústia humana, que não pode ser refutada simplesmente pela razão.

Ora, há muito tempo a filosofia materialista afirmava que é o medo da morte que faz a religião ("foi o medo que criou os deuses"), e para combater a religião ela se dispôs a roubar-lhe a morte, destruindo o medo que se tem dela, demonstrando que a morte *nada* é. Epicuro, no século IV a.C., já argumentava: para um homem vivo, a morte nada é, pois ele vive, e para um morto a morte nada é, pois ele não sabe mais nada dela[15]. Outros materialistas mostraram, no século XVIII, que o homem é apenas uma forma de matéria e, quando ela se desfaz (na morte), é porque retorna a seu estado anterior. Eram argumentos aceitáveis para mentes fortes, mas fracos demais para convencer a maioria dos homens, que procuravam proteção na religião. Que a morte propriamente dita nada mais seja para o cadáver, ou que seja apenas um instante infinitesimal a ser vivido para o vivente, é algo bem verdadeiro, mas é falso devido ao *sofrimento* que precede tantas mortes, e é falso para os sobreviventes, que recebem dos moribundos a eterna lição da finitude humana e anteveem na morte o destino que os espera inelutavelmente: a lição do medo.

Mesmo assim, é aqui, apesar da insuficiência das demonstrações filosóficas para livrar os homens do medo da morte, que podemos perceber certo divórcio, ou um divórcio radical, entre a concepção religiosa e a concepção filosófica do mundo.

Quando Platão diz "*filosofar é aprender a morrer*"[16], realmente está se juntando aos temas da resignação religiosa, mas pela via da meditação e do raciocínio: morrer é desprender-se do sensível e do corpo para poder contemplar a verdade. Quando Espinosa, numa frase materialista,

---

15 "Lettre à Ménécée", em Epicuro, *Lettres et maximes*, ed. M. Conche. Paris: PUF, 1987, pp. 219-21, Col. Quadrige.
16 *Fédon*, 67e, 81a. Althusser tira sua fórmula de Montaigne; ver M. de Montaigne, *Os ensaios*. São Paulo: Martins Fontes, 2000, Livro I, cap. XX, p. 120: "Que filosofar é aprender a morrer".

diz *"filosofar não é aprender a morrer e sim aprender a viver"*[17], está indo mais longe que Epicuro: em vez de demonstrar que a morte nada é, ou seja, atrair a atenção para ela, trata-a como nada, ou seja, com o silêncio, para falar só da vida.

Essas duas atitudes *opostas* (pois uma apoia a religião e a outra a trata de modo muito crítico), a primeira idealista e a segunda materialista, têm em comum pelo menos o fato de argumentarem e *procurarem* laboriosamente provas e demonstrações racionais. Serem mais ou menos convincentes é outra coisa. Quando Platão explica que o corpo é um "túmulo" para o homem, que o impede de ver a verdade, e que "morrer" é despojar-se do corpo (ou seja, afastar-se das impressões sensíveis) para ver a verdade[18], é preciso muita boa vontade para concordar com ele. Quando Epicuro faz sua demonstração de que a morte nada é, por mais irrefutável que seja, ela não convence. Mas o fato é que, ainda que às vezes sejam artificiais e arbitrárias, sobretudo na tradição idealista, as razões alegadas são *razões*, e razões *pesquisadas* por um trabalho laborioso da razão, que se empenha em produzir um discurso racional *coerente*, no qual tudo se interliga. Quanta diferença com relação à religião! A religião é detentora de suas razões desde sempre, e *sem ter se dado ao menor trabalho de buscá-las*, sem ter feito o mínimo esforço para encontrá-las, sem ter estabelecido entre elas uma ordem racional coerente. Recebeu suas razões do próprio Deus, na revelação, e, como recebeu também a garantia absoluta da verdade delas, não há nenhum risco de que se engane jamais! Sabe que pode contar com isso para sempre e, quando fala da morte ou de um agonizante, é para transfigurar essa provação, atemorizando os homens (o inferno para os pecadores) ou consolando-os – mas sempre explorando essa provação para reproduzir seu poder.

Ora, o que é extremamente impressionante é que esse divórcio entre o materialismo e a religião aparece na prática mais concreta, mais cotidiana dos homens comuns, que se consideram "não filósofos".

Eu disse que, por seu aspecto *passivo e resignado*, a filosofia dos não filósofos tinha algo de *religioso*. Basta pensarmos na pesada herança que

---

17 *Éthique*, op. cit., Livro IV, Proposição LXVII, p. 445: "O homem livre em nada pensa menos do que na morte, e sua sabedoria é uma meditação não sobre a morte, mas sobre a vida."
18 *Cratyle*, 400c; *Fédon*, 66a-67b.

carregam: a servidão, que se estendeu por séculos e séculos, e todas as revoltas contra ela sufocadas em sangue. É compreensível que desconfiem por instinto e se protejam do poder onipotente – natureza e classe dominante – que pesa sobre eles e os esmaga. É compreensível que, instruídos por uma antiga prudência, usem de astúcia para com os efeitos desse poder e ajam apenas para sobreviver, evitando-os.

Mas, ao mesmo tempo, encontramos na filosofia espontânea desses mesmos homens uma concepção muito diferente, em germe, contraditória, e que *reverte a ordem dos argumentos*. Essa concepção retoma a ideia destemida de que ser homem é estar sujeito a condições de vida e a capacidades finitas e, no limite, ser mortal. Em vez de apelar para Deus e *resignar-se*, extrai a conclusão da prática real dos homens e considera que é justamente essa condição finita, o despojamento e a necessidade que *incitam os homens ao trabalho, à transformação da natureza e a essa busca laboriosa de um pouco de verdade sobre o mundo*, da qual a religião os dispensa.

Em Platão há uma história sobre o começo da humanidade[19]. Quem fala é Protágoras, filósofo materialista, a quem Platão dá a palavra. E Protágoras explica que, ao contrário dos animais, que a natureza protegera do frio com a pelagem, os homens nasceram *totalmente nus* num mundo hostil. Os animais reproduziram-se sem história: exatamente, *eles não têm história*. Porém os homens, trêmulos, tiveram de se agrupar e se pôr a trabalhar para sobreviver. Eles *transformaram seu despojamento em atividade produtiva*, inventaram a sociedade, as artes e as ciências e, com esse trabalho, adquiriram uma história e produziram todas as maravilhas da arte. Isso nos lança numa perspectiva infinita. Mas, retomando e estendendo o que disse Protágoras, é uma verdade espantosa que os homens nascem *totalmente nus*, entendendo-se com isso que, em comparação com os filhotes de animais, que tão logo nascem já sabem andar e dispensam os cuidados maternos, o filho do homem é um "prematuro", que não sobrevive se a mãe não lhe proporcionar tanto o alimento como os cuidados e o amor indispensáveis para que simplesmente viva. Se no começo nasceram nus, os homens reencontram em cada filho seu a mesma nudez. E conduzir uma criança à humanidade é revesti-la de tudo

19 *Protágoras*, 320d-321c.

o que os homens conquistaram em sua história, é introduzi-la nessa história, produto do trabalho e da luta, que caracteriza o homem. "O homem é um animal que trabalha"[20] (Kant). "O homem é um animal que fabrica ferramentas" (Franklin[21], Marx[22]). O homem é um animal histórico.

Isso se percebe até mesmo na vida diária. De fato, o homem não se limita a sofrer os acontecimentos da vida natural e social. *Ele transforma* alguma coisa da natureza e da sociedade, na medida em que *trabalha*, em que *age*. Todo trabalhador sabe bem que basta que aplique corretamente sua força de trabalho nas ferramentas que usa para moldar determinada matéria para produzir algo *novo*, um produto que anteriormente não existia na natureza. Todo homem sabe que lhe basta agir sobre os outros homens, direta ou indiretamente, para produzir, se as circunstâncias forem favoráveis, certos efeitos, e que, se os homens forem bastante numerosos para se unirem nessa ação, poderão também chegar a um resultado *novo*, que não existia na sociedade.

Essa experiência fortalece a convicção dos homens de que há razões para as coisas, e razões compreensíveis, controláveis, visto que eles conseguem produzir resultados definidos respeitando as leis de sua produção, que são as leis da natureza e da sociedade. Assim, a produção, a ação são a prova da verdade dessas leis. E, como é o homem que age, ele conhece as leis que presidem sua ação, visto que é obrigado a respeitá--las. J.-B. Vico, um filósofo italiano do século XVIII, dizia: "*Verum factum*", que significa: "É verdadeiro o que foi feito", ou "A verdade é revelada pela ação"[23]. A religião pode dizer, do mesmo modo, que, se Deus conhece o

---

20 *Réflexions sur l'éducation*, trad. francesa A. Philonenko. Paris: Vrin, 1993, p. 148. "O homem é o único animal que precisa trabalhar."
21 Citado por T. Bentley, *Letters on the Utility and Policy of Employing Machines to Shorten Labour*. Londres: William Sleater, 1780, pp. 2-3. "Man has been defined [as]... a *tool-making animal*, or *engineer* (Franklin)."
22 *Le Capital*, t. I, trad. francesa J. Roy. Paris: Éditions Sociales, 1976, p. 622, n. 7. "A definição de Aristóteles é, propriamente falando, esta: que o homem é, por natureza, cidadão, ou seja, habitante da cidade. Nela, a Antiguidade clássica é caracterizada tão bem quanto o ianque na definição de Franklin: 'o homem é naturalmente um fabricante de ferramentas'."
23 *De l'antique sagesse de l'Italie*, trad. francesa J. Michelet, ed. B. Pinchard. Paris: Garnier--Flammarion, 1993, pp. 71-3. "Verum et factum convertuntur" [A verdade e o fato podem ser convertidos]. Disso Vico conclui que os homens, "porque o fizeram [...], podem adquirir a ciência do mundo". *Principes d'une science nouvelle relative à la nature commune des nations*, trad. francesa A. Pons. Paris: Fayard, 2001, § 331, p. 130, Col. Esprit de la cité. Marx refere-se a esse princípio em *Le Capital*, op. cit., t. I, n. 4, p. 631. "A história dos órgãos produtivos do

mundo, é porque o "fez", o criou. O trabalhador pode replicar que o primeiro a fazer essa experiência não foi Deus – pois vá lá saber se ele existe! –, e sim ele mesmo, em sua prática da produção. E o cientista também pode dizer o mesmo, que só obtém resultados científicos se implantar todo um dispositivo experimental, cujas leis ele precisa conhecer com exatidão para confiar em seus resultados.

Produz-se assim uma gigantesca experiência de todos os trabalhadores (desde os operários, os artistas, os camponeses, até os cientistas), que se acumula na história humana para produzir e reforçar uma concepção *materialista* do mundo, fundamentada no determinismo e nas leis das coisas, descobertas na prática da transformação da natureza e da sociedade. *Essa filosofia não tem por princípio nada religioso, nada passivo nem resignado. Ao contrário, é uma filosofia do trabalho e da luta, uma filosofia ativa*, que vem secundar os esforços práticos dos homens. Contrariamente ao idealismo, que é uma filosofia da *teoria*, o materialismo é uma filosofia da *prática*. Isso significa não que ela deixa de lado a teoria, e sim que coloca a prática "acima" da teoria, que afirma o "primado da prática sobre a teoria".

Se é realmente assim (e explicaremos o que tudo isso quer dizer), não se pode deixar de fazer uma pergunta: Se é verdade que os homens passam *a maior parte da sua vida* no trabalho, no qual são confrontados com a necessidade das coisas da natureza, e na luta ou na submissão, em que são confrontados com a necessidade das coisas da sociedade, como explicar que a primeira grande filosofia dos filósofos tenha sido de natureza *idealista* (Platão) e *que o idealismo tenha representado, em toda a história da filosofia, a tendência dominante*, sendo o materialismo representado apenas por alguns filósofos que tiveram a coragem de ir contra a corrente? Sem dúvida, responderão que existia a religião e que ela dominou a filosofia a ponto de torná-la sua "serva", o que resultou na imposição do ponto de vista idealista na filosofia. Mas vimos que essa razão não era suficiente e que a filosofia dos filósofos tinha *suas próprias razões*, mais complicadas, para surgir na história em forma de idealismo.

homem social, base material de toda organização social, não seria digna de [...] pesquisas? E não seria mais fácil levar a bom termo esse empreendimento, visto que, como afirma Vico, a história do homem se distingue da história da natureza por termos feito aquela e não esta?"

É hora de dizer algumas palavras sobre isso e, para tanto, falar do *começo* da filosofia dos filósofos. Por que essa filosofia surgiu no mundo no século V a.C., na Grécia[24]?

Os historiadores apresentaram várias respostas para essa pergunta. Alguns disseram: a filosofia nasceu na Grécia com base na existência de um mercado e da *moeda*, a qual oferecia um exemplo de "abstração" que inspirou as abstrações filosóficas. Outros disseram: a filosofia nasceu na Grécia com base na *democracia*, pois as regras democráticas ofereciam um modelo abstrato para as abstrações filosóficas e impunham o confronto de pontos de vista. Observem, nessas explicações, a insistência no caráter *abstrato* das noções e dos argumentos filosóficos. Mas será que devemos procurar a origem da abstração filosófica na moeda ou na democracia? Parece que não. Devemos procurá-la na primeira *ciência* verdadeira que surgiu na história da cultura humana, justamente na Grécia, entre os séculos VI e V: a geometria. Trata-se de uma verdadeira *revolução* no conhecimento, do aparecimento de um modo de pensar e de raciocinar *que até então nunca existira* e que ninguém esperava. Anteriormente, a matemática *empírica* havia sido muito desenvolvida pelos povos da bacia mediterrânea oriental, mas fora incapaz de chegar à forma *teórica*. O que isso quer dizer? Que esses povos conheciam muitas propriedades dos números (aritmética) e das figuras (geometria). Haviam extraído essas propriedades da observação das combinações dos números reais e da comparação entre as figuras concretas. Raciocinavam, então, sobre *objetos concretos*: o número de bois, a distância e a superfície no espaço dos campos etc. Sabiam fazer operações com os números e as figuras, prova disso é que os arquitetos e os construtores de navios e de templos sabiam, na prática, graças a fórmulas e regras técnicas, resolver problemas muito difíceis. E suas soluções ainda hoje nos causam admiração. Mas essa matemática, que chegava a resultados *precisos*, nada tinha a ver com a matemática que conhecemos e que começou com um personagem mais ou menos mítico, chamado Tales, por volta do século VI, na Grécia. Por quê? Porque seus resultados *precisos* eram somente o

---

[24] Althusser esboça uma resposta semelhante à que propõe aqui em "Du côté de la philosophie", seu quinto curso sobre a "filosofia espontânea dos cientistas" (ver p. 45, n. 1), cujo texto permaneceu inédito durante a vida do autor. *Écrits philosophiques et politiques*. Paris: Stock-Imec, t. II, 1995, pp. 259-62. Ver também *Sur la reproduction...*, op. cit., pp. 47-8.

resultado de observações e práticas empíricas, *não eram explicados nem demonstrados*.

Com Tales, tudo mudou. Puseram-se a raciocinar de modo muito diferente e sobre outros objetos. Deixaram de *observar* combinações de números concretos e transformações de figuras concretas para raciocinar a respeito de objetos *abstratos* considerados como tais, números puros, figuras puras, fazendo abstração de seu conteúdo ou representação concreta. E, raciocinando sobre esses objetos abstratos, começaram a raciocinar com outros métodos, também abstratos, e que se mostraram prodigiosamente fecundos: não mais a comparação empírica, e sim a demonstração e a dedução "puras". Assim, quando estudavam as propriedades dos ângulos "*do*" triângulo, mesmo que o desenhassem na areia, não era a respeito do triângulo concreto, desenhado na areia, que raciocinavam, mas *sobre o triângulo "puro"*, que representava todos os triângulos possíveis. E, quando *demonstravam* uma propriedade, tinham absoluta certeza de que ela era *incontestável* e válida para todos os triângulos possíveis. Mas esse não era o único interesse dessa descoberta assombrosa, pois a prática do matemático "puro" não se limitava a *demonstrar* a validade de propriedades já conhecidas: ele multiplicava as propriedades de seu objeto, descobrindo nele propriedades novas, não só desconhecidas dos matemáticos empiristas, mas também inquestionáveis. "As demonstrações", disse um filósofo, "são os olhos da alma"[25], que veem infinitamente mais longe do que os olhos do corpo.

Ora, até então, quem via infinitamente mais longe ou pretendia ver infinitamente mais longe do que os olhos do corpo, esse corpo humano limitado e destinado à morte? *A religião*. Não há dúvida de que esse "salto qualitativo" no conhecimento humano, o prestígio e a fecundidade da nova matemática e, principalmente, sua autonomia total e sua capacidade de produzir, pelo trabalho do "espírito" humano, demonstrações que escapam ao tempo e à morte tenham, de alguma maneira, prejudicado a religião.

Foi por esse viés que a filosofia dos filósofos, que estava estagnada nas *cosmologias* (teorias do Universo: quais são os princípios últimos de sua composição, a água, o fogo, o frio, o calor etc.), deu uma guinada definitiva e conquistou uma *existência histórica irreversível* com o gran-

---

[25] Platão, *République*, VII, 527e, 533d; Espinosa, *Éthique*, op. cit., Livro V, Proposição 23, Escólio.

de empreendimento de Platão. Se os primórdios da filosofia podem ser considerados anteriores a Platão, eles não passavam de balbucios; foi com Platão que realmente nasceu a filosofia dos filósofos, e é a Platão que eles se referem como fundador, primeiro de seus contemporâneos, aquele que pela primeira vez estabeleceu a existência e a forma da filosofia e a impôs na história. O que eles continuam não sabendo é *por que essa forma foi inventada* e *por que continua viva*.

De fato, pode-se pensar que a religião, que "cimentava" a sociedade grega e unificava suas ideias e, portanto, era sua ideologia dominante, foi seriamente afetada pelo surgimento da ciência matemática e atingida em suas pretensões de ser detentora de *toda verdade*. Pela primeira vez, ela via seu campo de intervenção encolhido pelas conquistas de uma ciência profana, que enunciava verdades incontestáveis e falava uma linguagem totalmente diferente da sua: a da demonstração pura. Uma ameaça pairava sobre as ideias dominantes e sua unificação religiosa.

O que fez Platão? Concebeu *o projeto "inaudito"* de restaurar a unidade das ideias dominantes afetadas pelo advento da matemática. De modo algum combateu a matemática em nome da religião, de modo algum contestou seus resultados e seus métodos; muito pelo contrário, reconheceu-lhe a existência e a validade e *copiou* o que ela trazia de novo: *a ideia de objetos puros aos quais se pode aplicar um raciocínio puro*. Foi por isso que ele mandou inscrever no frontão de sua escola de filosofia a famosa frase: "Ninguém entre aqui se não for geômetra."[26] Mas o mesmo Platão, que, desse modo, parecia entrar para a escola da matemática, realizava toda essa operação tão somente para entregar a matemática para a escola de sua filosofia. Ele não colocava a matemática em primeiro lugar na sua filosofia, e sim em segundo... atrás da própria filosofia! Com isso, conseguia dominar a matemática, submetendo-a à sua filosofia, e fazia que *entrasse na linha* e na ordem, ou seja, na ordem dos valores morais e políticos que por um momento ela havia ameaçado ou podia ameaçar. Com isso, conjurava a ameaça que a descoberta da matemática fazia pesar sobre as ideias dominantes.

---

26 Segundo uma tradição tardia, da qual se acredita que João Filopono (século VI d.C.) tenha sido a primeira testemunha. Ver seu comentário sobre o *De Anima*, de Aristóteles, em *Commentaria in Aristotelem graeca*, ed. M. Haydruck. Berlim: Reimer, 1897, t. XV, pp. 117, l. 29.

Obviamente, essa gigantesca operação ideológico-política, que restaurava a unidade ameaçada das ideias dominantes, não voltava pura e simplesmente para trás. De fato, para conjurar a ameaça era preciso algo muito diferente de uma cosmologia ou de um mito: era preciso um discurso novo, que procedesse sobre objetos puros, *as ideias*, com um método novo, *a demonstração racional* e *a dialética*. E isso é compreensível: era preciso um discurso que estivesse à altura das ideias matemáticas para poder dominar sua existência e designar seu lugar – subordinado – com relação à filosofia. Esse discurso novo é simplesmente o da filosofia dos filósofos.

Mas, com isso, a filosofia, que nascia dessa réplica, ao mesmo tempo se colocava em outro campo, o da religião, ou melhor, das ideias, da ideologia dominante unificada pela religião. Pois tudo aconteceu como se o advento da nova ciência abrisse um rasgo no tecido relativamente unificado das ideias dominantes e tivesse sido preciso "remendá-lo". Vocês conhecem pessoas que, quando se sentem "acuadas" numa discussão, mudam de lado para evitar dificuldades ou reparar danos? Pois bem, guardadas as devidas proporções, as coisas se passaram de modo semelhante. A invenção da filosofia por Platão representou essa "mudança de campo" indispensável para poder enfrentar as dificuldades encontradas no antigo e os danos ocasionados pelo aparecimento da ciência num mundo unificado pela religião. Por isso se pode dizer, e com razão, que a filosofia platônica nada mais fez do que *deslocar para o campo da racionalidade "pura" os problemas e o papel da religião*. Se a filosofia aparece, é para conjurar a ameaça da ciência e para que tudo volte à ordem, aquela da religião, com a diferença de que o Deus da filosofia, como vimos, será diferente do Deus dos simples crentes: "o Deus dos filósofos e dos cientistas".

Tudo volta à ordem, é verdade, mas o resultado desse brilhante passe de armas, desse esplêndido contragolpe filosófico, é que daí em diante entram em cena na cultura então existente *dois personagens novos, cuja existência ninguém esperava*: uma *ciência* autêntica, a matemática "pura", que suplanta a matemática empírica e experimentará avanços prodigiosos com Euclides e Arquimedes já na Antiguidade, antes de possibilitar o nascimento da física galileana nos séculos XVI-XVII, *e a filosofia*. A filosofia que nasce então, triunfante em sua operação, não rompe de modo algum com a religião, como acreditavam os racionalistas do século XVIII. Nasce como réplica e defesa contra o surgimento da matemática, para restaurar a unidade ameaçada das ideias dominantes e, portanto, da religião.

Essa filosofia[27] se anuncia abertamente como *a filosofia dos filósofos* (e dos professores de filosofia), pois, para praticá-la, é preciso "ser geômetra", ou seja, ser instruído na nova ciência e em seus métodos e ser capaz de reinterpretar a religião num discurso racional – o que não é dado a qualquer um. Como declara Platão, essa filosofia é idealista: inaugura a longa, a interminável dominação do idealismo sobre o materialismo na história da filosofia, dominação que perdura ainda em nossos dias e coincide com a existência das sociedades de classes. Pois é preciso ser idealista para conseguir reprimir, e submeter a *ideias* superiores aos *conhecimentos*, as verdades matemáticas e todas as práticas materiais que constituem a existência dos homens. Pois é preciso ser idealista para conseguir colocar um discurso com aparência racional a serviço efetivo dos valores e questões religiosos. E é ser idealista afirmar então o *poder* absoluto da filosofia e do filósofo sobre todas as coisas e sobre toda verdade – colocação que faz da verdade um poder (religioso e político) e, dos filósofos, um pequeno grupo de intelectuais iniciados, os únicos detentores da verdade, que concordam em distribuí-la do alto aos homens vulgares e aos reis, se eles quiserem ouvi-la. Pois os reis e os sacerdotes, e todos os detentores de todo e qualquer poder, *têm interesse nessa filosofia*, que é a única capaz de colocar ordem nas coisas e reforçar a ordem das coisas, de modo que cada qual permaneça em seu lugar e cumpra sua função social: que o escravo continue escravo; o artesão, artesão; o comerciante, comerciante; os homens livres, livres; os sacerdotes, sacerdotes; os guerreiros, guerreiros; e o rei, rei. O idealismo fala de verdade, mas por trás da verdade é o poder que se perfila e, junto com ele, a ordem. Os filósofos parecem retirar-se do mundo para se isolar dos ignorantes, dos homens vulgares e

---

27 As páginas que seguem assemelham-se a "La transformation de la philosophie" (em *Sur la philosophie*, Paris: Gallimard, 1994, pp. 139-78, Col. L'infini), texto de uma conferência que Althusser apresentou em Granada e Madri em março-abril de 1976. Publicado em espanhol em 1976, o texto permaneceu inédito em francês durante a vida do autor, assim como "Être marxiste en philosophie", um manuscrito de 150 páginas que parece ter sido redigido pouco tempo depois de "La transformation..." e que elabora as suas teses principais.

materialistas. Só se retiram do mundo para interferir no mundo, para ditar-lhe a verdade – a do poder e da ordem.

Dirão que é estranho que um grupinho de homens *pretenda* exercer tal poder. Pois quais forças eles têm, além de seu discurso? A única resposta possível é que *seu discurso tem poder porque serve a poderes e tira sua força das forças a que eles servem*: toma lá, dá cá. Mas o que o discurso dos filósofos idealistas pode *dar*, o que *acrescenta* às forças sociais a que serve (poder religioso, político etc.)? Será que o poder político e a religião precisariam de um *suplemento de força* que assumisse justamente a forma da filosofia idealista? Mas para fazer o quê? Vamos deixar em aberto essa nova questão. Paciência!

E, para encerrar a exposição sobre a filosofia de Platão, que inaugura toda a história da filosofia, aqui está uma última característica surpreendente dela: *essa filosofia idealista traz em si seu adversário, o materialismo!* Platão, que se coloca entre os "amigos das ideias", combate o materialismo dos "amigos da terra"[28], mas esse materialismo figura em vários lugares do pensamento dele. Estranha propriedade, que nunca se observa nas ciências: portar em si seu adversário! Ora, a filosofia idealista de Platão porta em si o materialismo: presente, mas refutado. Não para lhe dar a palavra, e sim para prevê-lo, para se antecipar a ele, para ocupar de antemão as posições de que ele poderia se apossar e para colocar a serviço do idealismo os próprios argumentos materialistas, bem refutados ou voltados contra si mesmos.

Podemos generalizar: *toda filosofia, idealista ou materialista, porta em si seu adversário*. Para refutá-lo preventivamente. Certo. Mas por que é preciso que o refute e encerre em si mesmo os argumentos de seu adversário, mesmo voltados contra ele? Por que uma filosofia não poderia ser muito simplesmente, muito tranquilamente, idealista, muito tranquilamente materialista, sem se preocupar com seu adversário? Será que não há sob o sol lugar suficiente para todos? Haverá tão pouco lugar que seja preciso brigar por ele? *Por que em filosofia há necessariamente adversários? E por que esse combate gira necessariamente em torno do idealismo e do materialismo?*

Estranho.

---

28 *Sophiste*, 246a-249d.

O GRANDE DESVIO

É aqui que começa o Grande Desvio, e no final dele poderemos dar uma resposta às questões que antes encontramos e formulamos. O fato de a filosofia que queremos explicar exigir esse Grande Desvio faz lembrar que os navegantes dos séculos XIV-XVI precisaram se lançar no desconhecido, na ponta extrema dos grandes continentes, e contornar o cabo da Boa Esperança e o estreito de Magalhães a fim de conquistar, para o conhecimento humano, outros mares e outros mundos, tomar a medida da Terra e constatar que ela é redonda. E, quando retornavam aos portos de onde haviam partido, com as caravelas arrebentadas e as velas rotas, já tinham uma ideia completamente diferente do pequeno mundo que habitavam. Para conhecer seu próprio mundo, o homem precisa sair dele e fazer o Grande Desvio do mundo. Nunca será ir longe demais para buscar a aventura de voltar para casa.

O mesmo acontece com a filosofia. Uma filosofia que deseja realmente, honestamente, *conhecer a si mesma*, saber que lugar ocupa no mundo filosófico e o que a distingue propriamente das outras, deve fazer o Grande Desvio pela história da filosofia, imergir em obras próximas e distantes no tempo e no espaço, e nas mais distantes possível dela, para poder voltar para casa carregada de comparações e descobrir um pouco mais o que ela própria é. Todas as grandes filosofias fazem esse Grande Desvio: Kant foi buscar no Platão distante e no Descartes próximo com o que se reconhecer; Marx foi buscar no fim do mundo, em Aristóteles, e no mais próximo, mas também mais distante, em Hegel, com o que se definir.

Também nós, portanto, faremos esse Grande Desvio. Para isso, vamos recorrer aos filósofos mais próximos e aos mais distantes. *E, ao mesmo tempo, faremos outro Grande Desvio*: vamos nos afastar da filosofia dos filósofos para analisar as práticas concretas dos homens. Tentaremos, por nossa conta e risco, fazer *o Grande Desvio pela não filosofia* para, "de volta para casa", descobrir o que pode ser a filosofia.

Existem inúmeras histórias da filosofia, e algumas são boas. Mas quem algum dia se preocupou em escrever uma *história da não filosofia*? Isto é, quem algum dia se preocupou em escrever uma história de tudo o que a filosofia idealista dominante (e mesmo a filosofia dominada, materialista, com excessiva frequência forçada pela pressão da outra a pensar apenas dentro de suas questões) *ignorou, rejeitou, censurou, abandonou* como lixo da existência e da história, como objetos indignos de sua atenção?

Acima de tudo, *a matéria*, seu peso e seu poder; acima de tudo, *o trabalho*, suas condições, a exploração, o escravo, o servo, o proletário, as crianças e as mulheres no inferno da fábrica, os casebres, a doença, a usura (a do usurário e a física); acima de tudo, *o corpo* e seu desejo, que lhe vem do sexo, essa parte suspeita do homem e da mulher, que inúmeras autoridades vigiaram e ainda vigiam; acima de tudo, *a mulher*, essa antiga propriedade do homem, e *a criança*, esquadrinhada já desde a infância por todo um sistema de controle; acima de tudo, *a loucura*, condenada à prisão "humanitária" dos asilos; acima de tudo, *os prisioneiros*, que a lei e o direito acuam, e todos os banidos, todos os condenados e todos os torturados; acima de tudo, *os bárbaros*, para os gregos, e os "*metecos*", "estrangeiros" ou "*indígenas*", para nós; acima de tudo, *o poder* do Estado e todos os seus aparelhos de coerção e de "persuasão", dissimulados em instituições aparentemente "neutras", família, escola, saúde, administração, constituição política; acima de tudo, a luta de classes, acima de tudo, a guerra. *Só isso.*

Certo, Aristóteles fala dos escravos, mas diz que são como animais[1]. Certo, Hegel fala da guerra, mas julga que ela regenera as nações, como o grande vento do céu revolve as águas dormentes, para impedi-las

---

[1] *Politique*, I, 5, 1254b-1255a.

de apodrecer[2]. Certo, Espinosa fala do corpo, afirma que seu poder é desconhecido[3], mas nada diz sobre o sexo. Um pequeno desvio para retornar à ordem.

E quem, algum dia, pelo menos durante séculos[4], pensou em escrever uma história desses "objetos" não filosóficos, a fim de mostrar que, se a filosofia dominante os *menosprezou* a tal ponto, é porque tinha todo interesse em silenciar sobre a relação que mantinha com a censura oficial a eles, sobre sua cumplicidade com a religião, a moral e a política da classe dominante? E que essa cumplicidade definia em grande parte a própria filosofia? O filósofo francês Nizan, antes da guerra, definia os filósofos como "cães de guarda". Sobre todas essas questões candentes, os filósofos nem sequer precisavam latir, bastava-lhes *calar-se*.

Não podemos, neste pequeno livro, abordar todas essas questões. No Grande Desvio que vamos fazer, falaremos apenas de certas práticas humanas que pertencem ao campo da *não filosofia*, as mais importantes para podermos compreender o que é a filosofia. Mas tenham todos muito presente na mente a existência das outras – pois elas acompanham silenciosamente tudo o que vai ser dito.

---

[2] *Deux manières de traiter scientifiquement du droit naturel*, ed. B. Bourgeois. Paris: Vrin, 1972, p. 55, Col. Bibliothèque des textes philosophiques.
[3] *Éthique*, op. cit., Livro III, Proposição II, Escólio, p. 209. "E, de fato, o que pode o corpo, ninguém até agora determinou [...]."
[4] Pois, em nossos dias, a obra de Foucault e o trabalho de Rancière, por exemplo, manifestam essa preocupação na França. [Nota de Althusser.]

3

A ABSTRAÇÃO

Voltemos, portanto, ao duplo advento da primeira ciência no mundo e da filosofia que se constituiu para *responder* a ela.

O leitor vai achar que andamos depressa demais! Pois nos fizeram assistir a esse duplo advento e compreendemos que, de algum modo, a filosofia está encarregada de "remendar" o rasgo provocado pela ciência no tecido da ideologia dominante. Tudo bem. Mas nos dizem que essa primeira ciência caracterizou-se por romper com a prática empírica da matemática anterior e raciocinar demonstrativamente sobre objetos "abstratos", e que, para desempenhar seu papel de restauração ideológica, a filosofia teve de seguir-lhe as pegadas. Porém não nos explicam o que é realmente essa ciência, nem sobre quais bases ela nasceu, nem, sobretudo, o que é essa famosa "pureza" ou "abstração" que distingue seus objetos e seu raciocínio. Afinal de contas, o que pode ser essa "abstração", e o que nos prova que ela nasce miraculosamente com essa ciência, sem ser precedida por outras formas de abstração?

Precisamos, portanto, voltar ao começo, à experiência prática das grandes massas humanas, que trabalham, padecem, lutam e fazem a história, mesmo quando a sofrem. Temos de verificar se nessa experiência prática é possível encontrar algo que se assemelhe à *abstração* e ao *abstrato*.

Ora, à primeira vista, a reação do senso comum, alimentado pela experiência de suas práticas reais, será dizer: De modo algum! Tudo o que existe é concreto! O que é mais concreto que um homem e uma mulher, o que é mais concreto, mais material do que um campo, cavalos, um trator, uma fábrica, uma mercadoria, dinheiro? Cada coisa é o que é, existe, está definida, é composta de todas as suas partes, coexiste com uma infinidade de outras coisas igualmente concretas. O que você está querendo com sua abstração? Você bem sabe que, se alguém contar histórias sem pé nem cabeça, diremos: "Tudo isso são abstrações", ou seja, declarações que não levam em conta o real, o concreto. E mandamos a pessoa passear.

Sabemos bem que vivemos no mundo concreto. Desde o dia em que nascemos até morrermos, vivemos no concreto, sob o concreto. Já é bem difícil desse jeito. Como se, além disso, tivéssemos de ficar fantasiando e acreditar em coisas que não existem! Deixe-nos em paz com suas abstrações!

Há nessa reação um profundo protesto contra o que chamaremos de "más abstrações", que toda a tradição materialista (Espinosa)[1] e alguns idealistas (Hegel)[2] condenaram. De fato, quando se "faz abstração" da realidade, quase sempre é para cair em sonhos que às vezes são interesseiros, e então é porque se quer afastar as pessoas da realidade, enganá-las.

Mas a abstração nem sempre diz respeito a "toda a realidade". Pode-se fazer abstração de *uma parte* da realidade, para fixar a atenção no restante. O camponês a arar ou o operário na linha de montagem "fazem abstração" de muitas coisas durante o trabalho – para poderem pensar só no seu trabalho. Do mesmo modo, o cientista, para considerar determinado aspecto da realidade que está estudando, "faz abstração" do restante. Não é que o restante não exista, mas ele o deixa de lado provisoriamente, como o camponês ao arar deixa provisoriamente de lado sua mulher e seus filhos. Generalizando: pode-se dizer que *toda prática específica* (trabalho, pesquisa científica, medicina, luta política) *faz abstração de todo o restante da realidade para se concentrar na transformação de uma parte dela*. Abstrair é "separar" uma parte da realidade do restante da realidade. Abstração é, primeiramente, essa operação e seu resultado. O abstrato opõe-se ao concreto como *a parte separada* do todo se opõe ao todo.

Mas com isso não avançamos nem um pouco! Pois, se você extrair (abstrair) uma parte do real, essa parte também será real. Como você

---

1 *Traité de la réforme de l'entendement*, ed. B. Rousset, trad. francesa Rousset. Paris: Vrin, 1992, pp. 87, 103-5, Col. Bibliothèque des textes philosophiques.
2 *Science de la logique*, trad. francesa G. Jarcyzk e P.-J. Labarrière. Paris: Aubier, 1981, t. II, pp. 72-3, 156-63, Col. Bibliothèque philosophique.

pode dizer que ela é "abstrata", não de maneira negativa, mas de maneira *positiva*? Se a parte abstrata é feita da mesma "matéria" que o todo concreto do qual foi abstraída, o que resta da abstração? O corte. O açougueiro que corta a carne de boi "pelas articulações"[3] (Platão) retira dela uma parte, depois outra e mais outra. Será que o pernil de carneiro é uma abstração? Ele vai rir na sua cara: é carne como todo o restante.

Portanto, precisamos procurar em outro lugar. Por exemplo, Descartes se indaga sobre a imaginação dos pintores[4]. Por mais longe que ela vá, não pode ir além da natureza existente, dos seres existentes. Mas o pintor pode combinar partes da realidade, tiradas daqui e dali, de seres que não as possuem todas ao mesmo tempo. Assim, tome de uma mulher seu corpo, de um leão, suas garras, de uma águia, sua cabeça, pinte tudo isso de cima a baixo, e você terá um ser que ninguém nunca viu, totalmente novo, insólito, um ser que não existe, em suma, uma quimera. Ele será o resultado de uma série de abstrações, assim como o corpo de uma mulher é "abstraído" de certa mulher; a cabeça de uma águia, de determinada águia; e as garras de um leão, de tal leão, ou de imagens desses seres. *E tudo isso vem da natureza, mas o resultado obtido não existe como tal na natureza.* Ao contrário, o resultado dessa série de abstrações combinadas *acrescenta* à natureza algo que não havia nela. Agora a definição de abstração se torna *positiva*, e também muito paradoxal, pois acrescenta algo à natureza sem sair dela. Esse é o resultado do trabalho da imaginação do pintor, que não se limita a cortar (como o açougueiro), mas *compõe*.

Mas, dirão, esse é um assunto que diz respeito a pintores, e, afinal de contas, o que ele tem a ver com a vida? Os homens, em sua imensa maioria, não são pintores, não vivem no imaginário, não criam quimeras. Eles vivem, sim, no concreto.

Certíssimo!

E se disséssemos que a primeira "abstração" com que os homens lidam em todos os seus atos da vida diária, tanto de dia como de noite (perfeitamente, nos sonhos), é a *linguagem*?

De fato, o que é uma palavra senão um ruído articulado e, portanto, algo que existe na natureza, que foi "extraído" e, portanto, "abstraído" do

---

3 *Phèdre*, 265e.
4 *Méditations*, em *Œuvres*, op. cit., t. IX, 1ª parte, p. 15.

conjunto de ruídos existentes na natureza? Entretanto, esse algo abstrato que é a palavra só possui a existência da abstração porque, como ruído, está combinado, associado com aquilo que designa. Assim, quando dizemos: "chamo um gato de gato", queremos dizer com isso que o ruído "gato", produzido por certa disposição dos músculos da boca e da língua, está associado à realidade, que é esse animal que corre atrás dos ratos, mia quando tem fome, e que chamamos de "gato". Portanto, "gato" é um ruído que se tornou palavra porque foi associado a esse ser vivo que é um gato.

Verificamos também que, como no caso da quimera, essa composição dos dois elementos "extraídos" da natureza (o ruído "gato" e o animal gato) é totalmente *arbitrária*. O caráter arbitrário da escolha das palavras para designar as coisas já havia sido apontado por Platão, que, entretanto, acreditava que há uma correspondência natural entre a palavra e a coisa, entre o som e a coisa. Muitos dos numerosos exemplos que ele citava eram tirados da língua grega[5]. Também do francês poderíamos retirar muitos deles. Por exemplo, quando falamos "murmure" [murmúrio], vemos, por assim dizer, os lábios se entreabrirem e voltarem a se fechar sucessivamente para produzir o som. É como se ouvíssemos o ruído que eles fazem para emitir a palavra. Do mesmo modo, ao pronunciarmos a palavra "brouhaha" [burburinho], está claro que ela imita o rumor que se ergue de uma multidão. Mesmo quando pronunciamos a palavra "tremble", quer se trate de uma árvore chamada "tremble" [choupo] ou de um homem nu que "tremble" [treme] de frio, é como se víssemos o movimento de um tronco esguio açoitado pelo vento, ou de um corpo que tirita, como também podemos contemplá-lo pintado num quadro famoso de um pintor italiano do século XV, Masaccio, que representou são João Batista à beira de um riacho: um homem derrama sobre seu corpo nu a água do batismo e ele se arrepia[6]. Pintar o arrepio...

Entretanto, ao lado de algumas palavras que, digamos, reproduzem a coisa mas não são a coisa, pois são palavras, significantes, a imensa maioria delas não reproduz absolutamente nada da coisa que designam. As pala-

---

5 *Cratyle*, 390e, 435a-e.
6 Althusser refere-se ao *Batismo dos neófitos*, um afresco que Masaccio pintou em 1426-1427 numa parede da Capela Brancacci, da Igreja Santa Maria del Carmine, em Florença, e que representa são Pedro batizando um homem desconhecido.

vras "homem" e "mulher" não têm relação de nenhum tipo, nem de ruído, nem de cheiro, nem de forma, nem de sabor, com os seres reais que são o homem e a mulher. E Deus, para os que acreditam nele, não tem relação alguma, *enquanto palavra*, com a "realidade" que seria Deus, a ponto de toda uma escola de teólogos (são chamados assim os homens que supostamente sabem e dizem o que é Deus) ter defendido a ideia de que não havia nenhuma relação entre Deus e alguma palavra da língua. Desse modo, não se devia dar a Deus nenhum nome, e a única maneira de nomeá-lo era utilizando nomes *que o negassem*. Assim, só se podia nomear Deus dizendo que ele era o não existente, o não poderoso, o não perfeito, o não Deus mesmo, o que não é um modo de suprimi-lo, e sim de dizer que ele está acima "de todo nome" possível, pois está acima de toda realidade.

A imensa maioria das palavras, portanto, é totalmente arbitrária em relação ao que elas designam. Isso quer dizer que não há uma relação natural, material, entre o som das palavras e o seu sentido. Foi esse fato que o linguista Saussure registrou quando desenvolveu a teoria da *"arbitrariedade do signo"*[7]. Ele mostrou que não havia uma relação natural, necessária, entre os ruídos (sons) ou os sinais escritos que constituem as palavras e as coisas que elas designam, mas, pelo contrário, uma relação necessária, apesar de arbitrária (sem nenhum fundamento natural de correspondência ou semelhança), havia sido instituída entre os signos e as coisas.

Como foi instituída essa relação? Evidentemente, não por Deus, embora os adeptos de todas as religiões afirmem que foi Deus, ou seu mensageiro, quem deu aos homens a linguagem. Se não foi Deus, então essa relação foi instituída pelos homens. Mas começam aí dificuldades insuperáveis, para as quais os filósofos do século XVIII tentaram, em vão, propor uma solução: pois, para que os homens combinassem atribuir palavras definidas, e as mesmas palavras, para designar as coisas, era preciso que vivessem em sociedade. Porém, para viver em sociedade, era necessário que tivessem firmado entre eles um pacto social, uma convenção, e, para transmitirem uns aos outros essa convenção, eviden-

---

[7] F. de Saussure, *Cours de linguistique générale*, ed. Rudolf Engler. Wiesbaden: Otto Harrossowitz, 1967, p. 152. "O signo linguístico é arbitrário. O elo que liga uma imagem acústica a um conceito determinado e que lhe confere seu valor de signo é radicalmente arbitrário."

temente precisavam da linguagem! Estamos então diante de um círculo vicioso teórico do qual só sairemos, como o fez Rousseau, supondo uma origem desconhecida para a linguagem, que, no entanto, teria, sim, um começo, visto que ela nem sempre existiu, que os homens começaram sendo animais, e que estes não falam[8].

Se não há entre os nomes e as coisas uma relação que não seja arbitrária nem convencional, Saussure mostrou que, em contrapartida, existem relações necessárias entre os sons, e que a diferença regular do sistema fonológico é que distingue as diferentes palavras. Isso quer dizer que nenhum elemento fonológico existe por si só, mas apenas pela diferença que o distingue de outros elementos fonológicos e o liga a eles (por exemplo, o *p* não existe sozinho, e sim em sua diferença com relação ao *b*; o *d* não existe sozinho, e sim em sua diferença com relação ao *t* etc.). Assim, do ponto de vista dos sons, a língua não é mais do que um "sistema de diferenças". É essa regra de afinidade e diferença que resulta na constituição de unidades de som que permitem identificar as palavras e, portanto, diferenciar umas das outras, e, graças a elas, distinguir as coisas, nomeando-as.

Saussure mostrou também que entre as palavras (chamadas *significantes* nessa nova relação) havia relações de proximidade e de oposição, e que a língua dispunha de toda uma série de palavras e construções cuja única função era evidenciar essas diferenças ou essas afinidades. Por exemplo, a palavra [francesa] *son*[9] designa ao mesmo tempo o ruído [som] e o invólucro do grão de cereal [farelo]. O que permite distinguir os dois sentidos da mesma palavra são palavras especiais ou construções de frases: "o som do clarim"; "ele se faz de burro para ganhar farelo".

A língua, ao mesmo tempo que é arbitrária, constitui um duplo sistema, simultaneamente fonológico (seus diferentes sons) e gramatical (a organização das palavras em frases), regulado por leis necessárias e necessariamente respeitadas, sem o que ninguém conseguiria se orientar.

8 "Discours sur l'origine et les fondements de l'inégalité parmi les hommes", em J.-J. Rousseau, *Œuvres complètes*. Paris: Gallimard, 1964, t. III, p. 151, Col. Bibliothèque de la Pléiade. "[...] deixo a quem quiser empreendê-la a discussão deste difícil problema sobre o que foi mais necessário: a sociedade já coesa, para a instituição das línguas, ou as línguas já inventadas, para o estabelecimento da sociedade."
9 Os termos entre colchetes foram acrescentados na tradução. Os dois exemplos que Althusser dá a seguir, e que se perdem na tradução, são: "le son du clairon" e "il fait l'âne pour avoir du son". (N. da T.)

Ora, essa estranha realidade, a língua, é que permite a operação chamada abstração. Por essa razão, *todos os homens que falam se servem "naturalmente" da abstração*, dessa nova abstração.

Eles ficariam muito espantados se alguém lhes dissesse isso, como ficou o senhor Jourdain[10] quando lhe disseram que ele "fazia prosa". Entretanto, é verdade. Prova disso é que basta tomar qualquer palavra que seja, com uma única exceção, que veremos qual é (os nomes próprios, quando muito), para evidenciar esta realidade: *todos os homens se servem dessa abstração*, ou seja, vivendo sempre no concreto, vivem também nessa abstração, quaisquer que sejam seus atos – portanto, mesmo em seus atos mais concretos.

Vejamos, por exemplo, um camponês que diz: *a* vaca morreu. Para ele, trata-se da *sua* vaca e não de uma vaca qualquer; trata-se da Graciosa, que morreu esta noite ao parir um bezerro, porque o veterinário sofrera um acidente. Portanto, quando ele fala *"a vaca"*, trata-se da *"sua* vaca" e, entre as suas vacas, de uma única vaca, exatamente *aquela* que morreu esta noite. Trata-se, portanto, de um animal que não pode ser confundido com nenhum outro, da coisa mais concreta e mais singular possível.

Entretanto, qualquer camponês poderia dizer: *"a* vaca", a respeito de *sua* vaca ou de qualquer outra vaca, para designá-la, seja pela linguagem, seja pelo gesto. E, se as condições da designação concreta fossem cumpridas, ninguém se confundiria. Em outras palavras, em cada caso – isto é, em todos os casos, ou seja, não importa em qual caso –, *a forma mais abstrata, a mais genérica, que seriam as duas palavras, "a vaca", designaria infalivelmente o objeto mais concreto*, determinada vaca, e não outra, e ninguém se confundiria. Aconteceria exatamente a mesma coisa no caso de um operário que dissesse "o patrão é uma vaca", ou "o patrão é um cara legal, mas é um patrão". Em todos os casos, *a abstração da linguagem serve para designar o concreto mais concreto*.

Foi o que o filósofo alemão Hegel demonstrou num famoso texto da *Fenomenologia do espírito*[11]. Ele disse: imagine, não importa quem, não importa em que situação. Imagine que esse homem queira designar o

---

10 O senhor Jourdain, protagonista da peça *O burguês fidalgo*, de Molière, diz no ato II, cena 2: "Por Deus! Há mais de quarenta anos faço prosa sem saber disso, e sou infinitamente grato a vós por terdes me informado." (N. da T.)
11 *Phénoménologie de l'Esprit*, trad. francesa Jean Hyppolite. Paris: Aubier, 1941, t. I, pp. 83-5.

que está apontando, ou o que deseja dizer, com a palavra mais curta e mais concreta possível, uma palavra que nem chegue a ser uma palavra, e sim um gesto, que designe a coisa mais singular do mundo. Essa palavra ou esse gesto terá como efeito simplesmente mostrar a coisa concreta. Equivalerá a dizer: "*isto*", e só. A coisa que é o "isto" terá sido mostrada, e ninguém poderá confundir-se a respeito dela: é realmente esta aqui e não aquela. E, para ter certeza de que essa coisa é realmente ela mesma e não desaparecerá (pois, num segundo, poderá ser substituída por outra), a pessoa especificará: "Isto aqui, agora." Ora, diz Hegel, basta que essa pessoa vire para o outro lado para que, ao buscar de novo o objeto concreto, singular, o "isto" que estava "aqui, agora", muito provavelmente descubra (como ao olharmos a paisagem desfilar de dentro de um trem) que o "isto aqui, agora" mudou totalmente. Outro "isto" tomou o seu lugar "aqui e agora". Hegel conclui, acertadamente, não que o concreto imediato não existe, e sim que a linguagem que tem a função de designá-lo como concreto é, em si mesma, *abstrata, geral*.

Evidentemente, pode-se levantar a questão de saber se não há outros meios, a não ser a abstração da linguagem, para "captar" o concreto. Quando um homem come um pudim, ele não se engana em relação ao alimento: sabe muito bem que está comendo *este* pudim e não outro. Quando um homem toma nos braços uma mulher e a penetra, não se engana em relação à mulher, exceto nas comédias de Marivaux[12]: é ela, e não outra. Mas, nesse momento, ele se cala, e são seus braços e seu sexo que "têm a palavra".

Quando um operário trabalha a "sua" peça, ocorre a mesma coisa: ele designa o objeto concreto porque o segura e o trabalha com ferramentas que manuseia. Disso se conclui que *há uma apropriação do concreto que não passa pela linguagem, e sim pelo corpo do homem*, ou porque ele trabalha uma matéria-prima, ou porque se une a outra pessoa no ato sexual, ou porque consome pão e vinho para se alimentar, ou porque se apossa do poder de Estado. Em todos esses casos, salvo impostura, não há engano a respeito do concreto, e ele é apropriado pelo homem sem uma palavra.

12 Pierre Carlet de Chamblain de Marivaux (1688-1763), autor de romances e peças teatrais. Em sua comédia mais famosa, *Le Jeu de l'amour et du hasard* [O jogo do amor e do acaso], dois jovens, um homem e uma mulher, trocam de identidade (respectivamente, com seu valete e sua camareira), a fim de conhecerem melhor os noivos que lhes foram designados pelos pais. (N. da T.)

Mas o que falta nesse ato de apropriação é a comunicação social, é a capacidade de dizer aos outros homens: esta aqui é minha mulher, isto é meu pão, este é meu cavalo, estas são minhas ferramentas. Consequentemente, o que falta é *o reconhecimento social e público do ato de apropriação do concreto*. Ora, tudo isso mostra que, para que o homem viva em sociedade – e ele vive em sociedade –, não basta apenas que se aproprie fisicamente das coisas concretas, mas essa apropriação também precisa ser reconhecida socialmente, pelo consentimento tácito dos outros ou *pelo direito de propriedade*. Do contrário, qualquer um poderia tomar ou roubar seu cavalo ou suas ferramentas. Portanto, o ato de apropriação corporal, física, precisa, de certa forma, ser reiterado por uma consagração, que passa por uma linguagem específica, a *linguagem do direito*, que afirma publicamente, perante todos os homens: esta mulher é realmente dele (e não de outro), este cavalo é realmente dele etc.

Portanto, a mais "concreta" apropriação implica a sanção social da *linguagem do direito*, ou seja, de um sistema abstrato de relações, para poder ser exercida sem riscos, mas ao contrário, com toda a segurança possível. Se não se submeter a essa abstração e à sua sanção, a apropriação concreta do concreto correrá o risco de, em caso extremo, não ser reconhecida socialmente e, portanto, violar o direito e ser qualificada de roubo ou crime. Nessa condição, recairá novamente sobre ela uma regra abstrata, a do direito, que proíbe uma pessoa de se apossar do bem de outrem. Ela produz o delito público e sua punição, que, por sua vez, é sempre concreta: a pena infligida ao delinquente ou ao criminoso.

É esse o círculo "dialético" do concreto e do abstrato. Não há abstração sem a existência do concreto. Mas os homens só podem ter relação social com o concreto mediante as regras abstratas da linguagem e do direito, e, se as violarem, pagarão "concretamente" pelo seu delito. O mau uso da linguagem, as injúrias, as mentiras quase sempre recaem sobre seus autores, *em pessoa*, como os roubos, os crimes e os outros "ultrajes" ao direito.

Tudo bem, poderão dizer, a linguagem e o direito dominam a nossa vida. Mas a vida não é só isso. A existência não é feita só de palavras, e o Código Civil não regulamenta todo o conteúdo de nossas ações. O direito enuncia regras gerais, válidas para todos, e por isso elas são chamadas de abstratas. Basta respeitá-las para se ter paz. O resto do tempo, aquele que dedicamos ao trabalho, à nossa vida pessoal, aos nossos desejos e prazeres, é nosso. É esse *o verdadeiro concreto de nossa vida: o que fazemos por nossa conta.*

Sim e não. Sim, porque é verdade que o homem que trabalha é concreto, molda uma matéria concreta usando ferramentas concretas e coloca nisso toda a sua competência, toda a sua paciência, mesmo que trabalhe para outrem e, com mais razão ainda, se trabalhar para si próprio. Sim – passando de um extremo ao outro –, é verdade que o homem que ama é um homem concreto, que se relaciona com uma mulher concreta (ela, não outra), e coloca nessa relação toda a sua atenção e toda a sua paixão. Não, pois basta um pouco de objetividade para perceber que cada um desses homens concretos só consegue trabalhar ou amar repetindo gestos aprendidos, sujeitos a relações tão abstratas quanto as da linguagem e do direito.

Um operário, por mais hábil que seja, não faria este e outro gesto se *a forma de seu trabalho* e, portanto, de seus gestos não lhe fosse *imposta* pela matéria-prima, pelas ferramentas ou máquinas de que dispõe, que ele não fabricou, mas que são o resultado de uma longa história de relações sociais que definiram essa forma de trabalhar, independentemente dele; se as relações de produção existentes não houvessem determinado o seu lugar na organização e na divisão do trabalho. Os gestos são realmente dele, mas ele não faz mais do que repetir os mesmos gestos que milhões de operários no mundo estão repetindo no mesmo momento, gestos definidos previamente, "abstratamente", para ele e seus semelhantes, pelas relações de produção que dominam as sociedades em que vivem.

Não, pois basta um pequeno distanciamento para perceber que cada homem concreto que ama uma mulher concreta (ela e não outra), mesmo que busque outras palavras e outros gestos que sejam só seus para expressar-lhe seu amor e seu apego, quase sempre não faz mais do que repetir, com algumas variações, as poucas, pobres palavras, os poucos, pobres gestos que a tradição estabeleceu e tentou transfigurar muito antes de ele nascer, e que a imprensa, os romances e o rádio – e as canções! – divulgam o dia inteiro. E, novamente, com um pouco de objetividade, percebe-se que em toda civilização há palavras e gestos determinados e convencionais, palavras e gestos *diferentes* para declarar o amor, e, às vezes, o silêncio, quando as relações entre os sexos são determinadas pela família ou pela religião, previamente e sem apelação. De onde vêm essas palavras e esses gestos? *De uma certa ideia estabelecida* do que está em jogo nas relações entre um homem e uma mulher, ou melhor, de um certo grupo de ideias *do que deve ser feito em função do que está em jogo* nas relações entre um homem e uma mulher. Esse grupo de ideias – o amor, sempre, o casal, a felicidade, os filhos, a iniciativa do homem superior à mulher, o abandono, o arrependimento, o retorno, a morte – constitui o que se pode chamar de uma *"ideologia" prática*. Essas "ideias" só existem por suas *relações*, que se impõem à imensa maioria dos homens e das mulheres, e são essas relações que inspiram e regulam as palavras e os gestos habituais da mais concreta cerimônia de amor.

Tomamos esses dois exemplos, que são simples, para não complicar a exposição de uma verdade elementar. Essa verdade é que não só a linguagem é abstrata (está ligada às coisas concretas, mas é arbitrária e existe independentemente delas, o que lhe permite ter um valor *geral*, que é característico de toda abstração), não só o direito é abstrato (pois "faz abstração" de toda particularidade, é geral e vale para todos), mas também que existe um número infinito de *gestos abstratos*, que estão ligados às práticas concretas, mas existem independentemente delas, o que lhes permite ter um valor geral e *servir a essas práticas*.

Se quisermos resumir o que foi exposto, diremos: a abstração não é a separação de uma parte pertencente ao todo concreto. Ela está ligada ao concreto, provém dele de uma maneira que pode variar (a linguagem não é "abstraída" do concreto, como o direito ou os gestos abstratos de toda prática). O que caracteriza a abstração é o fato de ser outra coisa, e não uma parte do concreto, visto que *acrescenta* algo a ele. Acrescenta-lhe o quê? A *generalidade de uma relação* (linguística, jurídica, social, ideológica) que diz respeito ao concreto. Melhor: *essa relação domina o concreto sem seu conhecimento e é ela que o constitui como concreto*.

Portanto, há uma espécie de ciclo: o concreto está no início, em seguida vem o abstrato, depois novamente o concreto. É o que dizíamos: a apropriação social do concreto passa pela dominação de relações abstratas. Há, portanto, dois concretos: aquele não apropriado socialmente – que, no limite, *nada é* – e aquele não só apropriado socialmente pelos homens, mas também *produzido como concreto por essa apropriação*.

Isso quer dizer que, sem a linguagem, sem o direito, sem as relações de produção e as relações ideológicas, nenhuma coisa no mundo é concreta para o homem, pois não posso nomeá-la, nem produzi-la, nem atribuir-lhe nem comunicar-lhe minhas intenções.

Uma história de Oscar Wilde conta, à sua maneira, a criação do mundo, do paraíso, de Adão e Eva. Deus, naquele tempo, distraído, esqueceu de dar a eles a linguagem. E Wilde explica que Adão e Eva nunca se encontraram e, em consequência, nada aconteceu: nem a serpente, nem o fruto da árvore do bem e do mal e, portanto, nem o pecado; nem, portanto, toda a sequência de catástrofes; nem, portanto, a encarnação; nem, portanto, a redenção do mundo. E por que eles nunca se encontraram (se cruzaram)? *"Como não sabiam falar, não podiam se ver."*

4

A ABSTRAÇÃO TÉCNICA E A ABSTRAÇÃO CIENTÍFICA

Mas, alguém poderá objetar, se estamos sempre na abstração, ou melhor, se vivemos sempre nela, se nossas relações são abstratas, se sempre precisamos passar pela abstração para podermos atingir e transformar o concreto, que diferença há entre essa abstração, que reina em toda parte, e a abstração da ciência, que esteve em pauta há alguns momentos neste texto? Trata-se apenas de uma diferença de grau?

Efetivamente, pode-se pensar isso. De fato, cada prática parece possuir suas próprias relações abstratas, que a constituem. E, se subirmos na "hierarquia" das práticas, poderemos presumir que haverá uma diferença de grau quando passarmos das práticas mais comuns, linguagem, produção, relações humanas, para a prática considerada "a mais elevada": a prática científica. Mas não devemos confiar nessa noção de "hierarquia" – portanto, de uma diferença de valor ou de dignidade – entre as práticas. É uma ideia com alto risco de vir não do lugar respectivo das práticas, e sim de um juízo de valor social que remete à organização da sociedade. Podemos observar isso de modo muito claro, por exemplo, na "hierarquia das práticas" que encontramos em Platão[1]: essa "hierarquia" serve pura e simplesmente para apoiar e justificar uma ordem social ou, antes, sua restauração.

Diremos então, provisoriamente, e para evitar esse risco, que cada prática possui sua própria natureza e, portanto, sua especificidade. E que, também, a passagem de uma prática para outra, se a observarmos na realidade, deverá ser analisada em sua própria especificidade e diferença.

1 *République*, IV, 419a-434c.

Todos poderão reconhecer essa diferença se considerarem, por exemplo, a *prática produtiva* de um camponês que possui um pedaço de terra e um rebanho e ainda trabalha de acordo com o antigo modo artesanal e a de um grande fazendeiro capitalista, que possui na Beauce centenas de hectares e todo um parque de máquinas e trabalha de acordo com o modo industrial: a prática de produção deles não é a mesma. Por mais motivos ainda, o grande proprietário de terras que não trabalha, que vive de sua renda fundiária (arrendamentos) e da especulação sobre seus ganhos (aplicações na Bolsa ou em investimentos na indústria), não tem a mesma prática, pois nada produz, vive da exploração direta dos arrendatários e indireta dos trabalhadores, por intermédio de suas "aplicações" e "investimentos". E o operário assalariado, que trabalha na linha de montagem de uma fábrica que não lhe pertence, a operar máquinas que não lhe pertencem, também tem outra prática, assim como seu patrão, que não trabalha mas o explora e especula com seus ganhos, "investindo" em sua empresa ou "trabalhando" com os bancos ou outros setores industriais nos quais aplica seus lucros.

Mas, se agora considerarmos não mais a prática *"imediata"* desses trabalhadores ou não trabalhadores (o que os *vemos* fazer), e sim *a prática que é realizada* em suas ferramentas, em suas máquinas, em seus processos (inclusive os processos financeiros dos capitalistas), e que comanda sua prática imediata, que lhes dá *os meios para fazer o que fazem*, estamos tratando de uma prática muito diferente, que pressupõe não apenas hábitos, "modos", familiaridade com os "processos", no trabalho e nos "negócios", mas também realidades materiais, máquinas, instalações, instituições – em resumo, todo um *saber fazer técnico* investido nessas realidades e, portanto, nas práticas correspondentes.

Aqui a abstração muda novamente de natureza e, se considerarmos que o conjunto constituído pelas realizações – fábricas, máquinas, organização do trabalho, processos de especulação financeira – representa a *realização de uma técnica* muito elaborada, então a abstração presente nessa técnica será a de um saber, não só de um saber fazer, mas de um saber abstrato e relativamente coerente, registrado nos tratados de produção agrícola, de construção de máquinas, de organização do trabalho, de aplicação dos capitais etc., *de um saber fazer e de um saber* que podem ser ensinados e transmitidos. E esse saber é verificado pela prática, pois é possível aplicá-lo e produzir resultados.

Em nossas sociedades, nas quais as ciências têm um papel muito importante na produção, esse saber técnico é, *em parte*, o "recaimento" do saber científico, na medida em que boa parte de suas realizações depende da aplicação de resultados científicos. Digo "em parte" porque apareceram filósofos idealistas, como Kant, que defendem a ideia de que a *técnica* é simples "*consequência da teoria*" científica[2] e, portanto, é pura teoria, não constituindo uma prática à parte. Mas isso é ignorar, em proveito de uma "teoria pura", que se mantém numa abstração "pura", a *materialidade* do saber fazer e do saber técnico, a opacidade e a resistência de seu objeto (que não se reduz à transparência da teoria "pura"). Por fim, é ignorar que já existiam um saber fazer e um saber técnico ou prático muito tempo antes de aparecerem as ciências.

Muito antes do advento da matemática "pura", vimos que já se *sabia como* realizar operações matemáticas para obter resultados não só no cálculo e na medição, mas também na arquitetura, na hidráulica, na navegação e na produção de armamentos. Conhecia-se *o modo* de realizar operações de física, de estática e de dinâmica, para transportar enormes massas a grandes distâncias, para lançar projéteis com "máquinas", para realizar operações de óptica e de química e, evidentemente, todas as operações agronômicas necessárias para o cultivo e a criação de animais. É bem verdade que todo esse saber era "empírico", não havia sido adquirido por meio de demonstrações que envolvessem objetos "puros", mas era imenso, e sem ele a descoberta da matemática "pura", que primeiro ofereceu a demonstração dos resultados obtidos (pelos babilônios, pelos egípcios e outros povos) e depois foi além deles, teria sido impensável.

De onde provêm esse saber fazer e esse saber técnicos? De *descobertas técnicas* que balizam toda a história humana, desde a Pré-História, e que não desapareceram na história atual. Sem remontarmos ao Paleolítico, à descoberta do fogo e da pedra lascada, os homens descobriram os metais, a roda, a energia da água e do vento, o trigo, passando do pastoreio ao cultivo da terra etc. Ninguém sabe como essas "descobertas" aconte-

---

2 *Critique de la faculté de juger*, trad. francesa J.-R. Ladmiral, M. de Launay e J.-M. Vaysse, *Œuvres philosophiques*, op. cit., t. II, pp. 925-6.

ceram, mas isso só foi possível a partir dos elementos já existentes, da aprendizagem das diferentes técnicas e, sem dúvida, de um "acaso" (acontecimento ou elemento que poderia não estar presente), que precipitou as descobertas no encontro imprevisto de elementos totalmente diversos. Só puderam acontecer fundamentadas no saber fazer anterior e também na representação do mundo em que viviam os homens.

Pois não podemos esquecer que aqueles homens, mesmo muito primitivos, viviam em sociedade, e que a *reprodução* dessas sociedades pressupunha todo um sistema de ideias e de cerimônias que sancionavam, simultaneamente, a reprodução biológica da comunidade e sua relação com a natureza. É difícil imaginar que essa representação "religiosa do mundo", que permitia identificar cada objeto e cada prática e dar-lhe seu sentido para a sociedade, não tenha desempenhado um papel na simples percepção das coisas e na "descoberta" de novas propriedades ou na invenção das ferramentas e das primeiras máquinas.

É por isso que, se podemos falar de um saber fazer e de um saber técnico ou prático, devemos evitar considerá-los como adquiridos por simples *contato direto* com as coisas, que teriam revelado aos homens suas propriedades de modo puramente *empírico*. O empirismo pressupõe que a verdade está nas coisas e que conhecê-la é simplesmente vê-la ou extraí-la: "separamos" das coisas tudo o que não é sua verdade, e temos então a sua verdade. Isso é simples demais para ser verdadeiro, pois sempre mantemos relações *práticas* com as coisas, as quais trabalhamos, e precisamos trabalhá-las para conhecê-las. E, ao trabalhá-las, temos sempre em mente ideias que misturam o saber e a ideologia de modo indissociável, e essa relação ideológica é parte de nosso trabalho, de nossa pesquisa, de nossa descoberta, visto que sempre "enquadra" nosso conhecimento. *Portanto, não há conhecimento "empírico" puro.* Só se pode falar em conhecimento "empírico" *por contraste*, para destacar o que é próprio do conhecimento científico e o que o diferencia do conhecimento técnico-prático.

Essa tese é importante, pois a ideia de um conhecimento empírico puro, na qual se baseiam todas as filosofias empiristas, é um mito idealista, que, para o idealismo, serve de justificativa ou de contraste para afirmar a onipotência das ideias ou das formas puras do conhecimento.

Se insisto no conhecimento prático-técnico, é porque ele constitui um ponto cego da filosofia idealista. Essa filosofia *não quer ver* que esse conhecimento prático, proveniente do trabalho secular dos homens e de suas descobertas, possui uma especificidade própria. Deseja a todo custo reduzi-lo, seja ao mito de um "conhecimento empírico", inexistente em sua pretensa pureza, seja à ciência pura e simples, em sua forma "aplicada". Essa filosofia não quer ver que esse conhecimento prático-técnico precedeu a ciência, sem o qual ela não poderia ter surgido. Não quer ver que, em nossa época, dominada pelas ciências, são feitas descobertas – como acontecia na época de Arquimedes e de Leonardo da Vinci – *que não passam pela ciência*, mas das quais ela se apropria depois. Não quer ver que a simples prática humana, que trabalha ou põe à prova seu objeto, pode conseguir apreender o que a ciência, em suas pretensões, apoiada pela ideologia reinante, ignorou, rejeitou, menosprezou.

Eu falava da história da não filosofia, que é a história de todas as práticas humanas silenciosas que foram banidas, mas que sustentam ou acompanham todas as práticas visíveis e produzem essas descobertas que às vezes surgem no mundo da "cultura" como uma surpresa e como um escândalo insuportável para as ideias dominantes. Vocês querem exemplos de descobertas provenientes das práticas ignoradas pela filosofia dominante? Maquiavel, que serviu aos príncipes e sabe do que fala – "para conhecer os príncipes é preciso ser povo" – e do interminável combate dos "gordos" contra os "magros"[3]. Marx, que militou no movimento operário e sabe do que fala: "a história é a história da luta de classes"[4]. Freud, que se confrontou com os histéricos e sabe do que fala: o homem tem pensamentos e desejos inconscientes, e eles são sexuais[5].

Se me concentrei no conhecimento técnico-prático, que podemos chamar de conhecimento prático, foi também porque ele não é "puro", não só porque não produz uma demonstração ou uma prova experi-

---

3 *Le Prince*, trad. francesa M. Gaille-Nikodimov. Paris: Le Livre de Poche, 1998, Dedicatória, p. 56, Col. Classiques de la philosophie. "Para conhecer bem a natureza dos povos, é preciso ser príncipe e, para conhecer bem a dos príncipes, é preciso ser povo."
4 "Le Manifeste du parti communiste", trad. francesa L. Lafargue, ed. F. Engels. Berlim: Akademie Verlag, *Karl Marx Friedrich Engels Gesamtausgabe*, I, t. XXX, 2011, p. 343. "A história das sociedades tem sido apenas a história das lutas de classes."
5 *Cinc psychanalyses*. Paris: PUF, 2010, Col. Quadrige.

mental, como as ciências, mas porque é sempre tirado das relações silenciosas da "representação do mundo" ou da ideologia da sociedade ou do grupo social que o produz. *Pôr em destaque o conhecimento prático é também pôr em evidência essa condição de todo conhecimento, que é a ideologia.* Muitos filósofos reconheceram a existência de noções pré-científicas e de representações errôneas entre os homens: os diversos erros enumerados por Bacon, entre os quais figuram os "erros da tribo", os erros sociais, ligados à existência do poder e da religião[6]. Mas pouquíssimos filósofos consideraram que essas ideias preconcebidas ou errôneas deviam ser pensadas não em separado, e sim dentro de um *sistema*, e de maneira não negativa (simples erros), e sim *positiva*. Vemos essa intuição em Espinosa, que coloca antes do conhecimento científico (segundo gênero de conhecimento) o que ele chama de conhecimento do primeiro gênero ou "imaginação"[7]. É nele que toda percepção é dada; é por ele que toda coisa é nomeada; é por ele que, percebida e nomeada, cada coisa é situada no sistema da imaginação, na ordem das coisas, tais como são representadas nessa *ilusão necessária*[8]. Essa ilusão não é a de uma "faculdade" psicológica (Espinosa rejeita a noção de faculdade)[9], e sim a de um mundo que é sempre social. Foi preciso esperar Marx para ir mais fundo na teoria dessa realidade, a ideologia, e descobrir que também ela é constituída de relações abstratas.

Por que todos esses desdobramentos?

Para apresentar *o conhecimento científico*, era preciso posicionar tanto *o conhecimento prático* como *as relações ideológicas* nas quais e sob as quais ele é produzido.

Foi com base no saber prático e em determinada conjuntura ideológica que surgiu a primeira ciência, a matemática. Isso se repete, sempre com base num saber prático anterior e em determinada conjuntura ideológica, filosófica e científica (pois a filosofia existe desde então), com

---

6 *Novum Organum*. Paris: PUF, 2010, I, Aforismos, XXXIX ff., pp. 110-12 ("idols of the tribe"), Col. Épiméthée.
7 *Éthique*, op. cit., Livro II, Proposição XL, Escólio 2, p. 169.
8 Anotação manuscrita na margem, sublinhada duas vezes: "o corpo!".
9 *Éthique*, op. cit., Livro II, Proposição XLVIII, Escólio, p. 183. "[...] não há no espírito nenhuma faculdade absoluta de compreender, de desejar, de amar etc. Segue-se disso que faculdades e seus semelhantes são ou puramente fictícios, ou nada mais que entes metafísicos [...]."

todas as outras ciências: a física, a química, a biologia etc. Mas, em cada caso, podemos falar ou de um "corte" ou de uma "mudança de terreno", para marcar a diferença entre o saber prático anterior e a natureza do saber científico, no sentido forte do termo. Essa mudança sempre assume a forma de um paradoxo com relação às respostas anteriores: onde seriam esperadas novas respostas, a ciência começa a modificar as questões (Marx); onde Scheele via uma solução (o flogístico), Lavoisier enxergava um problema (a descoberta do oxigênio e o início da química)[10] etc.

Assim, o advento de uma ciência coincide com uma modificação no *sistema das questões* que ela faz à natureza, no sistema dos problemas que enfrenta: uma mudança na *problemática*. Naturalmente, isso afeta os conceitos por meio dos quais a ciência pensa seus problemas. A mudança da problemática herdada do conhecimento prático é acompanhada de uma transformação das noções antigas em conceitos novos e, correlativamente, dos "objetos" antigos em "objetos" novos. O triângulo sobre o qual Tales raciocina não é o triângulo desenhado na areia. O movimento sobre o qual Galileu raciocina não é o movimento pensado por Aristóteles. Os corpos do químico não são os corpos dos alquimistas.

Qual é a diferença essencial que distingue o conhecimento científico do conhecimento prático? Sabemos que o conhecimento prático trata de objetos concretos, empíricos, e das operações que proporcionam resultados concretos. Mas, como é um conhecimento, ele *acrescenta* alguma coisa aos objetos concretos de que fala. O quê? Uma abstração, que assume a forma de uma *generalidade*, ou seja, que trata e *trata apenas* do conjunto finito dos objetos concretos enumerados ou das propriedades observadas. Simplesmente estabeleceu-se, pela prática, que uma determinada fórmula valia *em geral* para *todos os casos observados*, mas só para eles.

O conhecimento científico, em contrapartida, trata de objetos abstratos e, por isso, dotados de uma abstração *que não é mais a generalidade, e sim a universalidade*. Um conceito científico, um teorema científico, uma lei científica são válidos para todos os objetos definidos por esse conceito, por esse teorema, por essa lei, sem exceção, embora a

---

10 Carl Wilhelm Scheele (1746-1786) havia preparado o gás que Lavoisier identificou não como "flogístico", e sim como oxigênio.

demonstração científica tenha sido operada *sobre um único caso*, justamente sobre um objeto abstrato, que tem a propriedade de representar o conjunto infinito de objetos de seu tipo.

O salto da generalidade para a universalidade, o resultado demonstrado sobre um único objeto abstrato valendo para todos os objetos de seu caso – é isso que muda completamente o alcance do conhecimento. Ele não se limita mais aos casos observados, já que se estende a todos os casos possíveis num mesmo gênero. As propriedades estabelecidas sobre um triângulo "puro" são válidas para todos os triângulos possíveis ou reais.

A propriedade mais notável desse novo saber é que, ao fazer os novos conceitos universais trabalharem com novos objetos universais, é possível produzir novos objetos abstratos e conhecê-los, o que abre um campo novo para a investigação científica. A ciência não é mais restringida *pela limitação dos casos observados* sobre os quais o saber prático raciocina. Ela não pode dispensar a observação do concreto, mas esse concreto não tem a existência imediata de dados puros. O concreto da ciência é o concreto *experimental*, o concreto "purificado", definido e produzido em função do problema a ser formulado, inserido em um dispositivo de instrumentos que constituem apenas, como escreveu Bachelard, "teorias realizadas"[11]. É por estar submetido às condições de sua inserção *no dispositivo experimental* que esse concreto experimental se torna "representante de sua própria espécie", ou seja, representante de todos os concretos que são idênticos a ele. Portanto, para que estes sejam conhecidos, basta conhecê-lo, pois seu conhecimento é produzido em condições teoricamente definidas, que lhe garantem validade universal.

Não se deve achar, portanto, que o surgimento da ciência, mesmo com base no conhecimento prático, liberte-a em definitivo de sua relação com o "concreto". Mesmo na ideologia, a relação com o "concreto" subsiste. Veremos mais adiante como isso acontece. No conhecimento

---

11 *Le Nouvel esprit scientifique*. Paris: Félix Alcan, 1934, p. 12. "Naturalmente, tão logo se passa da observação para a experimentação, o caráter polêmico do conhecimento se torna ainda mais nítido. Então, é preciso que o fenômeno seja escolhido, filtrado, depurado, vazado no molde dos instrumentos, produzido no plano dos instrumentos. Ora, os instrumentos são apenas teorias materializadas. Disso emergem fenômenos que portam por todos os lados a marca teórica [...] Portanto, a verdadeira fenomenologia científica é essencialmente uma fenomenotécnica."

prático, a relação com o concreto real é de fato uma relação de conhecimento, mas somente *geral*, referente ao conjunto de casos observados, a que podem somar-se algumas "induções" limitadas. No caso do saber científico, a relação com o concreto real é objetiva, mas *universal*. Portanto, na ciência subsiste a relação com o concreto. Não só o concreto do qual ela parte (o concreto experimental), mas também o concreto ao qual chega: o conhecimento ou "concreto de pensamento"[12] (Marx). E, como é sempre comandado pela prática social, o conhecimento, uma vez produzido, volta para a prática social na forma de processos técnicos ou de "princípios" de ação. Esse é o ciclo *concreto–abstrato–concreto*. Mantivemos essas denominações (concreto, abstrato) por parecerem evidentes. Mas agora que, no caminho, descobrimos que só há concreto para uma prática e só há abstrato para uma teoria, podemos substituir nossa primeira formulação por outra e falar do ciclo *prática–teoria–prática*. Diremos então que toda teoria só parte da prática para retornar a ela, num ciclo sem fim que abarca toda a história da cultura humana.

É a esse ciclo que faz alusão a tese do *"primado da prática sobre a teoria"*. Todos conhecem essa expressão, que pertence à tradição materialista marxista. Mas ela pertence também ao idealismo! – pois também um filósofo como Kant afirma o primado da prática sobre a teoria[13]. No entanto, é preciso tomar cuidado com as palavras: em Kant, a prática designa a prática *moral*, o cumprimento do dever, ao passo que na tradição marxista a prática designa a atividade de produção e de luta social dos homens. Portanto, a mesma expressão tem dois sentidos totalmente diferentes. Entretanto, a tese marxista do "primado da prática sobre a teoria" corre o risco de ser mal interpretada, por causa dessa palavrinha, "primado", e da distinção clara entre prática e teoria. É o idealismo que separa de modo radical a prática da teoria, e em geral coloca a teoria no poder em relação à prática. Na realidade, há teoria (há saber) em toda prática, assim como há prática em toda teoria (todo saber resulta de um trabalho). O par teoria–prática não designa dois objetos distintos, e sim

---

12 *Contribution à la critique de l'économie politique*, Introdução de 1857, trad. francesa M. Husson. Paris: Éditions Sociales, 1957, pp. 164-5.
13 *Critique de la raison pratique*, trad. francesa L. Ferry e H. Wismann. Œuvres philosophiques, op. cit., t. II, p. 745 ff. "Da supremacia da razão pura prática em sua ligação com a razão pura especulativa."

uma relação variável entre dois termos inseparáveis: a unidade entre a prática e a teoria. Quanto ao "primado", não se deve ver aí a indicação de uma hierarquia entre dois objetos, um mais "alto", mais "digno" do que o outro, o que implica um juízo de valor. O primado da prática sobre a teoria deve, na minha opinião, ser entendido como uma conexão, na qual a prática desempenharia antes o papel do balancim de uma roda de locomotiva em movimento, *o papel de um lastro para conservar e prolongar o movimento*.

Não se trata de dizer, portanto, que o conhecimento prático é superior ao conhecimento teórico (científico), pois aquele precedeu este no tempo, pois foi com base em suas aquisições que a ciência nasceu. É bem verdade que, em seguida, o conhecimento científico o superou de muito, mas o conhecimento prático subsiste, ele reativa e prolonga o poder da teoria e, além do mais, realiza os conhecimentos da teoria, como detentor do saber de suas aplicações técnicas. E, por trás do conhecimento prático, há a prática pura e simples, a prática social da produção e da luta de classes econômica, política e ideológica, que impulsiona todo o movimento da teoria (ou o não movimento, veja-se a estagnação ou mesmo o esquecimento das ciências na Idade Média), inclusive o retorno da teoria para a prática (ou o não retorno, veja-se a crise da teoria marxista hoje), não só para a prática da produção, mas também para a prática da luta de classes.

O fato de o primado da prática sobre a teoria poder se expressar em termos de movimento, de impulso, de reativação e de prolongamento é muito importante para romper com a oposição idealista entre a teoria e a prática, que só serve para separar, do conjunto dos homens comuns, os cientistas e os filósofos, para confiar-lhes (só a eles, teóricos) a posse, a guarda e a distribuição de uma verdade que está fora do alcance dos simples "práticos", que servem apenas para cair sob a autoridade dessa verdade.

5

A ABSTRAÇÃO FILOSÓFICA

Será que conseguimos extrair dessas observações um pouco mais de clareza a respeito da filosofia, comparando-a com o conhecimento prático e o conhecimento científico? Não é impossível, mas com a condição de termos plena consciência de que nossas conclusões serão limitadas, visto que, nessa comparação, será preciso restringir nossa reflexão a um único aspecto: o caráter próprio da abstração filosófica.

Vimos que os homens, pela linguagem, pelas suas práticas e pelo saber que delas resulta, depois pela prática científica que dele surge, nunca saem da abstração. Não que vivam fora do "concreto", mas estão condenados à abstração para visar, nomear, conhecer, alcançar e se apropriar do "concreto".

Vimos também que a abstração não tem a mesma "qualidade" ou o mesmo "aspecto" quando se trata ou da "abstração" da linguagem, ou da abstração ideológica (religiosa), ou do conhecimento prático, ou do conhecimento científico.

Ora, a filosofia nos oferece um tipo de abstração muito diferente daquela do conhecimento prático e do conhecimento científico e que, paradoxalmente, nos aproxima da abstração ideológica.

Evidentemente, a abstração filosófica não se assemelha à abstração prática. Não se refere a um número limitado de casos efetivamente observados, visto que pretende valer para todo ser do mundo, para *a "totalidade" dos seres*, sejam eles reais ou apenas possíveis, isto é, inexistentes. O idealismo, em todo caso, afirma de modo claro essa pretensão. Assim, Platão declara que o filósofo dialético (portanto, o verdadeiro!) é aquele que "vê o todo"[1]. Kant toma o todo não como totalidade dos seres, e sim como a ideia da totalização infinita dos conhecimentos[2]. Hegel proclama que "o verdadeiro é o todo" e que a filosofia se caracteriza por "pensar o todo", como resultado de seu desenvolvimento lógico e histórico[3]. E, para citar um exemplo contemporâneo, Sartre fala não do todo, mas da totalização como o projeto filosófico mais profundo do ser humano[4].

Que esse "todo" seja constituído de seres reais, esta é uma pretensão desmedida da filosofia idealista, de "ver" e "pensar" o todo ou de tender para a "totalização". Quem dá à filosofia esse poder sobre-humano?

Entretanto, a filosofia idealista não para aí. Ela pode chegar até a considerar esse "todo" real como a realização de um mundo *possível* entre uma infinidade de outros, e que, portanto, só existem como possíveis, ou seja, não existem. Essa é a posição de Leibniz. Ele se coloca no ponto de vista de Deus e nos mostra a infinita inteligência divina ao interligar os princípios simples numa infinidade de combinações. Disso resulta, em seu espírito, uma infinidade de mundos possíveis e, por bondade, Deus escolheu criar o melhor, ou antes, "o melhor dos mundos possíveis" se escolheu por si só no entendimento de Deus, funcionando mais ou menos como um computador. Evidentemente, o filósofo, que se coloca "no ponto de vista de Deus" para explicar esse cálculo divino, não conhece *os outros* mundos possíveis, pois ele é apenas um homem que vive no único mundo criado. Entretanto, sabe que Deus procede assim. Sabe, portanto, que, no direito, o possível precede o real, e que um filósofo que tivesse a inteligência infinita de Deus conceberia não só o mundo real, mas também esse "cálculo" da combinatória divina e, portanto, "a origem radical das coisas": o todo da infinidade de mundos possíveis a partir do qual foi escolhido "o melhor dos mundos possíveis".

1 *République*, VII, 537c.
2 *Critique de la raison pure*, op. cit., p. 1386-7. "Os sistemas [das ciências] [...], por sua vez, estão todos interligados, de maneira cabal, como membros de um todo, em um sistema do conhecimento humano, e possibilitam uma arquitetônica de todo o saber humano, que hoje [...] não só seria possível, e nem mesmo seria muito difícil."
3 *Phénoménologie...*, op. cit., pp. 18-9.
4 *Critique de la raison dialectique*. Paris: Gallimard, 1960, p. 754, Col. Bibliothèque des idées. "[...] a história é inteligível se as diferentes práticas que podem ser descobertas e fixadas num momento da temporalização histórica aparecem, no fim, como parcialmente totalizantes, reunidas e fundidas, em suas próprias oposições e em suas diversidades, por uma totalização inteligível e irrevogável."

Mas Leibniz nos permite ir ainda mais longe. Um único mundo possível existe; os outros mundos possíveis *poderiam ter existido*, mas não existem. Eles entram no cálculo de Deus e, portanto, no pensamento do filósofo como o *não existente* que é indispensável pensar para poder pensar o "todo" existente[5].

Tudo isso para dizer que, na filosofia idealista, há uma certa tendência constante de aumentar o lance. Ela quer pensar o "todo". Trata-se, evidentemente, do "todo" das coisas e dos seres que *existem*. Ela quer explicar "todas as coisas", mas, para explicar o "todo" dos seres reais, precisa transpor um grau de abstração suplementar e pensá-los em função do todo dos *possíveis* (ou do sistema de suas condições de *possibilidade*). Porém, a partir do momento em que toma o todo dos *possíveis* (como em Leibniz), está pensando possíveis que não passaram à existência, portanto, que não existem. Estamos tendo uma ideia de até onde se estende a pretensão dessa filosofia! O todo dos seres existentes, mais o todo dos possíveis e, entre eles, digamos, *das "coisas" que não existem*, mas que desempenham papel decisivo na existência daquelas que existem e/ou no seu conhecimento.

Por mais surpreendente que seja, é um fato que, ao pensar "o todo", a filosofia é impelida, de maneira irresistível, a acrescentar um "suplemento" às coisas que existem. O paradoxo é que ela precisa desse suplemento para poder "pensar o todo", mas *esse suplemento* não existe! É "algo" que não existe, melhor ainda, que às vezes é pensado, explicitamente, como não existindo. Exemplos: o vazio em Demócrito e Epicuro como condição de possibilidade do encontro dos átomos e, portanto, da constituição do "todo" do mundo – esse vazio é apresentado como existente, mas seu pensamento é negativo: pode-se dizer que ele não é pensado; o nada, em Platão, Hegel, Sartre etc.; a coisa em si, em Kant – não se pode dizer que ela "existe", visto que não é percebida pelos sentidos etc.

Portanto, de modo paradoxal, tudo acontece como se a filosofia que quer "pensar o todo" fosse praticamente obrigada, para alcançar sua pretensão, a pensar não só o "todo" das coisas reais, mas também o todo dos

---

[5] Ver, por exemplo, *Essais de Théodicée*, op. cit., § 225, pp. 108, 253; e "Monadologie", em *Discours de métaphysique suivi de Monadologie et autres textes*, ed. M. Fichant. Paris: Gallimard, 2004, § 43 ff., pp. 230-1, Col. Folio essais.

"possíveis" e, por fim, *a pensar "coisas" que não existem* e, portanto, a pensar muito além de "tudo" o que existe, portanto muito além não só de tudo observado, mas de tudo observável. A filosofia idealista não hesita em dar esse passo. Suas proposições apresentam um grau de "abstração" que nada tem a ver com a abstração do conhecimento prático, pois são "totalizantes", e essa "totalização" vai muito além do real.

Por isso mesmo, entretanto, a abstração filosófica tampouco se assemelha à abstração científica. Diremos que a abstração da filosofia idealista é "totalizante", enquanto a abstração científica é "universal", o que é muito diferente. A abstração de uma determinada ciência não é "totalizante", pois não pretende explicar o "todo"; é universal, mas em seu gênero: trata de todos os objetos conformes a um mesmo conceito, não dos outros. Assim, uma proposição demonstrada sobre um triângulo "puro" da prática matemática será válida para todos os objetos triangulares, mas não para todas as coisas do mundo. A mesma coisa pode ser dita com outras palavras: todas as ciências particulares (a matemática em cada um de seus ramos, a física, a química etc.) são *finitas*, lidam com um objeto *limitado*. Uma coisa é a pesquisa científica sobre esse objeto limitado ser infinita, ou melhor, indefinida, isto é, sem fim, outra coisa é o caráter "finito" do objeto de toda ciência. E, mesmo quando duas ciências se "juntam" (como aconteceu com a química e a biologia molecular), isso não as torna uma ciência infinita, ou seja, uma ciência "totalizante" que pretendesse explicar o "todo" das coisas existentes. Sem dúvida, ao longo da história, é comum uma ciência finita ser apresentada por cientistas ou por filósofos como a ciência infinita, "totalizadora", capaz de explicar o conjunto das coisas existentes. O próprio Galileu, ao descobrir as primeiras leis da física, acreditou que "o grande livro do mundo estava escrito em linguagem matemática", e todo ele inteligível por meio das figuras da geometria. Descartes retomou essa ideia, apresentando a geometria analítica, que havia descoberto, como capaz de explicar tudo, numa "mathesis universalis" (matemática universal)[6]. Leibniz imitou-o, mas sua "ciência universal" era o cálculo infinitesimal[7]. Portanto, a ten-

---

6 *Regulae ad directionem ingenii*, Œuvres, op. cit., 1986, Regula IV, t. X, p. 378.
7 "De la méthode de l'universalité", em G. W. Leibniz, *Opuscules et fragments*, ed. L. Couturat. Paris: Alcan, 1903, pp. 97-142; "Mathesis universalis", em *Mathematische Schriften*, ed. C. Gerhardt. Halle: Schmidt, 1863, t. VII, pp. 49-76, reimpr. Hildesheim: Olms, 1962.

tação do infinito assombra periodicamente os cientistas, quando ao mesmo tempo eles são filósofos: a tentação de confiar à sua ciência finita (limitada a seu objeto) a função "infinita" de uma filosofia "totalizadora" infinita (válida para todos os seres reais e possíveis). Mas essa tentação é sempre frustrada pela prática e pela história, e a ciência acaba sempre se vendo novamente diante de seu objeto finito, e a filosofia, diante de seu projeto infinito.

Pode-se compreender então que ela necessite de Deus (como se vê em Platão, Descartes, Leibniz e Hegel), pois precisa justificar sua pretensão à infinitude. Coerente consigo mesma, pensa o "princípio" originário dessa infinitude dentro de um ser imaginário (denunciado, aliás, como abstrato pelos crentes verdadeiros, como o Pascal que não quer o "Deus dos filósofos e dos cientistas"). Esse ser imaginário é Deus. Esse Deus, que a filosofia "encontra" na religião existente, e ela é obrigada, por razões ideológicas, a assumir, ela o pensa como *infinito*, dotado de atributos infinitos (entendimento, vontade, bondade etc.), para dar-lhe o poder infinito de criar o mundo e, portanto, de abarcar todos os seres possíveis e reais.

Habituamo-nos tanto a considerar que esse Deus faz parte dessas filosofias que corremos o risco de perder de vista o que o caracteriza. Sem dúvida nenhuma, ele é tirado da religião. Mas, para a filosofia que recorre a seus serviços teóricos, o que é ele senão um ser *suplementar* e, portanto, *inexistente*? Mas, como o vazio, o nada, a coisa em si, ele é indispensável para fundamentar o caráter infinito, "totalizante", da filosofia. É porque Deus existe para o filósofo, e porque é infinito, que as proposições filosóficas não conhecem limites, escapam à finitude de toda ciência e de todo conhecimento e podem dar-se por infinitas, próprias para explicar *tudo* o que existe no mundo.

Com isso, a abstração da filosofia se aproxima da abstração da ideologia dominante, quer ela assuma a forma de religião ou qualquer outra forma (jurídica, política). No "conhecimento" ideológico, como veremos adiante, faz-se abstração do caráter *finito* de toda ciência, de todo conhecimento, pois também a ideologia é "totalizadora", pretende explicar tudo o que existe no mundo, estabelecer a sua verdade e o seu sentido, fixar o seu lugar, a sua função e a sua destinação (veja-se a religião). E a ideologia só pode existir e funcionar com a condição de também se dotar de seres imaginários, que não estão sujeitos a nenhuma condição da existência finita. Por exemplo, o próprio Deus, na religião; a "pessoa humana", na ideologia jurídico-moral; o sujeito do conhecimento, do desejo e da ação, na ideologia filosófica.

Esse estranho parentesco entre a ideologia e a filosofia idealista, ambas "totalizantes", pede uma explicação[8].

Todas essas observações sobre a abstração conduzem a uma conclusão importante: se o homem, desde que leva uma existência social, vive sempre na abstração, se nunca pode sair dela, mesmo quando tenta se apropriar fisicamente de um ser concreto, visto que as próprias condições dessa abstração são abstratas, isso implica renunciarmos a certo número de ilusões alimentadas tanto pelas ideologias como pelas filosofias idealistas, tanto a respeito do concreto como do abstrato.

Isso implica, em termos gerais, renunciar ao que os filósofos chamaram de estado de natureza.

---

[8] Fim do Datiloscrito I. Os dois parágrafos seguintes encontram-se no Datiloscrito II, no final da primeira versão do capítulo sobre a abstração, seguidos pelo texto que aqui se tornou o capítulo 6, "O mito do estado de natureza".

6

O MITO DO ESTADO DE NATUREZA

O estado de natureza é um mito no qual os filósofos idealistas imaginam que o homem viveu antes de passar para o estado de sociedade: a solidão de Robinson Crusoé, por exemplo, ou uma comunidade que não tinha os "inconvenientes" da sociedade que conhecemos. Em muitas religiões, esse estado de natureza se chama paraíso.

Tomando o exemplo do cristianismo, o paraíso era a condição de um casal humano criado sem pecado por Deus e confiado à bondade da natureza. Esta, generosa, alimentava os homens e, mais ainda, e importante, era *transparente* para eles. Era só estender a mão e colher frutos sempre maduros para saciar a fome e a sede, mas também bastava que Adão visse algo com os olhos, ou pegasse com a mão, para conhecê-lo perfeitamente. Ao contrário do que se acredita com muita frequência, os homens eram dotados do direito ao conhecimento de todas as coisas, e esse conhecimento era dado pelos sentidos, idêntico à inteligência no homem, idêntico às palavras que o designam e perfeitamente *imediato e transparente*. Adão não precisava trabalhar, produzir e pesquisar para conhecer. Conhecia, como diz o "filósofo cristão" Malebranche, "por um simples olhar"[1]. A verdade das coisas estava nelas mesmas, na sua existência empírica, e bastava *extraí-la* delas com um simples olhar para possuí-la. O abstrato era idêntico ao concreto. Essa é a concepção mais adequada da teoria do conhecimento, chamada de *empirismo*. Veremos que ela não desapareceu junto com o mito religioso do paraíso.

---

[1] *Éclaircissements sur la* Recherche de la vérité, IV, *Œuvres*, op. cit., t. I, p. 823.

Mas o mito contemplava também a ideia de que a natureza era generosa, que bastava colher os frutos, sempre ao alcance da mão. Em suma, *o homem não precisava trabalhar para viver, assim como não precisava trabalhar para conhecer*. Vemos de imediato que existe uma relação clara entre a ideia do empirismo do conhecimento e a ausência da necessidade do trabalho para produzir os meios de subsistência. Nos dois casos, a natureza, ou seja, os objetos, ou melhor, o objeto, supre tudo. Não é preciso transformá-la para atender às necessidades humanas, a resposta já está previamente inscrita no objeto. Basta extraí-la dele. Essa extração é então, em sua simplicidade e imediatismo, a forma empirista da abstração. Vemos assim que essas mesmas abstrações, nas quais todos os homens vivem, podem ser representadas pela filosofia idealista como sendo o efeito simples do contato do homem com a natureza, ou seja, do homem com os objetos. Ao mesmo tempo, vemos que essa concepção desfigurada da abstração se refere simultaneamente à prática do conhecimento, então reduzida a um "simples olhar", e à prática da produção, então reduzida a uma simples colheita de frutos sempre maduros e sempre ao alcance da mão (*"handgreiflich"*, Hegel)[2].

Obviamente, esse mito encerrava ainda outra coisa: a ideia de que as relações humanas eram tão transparentes quanto as relações entre os homens e os objetos da natureza. Compreende-se que as relações entre os homens possam ser dotadas dessa transparência, a partir do momento em que todos os problemas das relações entre o homem e a natureza estão previamente resolvidos pela generosidade da natureza. Do mesmo modo, nesse estado de paraíso ou de natureza, os crentes ou os filósofos dão ao homem um corpo que, por sua vez, é transparente para sua alma ou para sua inteligência. Então o corpo não é mais aquele "túmulo" ou aquele "véu" de que fala Platão[3], aquele obstáculo ao conhecimento da natureza e de si mesmo, que se interpõe entre a inteligência ou a alma humana e a natureza do corpo ou das coisas, aquela coisa opaca que deseja, tem fome, sente prazer e dor. O corpo nada mais é que mero utensílio que obedece sem resistência ao homem, que não tem paixões, nem desejos, nem inconsciente e que, sendo apenas transparência prática, justamente por isso é também transparência teórica.

2 *Science de la logique*, op. cit., t. I, p. 20 ("palpável").
3 *Cratyle*, 400c.

Nessas condições, sendo as relações entre os homens simples, claras, sem nenhum resíduo, visto que todos eles seguem o "movimento da natureza", que é bom, está claro que também não existe nenhum problema jurídico e político, nenhum desses problemas dos quais se originam os tormentos da guerra e da paz, do bem e do mal etc. Deus conduz os homens do paraíso rumo ao bem deles: para isso, basta que sigam sua reta razão e o "movimento da natureza". Por aí vemos que todas as abstrações sociais de que falávamos, em particular o direito e o Estado, que garantem a apropriação corporal do concreto, estão ausentes do paraíso ou do estado de natureza. Como as relações entre os homens são transparentes e sem resíduo opaco, como nunca há conflito nem delito, não há necessidade do direito, nem dos tribunais, nem do Estado. Também não há necessidade da moral, visto que o "movimento da natureza", ou o "coração", como dirá Rousseau, faz as vezes dela.

Todos sabem, entretanto, que essa história, bela demais, acaba muito mal: o paraíso termina no pecado e o estado de natureza termina nas catástrofes do estado de guerra. E, nos dois casos, o que desencadeia a tragédia é, como por acaso, alguma coisa que tem uma relação com a moral, o direito e a política, ou seja, justamente com essas abstrações sociais sem as quais os homens não podem viver e que os mitos do paraíso e do estado de natureza deixam de lado, das quais "fazem abstração".

No mito do pecado original, o casal humano do paraíso conhecia todas as coisas pelo simples olhar. Todas as coisas *exceto "o bem e o mal"*, simbolizado por uma árvore, da qual, como das outras, pendiam frutos. O conhecimento do bem e do mal estar assim ao alcance da mão dos homens nada tinha de extraordinário, visto que todos os conhecimentos eram dados a eles da mesma maneira: ao alcance da mão, bastando pegá-los. Mas o extraordinário é Deus ter proibido os homens de colher justamente os frutos – ou seja, os conhecimentos – da árvore do bem e do mal.

O mito cristão não apresenta nenhum motivo para essa proibição, apenas diz que Deus sabia antecipadamente que, se os homens chegassem ao conhecimento da diferença entre o bem e o mal, sobreviria toda espécie de conflitos e catástrofes, e é por isso que ele lhes proíbe esse conhecimento. Esse argumento pode parecer estranho, visto que Deus era onipotente: é preciso acreditar que sua onipotência ia até as fronteiras do conhecimento do bem e do mal e que ele nada podia fazer para impedir a fatalidade dos acontecimentos produzidos pelo desrespeito à sua proibição. Esse também é um modo, agora ao contrário, *de reconhecer a onipotência de certas abstrações*, visto que o próprio Deus, que tudo criou, nada pode contra algumas delas. E, de fato, uma vez que, "por distração" (é assim que Malebranche explica o pecado original[4], que de outro modo é inexplicável; também essa distração é uma forma de abstração, mas concreta, pontual e, portanto, única no gênero), os homens (Eva) colheram o fruto da árvore do bem e do mal, toda a felicidade do paraíso foi perdida, os homens foram expulsos dele, viram que estavam nus, obrigados a trabalhar para viver e também para conhecer.

É a mesma história contada, com outros argumentos, pelos teóricos do estado de natureza, de Locke a Rousseau e Kant. Mas, nesse caso, não é a moral (o bem e o mal) que provoca a perda do estado de natureza, e sim a sua "origem" – *a propriedade privada*, a apropriação física da terra, dos frutos, dos animais e do dinheiro – que, generalizando-se, produz conflitos de fronteiras e uma guerra que tende a ser geral, o estado de guerra. E é com muita dificuldade que os homens conseguem instaurar entre eles essas *abstrações sociais*, essas *relações sociais* que são, no contrato social, o direito, a moral, o Estado e a política, para fazerem reinar entre eles os benefícios da paz civil, que só de muito longe se parece com a paz das origens, a paz perdida do estado de natureza.

Em todos esses mitos, apesar de sua forma de pensamento idealista, existe uma verdade materialista muito profunda: a ideia de que *o próprio Deus, ao criar o mundo e os homens, não poderia fazer abstração da lei universal da abstração* e, portanto, ele próprio está sujeito a essa lei (o que é um modo de reconhecer, de maneira indireta, a onipotência dela), além da ideia de que, se tentarmos expulsar radicalmente da vida humana toda abstração, *ela se refugiará em algum lugar e se tornará justamente objeto de uma proibição*[5]. E essa proibição é a condição de possi-

---

4 *Éclaircissements...*, IV, *Œuvres*, op. cit., t. I, p. 851. "Pode-se [...] supor que, tendo o primeiro homem pouco a pouco deixado que a capacidade de seu espírito fosse partilhada ou invadida pelo vivo sentimento de um júbilo presunçoso, ou talvez por algum amor ou algum prazer sensível, a presença de Deus e o pensamento de seu dever tenham se apagado de seu espírito [...] Assim, tendo se distraído, ele tornou-se passível de cair."
5 Essa proibição faz funcionar o sistema do estado de natureza. Basta pensar na proibição do incesto (também pontual), que faz funcionar as sociedades primitivas, sujeitas, também elas, às relações do sexo. [Nota de Althusser.]

bilidade absoluta dessa relação imediata, portanto sem abstração, entre os homens e o mundo, entre os homens uns com os outros, inclusive entre o homem e a mulher, que descobrem, como por acaso, que têm um *sexo*, essa "abstração" essencial para sua existência humana, ao mesmo tempo que descobrem a diferença entre o conhecimento do bem e o conhecimento do mal, ou seja, o verdadeiro conhecimento.

Nesses mitos se descobre que os homens, uma vez caídos em "pecado" – ou seja, em sua condição verdadeira, aquela que não é mais travestida pela ideia de um estado de natureza –, são forçados, pelas relações sociais, às relações sexuais, a trabalhar para viver e à labuta da busca do conhecimento, que não lhes chega mais através do "simples olhar", mas da prática real, aquela que transforma a natureza. Neles se descobre, em suma, que saímos daquela *"abstração imaginária"* (forjada por razões que, evidentemente, interessam à religião estabelecida), em que os homens se encontram em relação imediata e direta com as coisas, as quais lhes revelam de imediato sua verdade, para entrarmos no mundo da vida real, no qual é preciso trabalhar para produzir e conhecer, mundo no qual a abstração muda de sentido: não é mais uma simples "leitura", uma simples "colheita", uma simples *"extração"* imediata da verdade das coisas nas coisas; ao contrário, torna-se um verdadeiro *trabalho*, que exige não só uma matéria-prima, mas também uma força de trabalho (o homem e seu saber fazer) e instrumentos de trabalho (as ferramentas, as palavras) para conhecer.

Mas com isso chegamos a uma conclusão interessante a respeito da filosofia (ou mesmo da religião). O que pudemos observar em nossa análise? Que essa concepção do mundo religiosa ou filosófica, a do paraíso ou do estado de natureza, por mais religiosa, por mais idealista que fosse, continha, de uma certa maneira *invertida*, pode-se dizer, ou melhor, *deslocada*, o reconhecimento da realidade material das condições da existência, da reprodução (sexual), da produção e do conhecimento humanos. Obviamente, para chegar a isso é preciso "interpretar" esses mitos ou essa filosofia. Tal interpretação, entretanto, não é arbitrária. Ao contrário, apoia-se em elementos que realmente figuram *no interior desses mitos* e dessa filosofia e que sem dúvida não estão ali por acaso, e sim por uma profunda necessidade.

Por enquanto, podemos dizer que esses mitos e essas filosofias não eram obra de indivíduos humanos isolados, que pensassem e escrevessem só para si, mas, ao contrário, de indivíduos históricos, que escreviam para ser compreendidos e seguidos pelas massas populares. Supõe-se que a palavra "religião" vem de uma palavra latina que significa "ligação". Assim, uma religião seria uma doutrina destinada a ligar entre si todos os homens de um mesmo povo. Desse modo, os mitos religiosos teriam a função de possibilitar que os homens e as mulheres aos quais eles se dirigem se unam uns aos outros pelas mesmas crenças e "formem um só povo".

Isso acontece também com os mitos filosóficos do estado de natureza. Não foi por acaso que eles surgiram no período de formação da burguesia ascendente, expressaram suas aspirações, traduziram seus problemas e propuseram soluções para eles. Assim, estavam destinados a *cimentar a unidade* da mesma burguesia e agrupar em torno dela todos os homens que tinham interesse em seu triunfo social e político. Ora, quando alguém se dirige às massas humanas por meio de um mito religioso ou filosófico, para ser ouvido precisará *levar em conta, no discurso desse mesmo mito, tanto a existência dessas massas como a experiência prática delas e a realidade de sua condição.*

Portanto, seja no mito religioso ou no mito filosófico, é preciso que figure *em algum lugar* a realidade das condições de vida dessas massas, de sua experiência e de suas exigências. E, quando digo que é preciso ganhá-las, isso tem um sentido muito forte: é preciso desarmar antecipadamente sua resistência, é preciso impedir sua oposição. Sua oposição a quê? Justamente à concepção de mundo que lhes é apresentada e que não serve a seus interesses, e sim aos interesses de grupos humanos muito diferentes, seja a casta dos sacerdotes, a Igreja, a classe social no poder etc.

Isso começa a nos dar uma ideia um pouco mais rica da filosofia, mesmo quando ela continua a se abrigar sob a religião. Ela não se contenta em afirmar proposições (ou "teses") sobre a totalidade dos seres existentes ou simplesmente possíveis e, portanto, não existentes, mas o faz de um modo *que diz respeito menos ao conhecimento desses seres do que aos conflitos dos quais eles podem ser o foco de interesse.* É por isso que toda filosofia (vamos lá) é assombrada pelo seu contrário, é por isso que o idealismo é assombrado pelo materialismo, assim como o materialismo é assombrado pelo idealismo, pois de certa forma cada filosofia reproduz no interior de si o conflito no qual se encontra engajada no exterior.

Com isso, começa a se revelar o sentido dessa *abstração* tão particular que pudemos observar na filosofia. Trata-se, de fato, de uma abstração muito estranha, visto que não tem como objetivo dar conta do conhecimento das coisas que existem no mundo, como faz a ciência, e sim falar de tudo o que existe e mesmo do que não existe, de um modo tal que implica *um conflito anterior*, sempre presente, envolvendo o lugar, o sentido e a função desses seres, conflito que comanda a filosofia *de fora* e que a obriga a levá-lo *para o seu interior* para poder existir como filosofia. Portanto, uma *abstração ativa* e, por assim dizer, *polêmica*, dividida consigo mesma, que diz respeito não só a seus pretensos "objetos" (pois eles podem existir, ou não), mas também a suas próprias posições, a suas próprias "teses", visto que elas só podem ser afirmadas com a condição paradoxal de serem ao mesmo tempo negadas por teses contraditórias, é bem verdade que confinadas na porção equivalente dessa filosofia, mas mesmo assim presentes. Ora, evidentemente é esse caráter bastante inesperado da abstração filosófica que a distingue da abstração do conhecimento técnico-prático e da abstração do conhecimento científico. Mas, ao mesmo tempo, como vimos, é esse caráter que a aproxima estranhamente da abstração ideológica.

7
O QUE É A PRÁTICA?

Mas será que podemos ficar nessas indicações? Não, pois elas ainda são superficiais e não oferecem elementos para entrarmos na filosofia. Para isso, precisamos fazer um desvio duplo – pela prática científica, de um lado, e pela prática ideológica, do outro – e tratar de outras práticas, que quase sempre comandam essas duas, como a prática da produção, ou que as acompanham, como a prática estética, ou que podem esclarecê-las, como a prática analítica.

Antes disso, porém, convém nos interrogarmos sobre essa palavrinha, "prática", que estamos usando constantemente. *O que é a prática*, da qual afirmávamos ter o primado sobre a teoria? E é possível propor, sem cair em contradição, uma "teoria" da prática, se toda teoria fica em segundo plano com relação à prática, ou a uma prática?

Para começar, podemos retomar uma distinção célebre, feita pelo filósofo grego Aristóteles, que atribuía dois sentidos à palavra "prática"[1]. O primeiro sentido de prática seria *poíesis*, ou seja, produção ou fabricação, e nesse caso a palavra designaria a ação ou o processo pelo qual a força de trabalho e a inteligência de um homem (ou de uma equipe), utilizando instrumentos de trabalho (ferramentas, máquinas), transformam uma matéria-prima (bruta ou já trabalhada) em um objeto fabricado de maneira artesanal ou industrial. O outro sentido da palavra seria *práxis*, e nesse caso não é mais o objeto que seria transformado por um agente e por meios externos, e sim o próprio sujeito que se transforma-

---

[1] *Éthique à Nicomaque*, VI, 4, 1140a.

ria em sua própria ação, em sua própria prática; Aristóteles fala da *práxis* do médico que cura a si mesmo ou do sábio que transforma a si mesmo. Esses dois sentidos são encontrados em Marx: transformação de uma matéria-prima no "processo de trabalho" e transformação de si mesmo no "processo revolucionário" (*Teses sobre Feuerbach*).

Está claro que o que distingue esses dois sentidos não é a presença ou a ausência da matéria-prima, nem dos instrumentos de trabalho, nem da força de trabalho, que estão dados nos dois processos, e sim *a exterioridade* ou *a interioridade* do "objeto", que, no primeiro caso, é um objeto externo e, no segundo, é o próprio sujeito, que é ao mesmo tempo sua própria matéria-prima, sua própria força de trabalho e seus próprios instrumentos de produção. Formalmente, portanto, o esquema é o mesmo no que diz respeito ao seu conteúdo, aos seus componentes, mas é diferente quanto à natureza do objeto cuja transformação está em causa. Essa distinção nos será muito útil na sequência de nossa análise.

A palavra "prática", portanto, indica *uma relação ativa com o real*. Assim, diz-se que uma ferramenta é "muito prática" quando ela se adapta particularmente bem a um trabalho determinado, numa matéria determinada, e dá os resultados esperados. Assim, diz-se que uma pessoa tem uma "boa prática" do inglês para significar que ela tem um contato suficientemente direto com essa língua e consegue "praticá-la", ou seja, utilizá-la com eficiência. No mesmo sentido, diz-se que um homem não tem "nenhuma prática" com máquinas agrícolas quando ele só as conhece através dos livros, da teoria, mas nunca as manipulou nem sabe como operá-las.

Desse modo, a ideia de prática encerra a noção de contato ativo com o real, e a ideia de atividade, interna a ela, contém a noção de um *agente* (ou sujeito) *humano*. E, como o sujeito ou agente humano, ao contrário dos animais, é um ser capaz de "elaborar mentalmente o plano de sua ação", pelo menos em princípio, pode-se restringir o uso da palavra "prática" para designar *o contato ativo com o real que é específico do homem*. Assim, não se falará da "prática das abelhas", apesar das maravilhas que elas são capazes de realizar, e sim da prática do marceneiro, do mecânico, do arquiteto, do engenheiro, do médico, do jurista, do político etc.

Porém, percebemos de imediato que, por estar relacionada com o homem, e o homem ser um animal dotado de "consciência" – isto é, da capacidade de distinguir e destacar das coisas externas a representação destas, de trabalhar com essa representação e elaborar mentalmente o plano de sua ação –, percebemos de imediato que essa ideia de *prática* responde, como seu eco invertido, à ideia de *teoria*.

Não se deve pensar que a teoria seja apanágio dos "teóricos". A teoria dos cientistas, dos filósofos é apenas a forma mais abstrata, mais depurada, mais elaborada de uma capacidade característica de todo homem. A palavra "teoria" origina-se de um termo grego que significa "ver, contemplar" – subentenda-se *"sem pôr as mãos"*, portanto, deixando as coisas como estão. Assim, à mão que "maneja", que "manipula", que trabalha, se opõe o olho que vê à distância, sem tocar nem modificar seu objeto. Portanto, a palavra "teoria" contém em si uma noção de distância tomada e mantida ante o real imediato. Em seu princípio, ela expressa o que se costuma chamar de *consciência*, ou seja, essa capacidade de coletar e conservar as percepções do real e, igualmente, graças a essa distância e ao "jogo" que ela possibilita, relacioná-las e mesmo antecipá-las. *Nesse sentido, todos os homens são teóricos*. O agricultor que sai de manhã guiando seu trator planejou mentalmente o seu dia, e enxerga muito além desse único dia, senão não conseguiria administrar sua propriedade.

Chamamos de "consciência" a capacidade que os homens têm de receber e conservar as percepções do real e também de antecipá-las. É por comodidade, imposta por um longo uso. Pois o termo "consciência" é também um dos termos prediletos da filosofia idealista. Pode-se dizer a mesma coisa falando que os homens são dotados de *linguagem*, pois é a linguagem que institui previamente essa distância entre o real imediato e sua representação. Previamente porque ela a contém graças justamente à sua abstração. Nesse sentido, pode-se dizer que *todos os homens são teóricos*, não tanto porque veem, *mas porque falam*. E sabemos o motivo: porque a linguagem é constituída de abstrações (ruídos, dos quais fazemos abstração, para tratá-los como palavras que designam realidades concretas, das quais fazemos abstração).

É por isso que é preciso tratar com muita cautela a oposição entre a teoria e a prática.

Na realidade concreta das relações dos homens com o mundo, nunca se tem de lidar apenas com a prática (um trabalho puramente animal e cego) ou somente com a teoria (uma pura contemplação, sem atividade alguma). Na prática mais elementar (a do cavador que abre valas), há *ideias* sobre o modo de proceder, sobre o plano a seguir, sobre as ferramentas a utilizar, e todas essas "ideias" só existem na linguagem – mesmo que os homens que utilizam essa linguagem não saibam que ela já é teoria. E, na mais elevada teoria, a do matemático mais abstrato, sempre há prática. Nela não existe só o trabalho do matemático nos seus problemas, mas também a *inscrição* dos seus problemas *nos símbolos* matemáticos com giz na lousa, mesmo que ele não saiba que essa simbolização é uma prática.

É no interior dessa dependência complexa que está posta a questão filosófica do primado da prática sobre a teoria (que define a posição materialista) ou do primado da teoria sobre a prática (que define a posição idealista). Ao afirmar o primado da teoria, o idealismo considera que é a contemplação ou a atividade da razão que determina, em última instância, toda prática. Ao afirmar o primado da prática, o materialismo julga que é a prática que determina, em última instância, todo conhecimento.

Mas a própria generalidade dessas posições deixa entrever algo importante: o caráter geral e, portanto, "abstrato" das práticas humanas. Dissemos que a prática designa um contato ativo dos homens com o real. É bem verdade que existem práticas que se mostram totalmente singulares (como aquelas da loucura, ditas "anormais"). E pode-se mesmo defender a ideia de que não existe nenhuma prática que, sob certo aspecto, não seja individual, visto que toda prática exige um agente humano individual. Sabemos, por exemplo, quanto se louva o artesão medieval, que produzia sozinho um único exemplar de um objeto, destinado a um único cliente. Porém, mesmo esse artesão reproduzia *uma prática social geral*: aplicava certos processos socialmente reconhecidos, herdados de um passado coletivo, para uma demanda social definida. É certo que ele estava sozinho diante de sua "obra", mas a seu lado, silenciosamente, milhares de outros artesãos faziam os mesmos gestos, com as mesmas ferramentas, para fornecer ao mesmo mercado os mesmos produtos. E, se acrescentava algo "pessoal" à sua obra, era dentro dos limites sociais impostos tanto pela utilidade do objeto produzido como pela moda em vigor na sociedade existente.

Esse aspecto é muito importante, pois as práticas que estão em causa só podem ser individuais na medida em que são primeiro *sociais*. O que é verdade sobre o artesão produzindo, numa solidão aparente, é ainda mais verdade sobre os trabalhadores sujeitos a uma organização coletiva do trabalho, que produzem para atender, ao mesmo tempo, às demandas sociais "solventes" da sociedade existente e à acumulação da riqueza nas mãos da classe capitalista.

Portanto, toda prática é social. E, sendo social, coloca em jogo uma complexidade tão grande de elementos (para a produção: as matérias-primas, os agentes, os instrumentos, sob as relações sociais de produção) que não é possível pensá-la como um simples *ato* ou mesmo como uma simples *atividade*. Pois tanto o ato como a atividade têm uma causa ou um autor, ou seja, um sujeito ou um agente, e bastaria remontar a essa causa, a essa origem, para compreender tudo o que acontece numa prática. Portanto, somos naturalmente levados a conceber as práticas sociais não como atos ou simples atividades, e sim como *processos*, ou seja, *como um conjunto de elementos materiais, ideológicos, teóricos e humanos (os agentes) suficientemente adaptados uns aos outros para que sua ação recíproca produza um resultado que modifique os dados iniciais.*

Chamaremos então de prática *um processo social que coloca os agentes em contato ativo com o real e produz resultados de utilidade social.* Sem dúvida, pode-se falar da "prática social" como um todo quando se justifica o uso dessa expressão, isto é, quando se quer pensar a interdependência das diferentes práticas umas com relação às outras. Mas é preciso evitar essa expressão quando não se justifica seu uso, sob o risco de "mergulhar" as diversas práticas na noite da "prática social", de não ressaltar a *especificidade* de cada prática e de submeter, por exemplo, a prática científica ou a prática filosófica à prática política, como suas "servas" (ver o exemplo de Lyssenko sob Stálin). Para compreender o que é a prática, é preciso passar pelo reconhecimento da *existência de práticas sociais distintas e relativamente autônomas.* A prática técnica não é a prática científica, a prática filosófica não se confunde com a prática científica etc.

Uma vez tomada essa precaução em relação ao método, pode-se ter uma ideia de um uso válido da noção de *"prática social"* como um todo. Quando se invoca essa noção, só pode ser para tentar dar um sentido ao primado da prática sobre a teoria no interior de uma formação social em geral.

De fato, em toda formação social observamos um certo número de práticas em ação: prática da produção, do conhecimento técnico e depois científico, prática política, ideológica, estética e outras. A questão que se coloca não é tanto a de identificar todas as práticas existentes e classificá-las, mas a de saber qual, entre todas elas, é *a prática determinante no conjunto das práticas*.

Essa questão não é meramente especulativa, como se poderia pensar. Tem efeitos práticos, na medida em que a própria ideia que formamos sobre a determinação das práticas faz parte delas, pode pertencer a uma ideologia ou a uma ciência. Sem dúvida, esses efeitos são relativos, pois também a ação da ideologia sobre o devir de uma sociedade é relativa, depende das relações de força entre as classes. E, justamente por não ser puramente especulativa, essa é uma das grandes questões da filosofia.

Para a filosofia idealista – que afirma, de formas às vezes muito sutis, o primado da teoria sobre a prática –, a prática que determina, em última instância, as outras práticas deve ser buscada no campo das práticas *as mais "teóricas"*, no campo da ideologia, da ciência ou da filosofia. Foi assim que Hegel pôde mostrar – num sistema impressionante que abarcava toda a história humana, todas as práticas, desde a produção política até a ciência, a religião e a filosofia – que era a Ideia filosófica que governava o mundo: todas as práticas inferiores à prática filosófica já seriam, em si mesmas, filosóficas, mas sem ter consciência disso, e não fariam mais do que preparar – através do trabalho, das lutas de classes, das guerras, das crises religiosas, das descobertas científicas – o advento da "autoconsciência" de sua própria natureza filosófica, segundo a filosofia do próprio Hegel. Esse gigantesco empreendimento não era inofensivo, visto que fornecia à ideologia burguesa da história ("são as ideias que conduzem o mundo") sua própria garantia, na forma de uma "demonstração" filosófica.

A filosofia materialista marxista, ao contrário, ao defender o primado da prática sobre a teoria, reafirma a tese de que a prática que determina, em última instância, todas as outras práticas, é a *prática da produção*, ou seja, a unidade entre as relações de produção e as forças produtivas (meios de produção + força de trabalho), reguladas pelas relações de produção. Essa filosofia não defende apenas a ideia, que os idealistas não contestam, de que, para ter uma história e viver na política, na ideologia, na ciência, na filosofia e na religião, os homens devem primeiro simplesmente viver, subsistir fisicamente e, portanto, produzir materialmente seus meios de subsistência e seus instrumentos de produção. Essa seria uma "abstração com dois termos": os homens + seu alimento.

A filosofia materialista marxista defende a ideia de que essa relação dos homens com seus meios de subsistência é regulada pelas relações de produção e, portanto, constitui uma relação social (uma "abstração com três termos"). E é pelo fato de a prática da produção comportar essa relação básica *como sua condição* que as relações que regulam as outras práticas podem ser *relacionadas* com essa primeira relação. O marxismo não diz: de acordo com o objeto que vocês produzirem, vocês terão esta ou aquela sociedade, e sim: de acordo com a *relação social de produção* pela qual vocês produzem sua subsistência, vocês terão estas ou aquelas relações políticas, ideológicas etc. E, como nas sociedades de classes essa relação social é uma relação conflituosa, antagônica, a determinação pela produção (a base) não é mecânica, mas comporta um "jogo" que pertence à dialética. É por isso que essa determinação é dita "em última instância", para ressaltar que há outras "instâncias", além da produção, que são relativamente autônomas, dispõem de certo espaço aberto e podem "retroagir" sobre a base, sobre a produção.

Foi para ressaltar essa determinação "em última instância" que Marx apresentou, na forma de uma *tópica*, sua hipótese geral sobre a natureza das formações sociais e da história. Uma tópica é um espaço no qual são dispostas certas realidades, a fim de mostrar tanto seu lugar respectivo como sua importância relativa. Marx expôs essa tópica no prefácio da *Contribuição* de 1859. Ele mostra que toda formação social (sociedade) é comparável a uma casa com um ou dois andares. No térreo, ou "base", ou "infraestrutura", fica a produção (unidade entre a relação de produção e as forças produtivas reguladas pela relação de produção). No primeiro piso está a "superestrutura", que compreende, de um lado, o direito e o Estado e, do outro, as ideologias. A base é "determinante em última instância"; a superestrutura, ao mesmo tempo que é determinada pela base, retroage sobre ela. Essa tópica é uma simples montagem, uma indicação dos "nós" de determinação, do conjunto de "instâncias" e de sua eficácia social. Todo o trabalho está por fazer, e não pode ser feito sobre "a sociedade" ou "a formação social" em geral, e sim sobre as formações sociais que existem ou existiram historicamente.

Essa indicação, firme mas muito prudente, sobre a "determinação em última instância" é muito valiosa para a investigação da superestrutura, das ideologias e também da ciência. O paradoxo de Marx é que *a prática científica não figura em lugar algum de sua tópica*. Isso significa que se deve a qualquer custo preencher esta lacuna e colocar a ciência ou do lado das ideologias (e cair na ideia da ciência burguesa e da ciência proletária, cara aos ideólogos stalinistas), ou do lado das forças produtivas e mesmo fazer dela "uma força produtiva" legítima? Na verdade, a teoria marxista não tem essas exigências. Não pretende explicar exaustivamente todas as práticas em função de sua tópica. Possui um *objeto limitado*. Marx nunca teve outra pretensão além de lançar as bases de uma ciência da luta de classes, *nada mais*. Está mais do que claro que a prática científica pode ser influenciada pela ideologia e, portanto, pela luta de classes. É mais do que evidente que os resultados da ciência e certa ideia filosófica da ciência podem ser recrutados para a luta de classes ideológica. É certo que a ciência é em grande parte, e cada dia mais, movida pelas "demandas" da produção. É indiscutível que as relações que ela mantém tanto com a produção como com a ideologia, a filosofia e, portanto, com a luta de classes são profundas. Mas essas relações variam com as conjunturas, e, de todo modo, a prática científica é irredutível às outras práticas, visto que é a única que fornece o conhecimento objetivo do real. Portanto, é preciso estudá-la em sua especificidade e a cada vez descobrir as relações a que se subordina, sem se deixar impressionar pela exigência, que Marx nunca fez, de alinhar todas as práticas ou do lado da base, que é bem definida, ou do lado da superestrutura, que contém apenas o Estado e as ideologias.

É por isso que, nesta iniciação, tomamos a liberdade de falar das principais práticas existentes (elas são em número ilimitado), não só daquelas que figuram na tópica materialista de Marx, mas também das que não figuram, como a prática científica, a prática analítica e a prática estética. Mas falamos delas sem perder de vista as indicações filosóficas programáticas da tópica marxista, que tem como objeto essencial ilustrar o primado da prática sobre a teoria.

8

A PRÁTICA DA PRODUÇÃO

A prática da produção parece corresponder ao primeiro sentido registrado por Aristóteles: o da *poíesis*, que é marcado pela exterioridade do objeto a ser transformado.

O que vemos de fato na prática da produção? Podemos tomar o exemplo do artesão ou o do operário da linha de montagem na grande indústria moderna: o resultado é essencialmente o mesmo.

Estamos tratando de um processo de transformação de uma determinada *matéria-prima* (madeira, terra, minério, gado, lã etc.) pela ação de trabalhadores (*força de trabalho*) utilizando *instrumentos de produção* (ferramentas, máquinas). A matéria-prima, a força de trabalho e os instrumentos de trabalho são os três elementos que, "combinados" (Marx), produzem o resultado esperado: aço, tecidos ou animais de abate, ou seja, produtos prontos para o consumo. É o que Marx denomina "processo de trabalho", que acontece em todas as sociedades, quer comportem classes sociais, quer não.

Aparentemente, nada é mais "concreto" do que esse processo, visto que todos os seus elementos são naturais, individuais em cada caso e podem ser vistos e tocados. Nada é mais concreto, exceto o simples "fato" de a *combinação* entre eles ser realizada, ser possível e ativa, do contrário o processo não funciona, não produz nada. Essa ideia de "combinação" parece banal, porque toda vez que vemos um artesão trabalhar a madeira com suas ferramentas, um agricultor manejar seu trator para arar um campo onde semeará trigo, ou um fresador trabalhar uma peça numa metalúrgica, essas são "combinações" que funcionam há muito tempo, que estão realizadas. Mas nem sempre foi assim. E até chegar a isso foi preciso tatear bastante.

Pensem no operário: se ele não tiver adquirido *anteriormente* os conhecimentos técnicos indispensáveis, ficará diante de sua máquina sem conseguir operá-la, e a "combinação" não acontecerá. Pensem na máquina: se ela não dispuser de uma fonte de energia (antigamente a água de um rio, depois o vapor, hoje a gasolina ou a eletricidade), não funcionará. Pensem na gasolina do motor: se não estiver refinada de modo adequado, o motor não "funcionará". E a "combinação", nesses casos, falhará. Mas não é o fresador que escolhe esses dados concretos: eles lhe são impostos como resultado de toda a história da ciência e da técnica, história que existe na forma de leis conhecidas e de suas aplicações técnicas sobre a matéria-prima escolhida, bem como sobre as máquinas disponíveis. E, como a mesma história ensina que não se consegue fazer uma máquina funcionar com qualquer coisa, que não se pode inventar por decreto uma máquina cujos princípios sejam desconhecidos, que não se pode confiar o processo de trabalho a homens que não possuam experiência técnica, percebemos que esse processo tão "concreto" não revela todos os seus segredos se olharmos apenas os elementos concretos que o compõem: ele só existe regulado por leis abstratas.

Portanto, constata-se que nenhum processo de trabalho poderá "funcionar" (ou a "combinação" de seus elementos não poderá tornar-se ativa) se não for determinado *por leis abstratas*, que são ao mesmo tempo científicas, técnicas – fixando o conhecimento da matéria-prima tratada, o modo de manejar os instrumentos de produção, a experiência dos trabalhadores – e históricas – em determinada época da história, apenas certas combinações são possíveis, e não outras. *Portanto, todo e qualquer processo de trabalho só é possível sob condição dessas abstrações que são as relações técnicas de produção.* São essas relações que asseguram a "combinação" dos elementos concretos da prática da produção e obrigam os trabalhadores a adquirir o conhecimento e a experiência para pô-los em ação.

Mas essa concepção da prática da produção como processo de trabalho permanece "abstrata". Por quê? Porque não se trata apenas de explicar o fato de a "combinação" ser realizada e "funcionar". Também é preciso explicar por que essa combinação é *social*, isto é, existe numa sociedade que existe por causa dessa produção, e que não existiria se ela não se reproduzisse.

Vamos olhar as coisas por outro ângulo, mais simples. Para que o processo de trabalho aconteça, é preciso que existam *trabalhadores na bancada de marceneiro, no canteiro de obras ou na fábrica*. E, para que a madeira esteja sobre a bancada, o cimento no canteiro de obras, o aço na fábrica, é preciso que, em processos de trabalho anteriores, operários tenham estado presentes e trabalhado nas matas e nas serrarias, nas minas ou nos altos-fornos. E quando digo que é preciso que operários tenham estado presentes, ou estejam presentes, isso implica *pontualidade, número suficiente e disciplina no trabalho*. Alguém poderá objetar que isso é óbvio. De jeito nenhum, porque os operários são como todo mundo: preferem pescar, jogar bisca ou fazer sabe Deus o quê, como bem quiserem! Quem então os obriga a estar presentes no trabalho no horário certo, todos juntos, e a se sujeitar a essa disciplina, em condições de trabalho exaustivas?

Nas sociedades de classes, a resposta é simples: os trabalhadores são realmente obrigados a trabalhar, em troca de alimento (escravos) ou de salário (operários na sociedade capitalista), senão morrerão de fome. E, se são obrigados a trabalhar, é porque possuem apenas sua força de trabalho. Mas, se possuem apenas sua força de trabalho, a quem pertencem os meios de produção (as terras, as minas, as fábricas, as máquinas)? A uma classe social que os explora. Portanto, há a classe dos que possuem e a classe dos que trabalham porque nada possuem. Quem diz classes, diz relação de classes. Em última instância, se os trabalhadores estão pontualmente presentes no trabalho, é porque são forçados a isso *pela relação de classes*.

A mesma observação pode ser estendida às sociedades sem classes. Nesse caso, não é a relação de exploração que obriga os trabalhadores a estarem no trabalho, no momento e no lugar estabelecido (por exemplo, para a caça). Mas não deixa de ser *uma relação social*, regulada por todo um conjunto de imposições disfarçadas na forma de mitos e rituais e que também organiza o trabalho.

Estamos constatando, portanto, este fato simples: a presença, no local e na hora determinados, dos operários necessários para realizar o processo de trabalho, essa coisa que pode parecer "óbvia", ao contrário, é a coisa menos "natural" e menos "evidente" do mundo. Se os operários estão ali, é porque a relação de produção os obriga a isso, quer seja uma relação comunitária (sem classes), como em algumas sociedades pré-capitalistas ditas "primitivas", quer seja uma relação de classes.

Foi por isso que eu disse que a concepção da prática da produção como processo de trabalho é uma concepção "abstrata". Podemos efetivamente, a rigor e por enquanto, ignorar o fato de a fábrica, a matéria-prima e as máquinas estarem ali, pois, uma vez que foram levadas ali, não irão embora sozinhas. Mas, e os trabalhadores? O que os obriga a ir e tornar a ir? *A coerção da relação social*, seja ela comunitária ou de classes (de exploração). Marx denomina essa relação social, tratando-se da produção, de *relação de produção*. *É uma relação abstrata*, visto que passa por cima da cabeça dos trabalhadores e, mesmo que eles se julguem "livres", obriga-os a ir para o trabalho por razões ligadas à subsistência da comunidade ou à manutenção da classe exploradora. É uma relação abstrata porque nada tem a ver com os gestos concretos com os quais os trabalhadores cumprem suas tarefas.

Mas podemos analisar a questão pela outra ponta. Para que o processo de trabalho aconteça, para que a "combinação" se torne ativa, não basta os operários serem forçados a ir pontualmente ao local de trabalho. É preciso *haver um local de trabalho*, um espaço delimitado em que já estejam reunidos os meios de produção: fábrica, matéria-prima, máquinas etc. Esses "objetos" não se deslocam nem se reúnem sozinhos ou por acaso. É preciso que alguém seja proprietário deles e tenha um motivo para reuni-los no local de trabalho. Numa sociedade de classes, os meios de produção pertencem à classe exploradora, e o motivo para reuni-los num local e num dispositivo que possibilita a produção é a extorsão do sobretrabalho, da parte do produto que os trabalhadores fabricam *a mais*, além do que necessitam para subsistir: é a exploração dos trabalhadores.

E, guardadas as devidas proporções, isso também acontece nas sociedades comunitárias. Quando, depois de o feiticeiro marcar a data e a hora da caçada, os homens se reúnem numa mesma área de floresta para caçar os animais, é porque essa floresta pertence à comunidade e essa propriedade em comum dos meios de produção é reconhecida pelos homens da comunidade como uma relação social, transcendendo os indivíduos.

Portanto, o que, antes da "combinação" dos elementos concretos do processo de trabalho, possibilita o encontro dos elementos no mesmo local e no mesmo momento são, tanto do lado dos trabalhadores como do lado dos meios de produção, relações sociais abstratas, que, nas sociedades de classes, "distribuem" os homens em possuidores e não possuidores dos meios de produção, em classes sociais; e, nas sociedades sem classes, proporcionam as condições sociais de organização do trabalho na propriedade comunitária.

Aqui talvez seja preciso fazer um esclarecimento. Pois a abstração dessa relação social de produção é muito particular. De fato, quando vemos oporem-se a classe detentora dos meios de produção e a classe privada deles, portanto a classe exploradora e a classe explorada, podemos ficar tentados a dizer: essa relação de produção é uma relação "humana", visto que põe frente a frente *apenas homens*, com a diferença de uns serem ricos e os outros, pobres. Seria, de certa forma, uma relação *com dois termos*: os homens ricos explorando os homens pobres. Mas isso é ignorar o fato fundamental de que riqueza e pobreza são estabelecidas por um *terceiro termo*, os meios de produção, pois é por possuí-los que alguns são ricos, e é por não possuí-los que os outros são pobres e obrigados a trabalhar e, portanto, a submeter-se à exploração. Ora, os meios de produção não são homens, e sim *coisas materiais*, que têm um valor. Com isso, fica clara a estrutura própria da abstração da relação de produção: uma relação não com dois, e sim com três termos, em que a relação entre as classes é determinada pela distribuição dos meios de produção.

Com isso, entrevemos a possibilidade de uma forma de abstração que é totalmente desconcertante para a filosofia idealista, seja ela empirista ou formalista. A abstração empirista ou formalista é sempre concebida com base no tipo de abstração "com dois termos", ou então com x termos, considerando *os objetos como estando todos no mesmo plano*, digamos, horizontal. Aqui percebemos que a distribuição de uma mesma abstração "com dois termos" não a esgota, visto que ela mesma resulta de uma relação com um terceiro termo, material, que se encontra "atrás" ou "na frente" dos termos e governa as relações entre eles.

Poderão então dizer: o processo de trabalho é dominado por relações técnicas de produção. Mas o processo é uma abstração (ruim), pois não existe processo de trabalho que não seja dominado por uma relação de produção social. É para evidenciar a presença dessa abstração essencial (essa relação de produção) que Marx, depois de analisar os elementos do processo de trabalho, fala em *"processo de produção"*, e mostra que, se os elementos do processo de trabalho são realmente idênticos em qualquer sociedade, *há tantos processos de produção quantos modos de produção* (quantas relações de produção). Pois não são as mesmas coerções sociais *que obrigam os homens ao trabalho* nas comunidades "primitivas", sob o regime escravista, sob o sistema feudal e sob a sociedade capitalista. E, acrescentemos, o objetivo desse "processo de produção" não é o mesmo nas sociedades sem classes (simples produtos úteis, que não estão sujeitos a relações mercantis, que não se destinam à venda) e nas sociedades de classes (o sobretrabalho, extorquido dos produtores imediatos, trabalho excedente que assume a forma de mais-valia nas sociedades capitalistas, quando o que é produzido são mercadorias, objetos destinados à venda).

Poderíamos ir ainda mais longe e mostrar que a relação de produção não governa apenas a distribuição dos meios de produção entre aqueles que os possuem e aqueles que não os possuem, mas comanda também, em grande parte, *a divisão e a organização do trabalho* no interior do processo de produção. De modo que a relação imediata entre o trabalhador e seu trabalho, longe de ser imediata e concreta, só é concreta porque é dominada, ou seja, fixada e determinada por essas abstrações todo-poderosas que são a relação de produção e as relações sociais que dela decorrem.

Será possível, nessas condições, continuar aceitando a concepção aristotélica da prática como *poíesis*, em que o objeto transformado é radicalmente *exterior* à prática? A julgar pelas aparências, é isso mesmo que acontece. A natureza está dada, anteriormente a qualquer trabalho de produção, e são os homens que a transformam para obter os produtos de que necessitam. Há uma espécie de crueldade no fato de se encontrar carvão em um país e não em outro, no fato de, quando encontrado, o minério estar ali, mas não ter sido feito pelo homem, sendo totalmente exterior a ele. Mas, olhando mais de perto, a energia utilizada numa fábrica também vem da natureza: a queda-d'água ou o carvão produz corrente elétrica, o petróleo é transformado em gasolina etc. O homem transforma a energia, não a produz. E acaso o próprio homem não é também ele um produto natural? Sua força, a força dos seus músculos ou do seu cérebro? De modo que podemos dizer, no limite, que, no processo de trabalho, é uma parte da natureza (o homem) que, utilizando forças ou partes da natureza transformadas (energia, ferramentas), transforma outra parte da natureza (matéria-prima) – o que permitiria concluir que a natureza transforma a si mesma. Assim, a primeira definição de Aristóteles remeteria por si só à segunda: à ideia de uma prática de transformação de si, sem objeto exterior.

Entretanto, o que impede que isso seja dito é a diferença que existe entre as leis da natureza física, que regem ao mesmo tempo a matéria-prima e os instrumentos de produção – e também o jogo da força física dos trabalhadores, quando ela existe –, e as leis abstratas, que regem a existência da força de trabalho. Todas são leis e têm a mesma necessidade, mas as segundas não são consequência das primeiras, não se assemelham a elas. Será preciso dar uma ideia dessa diferença? *As leis da natureza não são "tendenciais", ou seja, não são conflituosas, não estão sujeitas a revoluções*, ao passo que as leis que regem a relação de produção são leis que opõem uma classe a outra e, portanto, pressupõem um conflito e a manutenção ou a derrubada da ordem estabelecida.

Por isso, é mais correto, no limite, representar a prática da produção menos* como uma *poíesis* e mais como uma *práxis*, porque as leis da natureza, mesmo utilizadas na produção, são exteriores às leis das relações sociais, que governam a produção. Enquanto as sociedades humanas passam por revoluções abruptas, surgem as classes, a classe dominante cede o lugar a outra classe, e isso num espaço de tempo muito reduzido, em comparação com o tempo da natureza, pois no mesmo espaço de tempo a natureza praticamente não muda. Está sempre aí e é sempre a mesma, em comparação com as diferentes formas de sociedade que a utilizam para subsistir, sempre exterior à produção e às relações que a regem.

---

* A palavra "menos" foi incluída na tradução. Não consta no original francês. (N. da T.)

9

A PRÁTICA CIENTÍFICA E O IDEALISMO

Está claro que, na existência humana, a imensa maioria das práticas é assimilável à prática da produção e que o objeto delas lhes é exterior. É quase inútil demonstrar isso na produção material propriamente dita. É mais interessante mostrá-lo na prática científica ou na prática teórica, cujo sentido, mais amplo, engloba também a prática ideológica, na medida em que é teórica, e a prática filosófica, que é teórica de pleno direito. Já podemos ter uma ideia disso, depois do que foi dito. Mas, sem dúvida, vale a pena nos estendermos um pouco mais, pois nesses assuntos imperam preconceitos idealistas que têm força de lei e que, entre outras coisas, apresentam o trabalho científico como produto de uma intuição, de uma inspiração, da qual um indivíduo, ao testemunhar um fenômeno surpreendente ou alcançar uma visão mais ampla das coisas, teria se tornado subitamente o beneficiário, não se sabe bem por quê. Essa é uma concepção intuicionista (idealista) do trabalho científico. Mas há outras representações idealistas desse mesmo trabalho científico, como a representação empirista de que já falamos. Nessa visão, como a verdade está contida no objeto, todo o trabalho do cientista consiste em extraí-la dele, em produzir aquela "abstração" que é o conhecimento pela adição das partes, retiradas de cada objeto individual dado na percepção sensível. O empirismo pode ser *sensualista*: será *subjetivo* se tudo o que for dado do objeto se reduzir à sua percepção, ou *objetivo*, se a sensação apreender as propriedades do próprio objeto percebido. Mas, se o objeto for dado na intuição intelectual, o empirismo será *racionalista* (Descartes)[1].

---

1 Nas páginas 126-9 são retomadas teses propostas no "quinto curso de filosofia para cientistas" (ver p. 60, n. 1): "Du côté de la philosophie", op. cit., pp. 266-92.

Essa concepção, entretanto, pressupõe a existência não só de um objeto, independente de ser conhecido (essa tese é materialista), mas que contém em si, de modo imediato, seu próprio conhecimento, que o cientista precisa apenas extrair. Note-se que essa concepção, muito difundida na consciência ideológica dos cientistas, sobretudo experimentais, não deixa de ter uma consistência real, na medida em que enuncia, embora de modo indireto e, portanto, errôneo, uma verdade: o conhecimento produzido pelo trabalho do cientista é realmente o conhecimento *do* objeto, que existe independentemente do seu trabalho e do seu conhecimento, fora do trabalho do cientista. Isso quer dizer que o conhecimento de qualquer objeto "pertence" a ele antes mesmo de ser produzido, antes mesmo de ser conhecido. Com isso, se pode introduzi-lo legitimamente, de maneira prévia, no objeto, visto que ele lhe pertence de pleno direito.

O único inconveniente, porém grave, dessa concepção é colocar em segundo plano o trabalho do cientista e, portanto, a transformação da qual o objeto é o centro durante o processo do conhecimento. De fato, se a tese empirista está correta, é de se perguntar se o trabalho dos cientistas é realmente necessário e por que a verdade das coisas não é lida "com um simples olhar", como acontecia com Adão, segundo Malebranche. Todo o gigantesco aparato material e conceitual da ciência se tornaria supérfluo. Seria um esforço desproporcional ante seus resultados, visto que estes estão obtidos previamente. Além do mais, não se compreende a condição absoluta de todo trabalho científico, que é correr o risco constante de tropeçar em impasses e erros e, portanto, de ser desmentido (em vez de ser confirmado) pela experiência. O filósofo britânico Popper teve razão ao insistir nessa condição (o risco do *desmentido experimental*), ainda que tenha feito disso uma filosofia idealista das condições que uma teoria deve aceitar previamente para ter certeza de enfrentar esse risco sem se esquivar dele[2].

Entretanto, uma vez evitadas essas concepções idealistas, não acabamos com as falsas representações da atividade científica. A mais difundida hoje, e que, como toda concepção filosófica, tem raízes muito antigas, é a concepção *neopositivista lógica*. Neopositivista porque invoca

---

2 *Conjectures et réfutations. La croissance du savoir scientifique*, trad. francesa M.-I. de Launay e M. B. de Launay. Paris: Payot, 1985 (1956), pp. 63-5, Col. Bibliothèque scientifique.

o positivismo, lógica porque renova o positivismo, submetendo-o às condições formais da lógica matemática.

O neopositivismo lógico tem uma grande força: apoia-se em evidências, nas evidências da própria prática científica. Reconhece apenas *os fatos*, objetivos, materiais, verificados por meio da experimentação. Nesse sentido, situa-se na tradição do idealismo kantiano: só existe como objeto científico um objeto cuja existência e cujas qualidades passem pelo controle da verificação experimental, por mais complexa que ela seja (e se tornou muito complexa nos tempos modernos). Isso significa que todos os "objetos" que escapam à verificação do controle experimental – renovável à vontade, em todos os tempos e em todos os lugares (como essas condições são objetivas, podem ser reproduzidas) – não existem para a ciência e, portanto, simplesmente não existem, ou existem na forma de discursos incontroláveis, que não podem ser desmentidos pela experimentação e, portanto, imaginários, como é o caso das religiões, da psicanálise e do marxismo.

Até aí, o neopositivismo lógico não traz nada de muito novo. No fundo, reproduz a distinção kantiana entre as ciências legítimas (que provam a existência de seu objeto) e as "pseudociências", ilegítimas, que têm apenas um objeto imaginário (a metafísica, a teologia racional etc.)[3]. Ele mostra originalidade ao recorrer à *lógica formal* para definir os critérios de verdade – isto é, de validade – de *proposições* dadas ou obtidas pelo trabalho experimental. E o que a lógica formal "trabalha" é a *linguagem* com a qual o cientista opera (ou os não cientistas), portanto, a língua científica e a língua "natural". Reencontramos aqui nossa primeira abstração, a da língua, que o neopositivismo não aceita como um dado (o que todas as outras filosofias idealistas fazem), mas questiona, explora, diferencia, a fim de descobrir as leis de seu uso *legítimo* (e não legítimo).

É claro que, se designarmos as propriedades reais de um objeto real com formulações claudicantes ou errôneas, se nos arriscarmos em proposições realmente contraditórias que passem despercebidas, caímos no erro verbal que provoca automaticamente um erro científico. Não have-

---

[3] *Critique de la raison pure*, op. cit., pp. 1045-6. "Pode-se dizer que o objeto de uma ideia puramente transcendental é alguma coisa da qual não se tem conceito algum, embora a razão produza necessariamente essa ideia, seguindo suas leis originárias."

ria o que criticar em tudo isso se o neopositivismo lógico não submetesse de fato, ou não tendesse a submeter, as regras da validação experimental a leis de validade lógica *prévias*, caindo assim no *formalismo*, que, com o empirismo, representa a contravariedade mais caracterizada do idealismo.

Isso porque, no *empirismo*, não há nada que preceda o objeto e nada que o suceda e, portanto, *nada que difira dele*, nem regras de validade, nem verdade. No *formalismo*, ao contrário, não há objeto algum que não esteja sujeito, antes e depois de seu conhecimento, e durante este, a regras formais que comandam tanto sua existência como suas propriedades. O velho sonho leibniziano, de um Deus que "calcula" o mundo que cria e submete-o, em sua existência e em suas propriedades, a leis formais de não contradição absolutas[4], encontra, assim, sua versão moderna no neopositivismo, que submete toda proposição às leis formais da não contradição e das "tabelas de verdade". E, cúmulo do paradoxo – estamos ficando peritos nesses paradoxos filosóficos –, vemos que o neopositivismo lógico só é um formalismo com a condição de basear-se num empirismo, o dos "fatos de linguagem": ambos radicais.

Poderíamos, com pouco esforço, descobrir também, por trás das teses do empirismo, um formalismo ontológico. Mas o que nos interessa, nesses dois casos, é uma exigência em comum, que dá forma ao que podemos chamar de *a garantia filosófica* dos resultados da prática científica.

De fato, tudo acontece como se os cientistas que abraçam a filosofia, seja ela empirista ou formalista, esperassem que esta lhes fornecesse *uma garantia da própria prática deles*.

A técnica da garantia é uma técnica humana muito antiga, que sem dúvida remonta às primeiras trocas mercantis e às primeiras formas da propriedade. Nesse caso, aquele que empresta a outro uma quantia em dinheiro pede-lhe uma garantia, material ou moral, de que será reembolsado no final do prazo combinado. O segundo então lhe fornece essa garantia, depositando em mãos de um terceiro um bem de valor equivalente a seu empréstimo, ou dando a garantia moral de um terceiro, que se compromete a assegurar que o empréstimo seja reembolsado. A garantia também pode assumir a forma de uma hipoteca, ou seja, do direito de quem concedeu o empréstimo de ser reembolsado com os bens de

---

4 Ver p. 46, n. 7.

quem tomou emprestado. Assim, em todos os casos, a operação de garantia mobiliza três partes ou elementos: quem concede o empréstimo, quem recebe o empréstimo e um terceiro, quer seja uma pessoa ou um bem. Esse terceiro, essa pessoa, que é o fiador, ou o bem, *acima* da troca e dos contratantes, garante material e moralmente ao prestador que ele será realmente reembolsado, como prometido.

As coisas acontecem do mesmo modo com as filosofias idealistas da prática científica. O cientista é, digamos assim, aquele que "empresta": ele cede seus esforços, seu trabalho e suas hipóteses. Aquele que "toma emprestado" é o objeto científico, que recebe todo esse dispêndio antecipado. Como o cientista espera ser reembolsado pelos seus esforços, ele então pede a *garantia* de que esses esforços *produzirão realmente aquilo que ele espera*, aquilo para o qual ele empenhou todo o seu dispêndio: *conhecimentos científicos*. As filosofias idealistas são o terceiro que lhe dá essa garantia. Asseguram a validade de seus enunciados, das condições e das formas de sua experimentação e a exatidão de seus resultados, se ele tiver observado bem todas as regras. Formalmente, portanto, os resultados, os conhecimentos e as verdades estão como que previamente depositados em algum lugar e já são conhecidos, pelo menos virtualmente, por alguém (Deus, o Ser, o filósofo que deles fala), para que o cientista possa lançar-se à sua operação – a palavra diz bem –, à sua *especulação*.

Pode-se indagar para que pode servir toda essa operação, visto que, de qualquer modo, as coisas não acontecem assim, e o cientista nunca pode saber com antecipação se vai ser bem-sucedido ou não. Pode-se responder que existem cientistas que precisam desse tipo de garantia, seja porque duvidam de suas hipóteses ou da validade de seus instrumentos de conhecimento, seja porque sentem necessidade de se defender interiormente contra os ataques de outras filosofias idealistas, que, elas sim, questionam os títulos da pesquisa científica.

Essas respostas não são suficientes, pois não é só a ciência que está em jogo nessa filosofia da prática científica, mas todas as práticas humanas, em suas inter-relações, e toda a ordem existente entre essas práticas, que é uma ordem social, portanto política, portanto lugar de uma luta de classes. O que essas filosofias não conseguem ganhar (entretanto ganham) em termos de adesão junto aos cientistas, ganham servindo-se do exemplo da ciência e de seu prestígio *junto aos agentes das outras práticas*, os quais intimidam evocando e "explorando" o modelo da ciência, que tem a imensa vantagem de não poder ser discutido, "pois a ciência é a ciência", e por definição ela conhece a verdade, e não se discute.

Com isso, percebemos que, para compreender o que pode ser uma filosofia, devemos levar em conta não só as práticas de que ela fala explicitamente, mas também *aquelas de que ela não fala* e também *o conjunto das práticas*, pois é sua relação interna que está em jogo na intervenção filosófica.

Assim, o efeito de intimidação de que falamos é manifesto no caso da filosofia de Karl Popper, que, como ele mesmo confessa, edificou toda a sua filosofia (que não vai muito longe) com o objetivo preciso de demonstrar que a psicanálise e o marxismo não eram ciências, pois, segundo ele, suas hipóteses nunca podem ser *desmentidas* pela experiência – a experiência analítica e as experiências da luta de classes realmente não podem ser reproduzidas nas mesmas formas em qualquer tempo e em qualquer lugar – e, portanto, existe grande possibilidade de serem imposturas de tipo religioso[5].

Nas outras filosofias idealistas da prática científica, as coisas nem sempre são tão evidentes e declaradas, mas, procurando bem, sempre encontramos "motivações" da mesma ordem: utilizar o modelo científico para validar ou invalidar outras práticas existentes.

Mas não devemos nos ater apenas à função de garantia ou de validação. Se a filosofia idealista sempre exerce essa função, esta nem sempre tem o mesmo sentido ideológico e político. E ela pode ser exercida num sentido positivo e progressista, como aconteceu com a filosofia idealista burguesa.

A burguesia ascendente, que desenvolvia as forças produtivas, as ferramentas, as máquinas, os instrumentos de medida e outros, necessitava da ciência. Portanto, necessitava de uma filosofia que garantisse que a ciência era realmente a ciência, que fornecia conhecimentos objetivos e nada tinha a ver com uma construção imaginária como a religião ou a

---

5 Ver, por exemplo, *La société ouverte et ses ennemis*, t. II: *Hegel et Marx*, trad. francesa J. Bernard e P. Monod, 1979 (1945), pp. 147-50, Col. Philosophie générale; *Conjectures et réfutations*, op. cit., pp. 60, 62-5.

filosofia da natureza, herdada de Aristóteles, que era incapaz de fornecer uma teoria do movimento dos corpos físicos. E essa necessidade não correspondia à demanda "psicológica" de cientistas desnorteados ante a novidade de suas descobertas e se perguntando "se era mesmo verdade" que os corpos obedecem às leis de Galileu, ela correspondia às exigências de uma luta ideológica implacável. Pois, quando a burguesia buscava conquistar seu lugar, precisava expulsar dele seus ocupantes; quando queria fazer reconhecer a existência das ciências, precisava lutar contra as enormes forças da ideologia religiosa que ocupavam o terreno.

Mas, com isso, a filosofia idealista burguesa não se batia apenas pela ciência. Precisava levar em conta o fato de que o combate pela ciência não podia ser isolado do conjunto de lutas políticas e ideológicas. Por um lado, ela servia de *garantia* para a ciência (contra as esmagadoras pretensões da ideologia religiosa feudal); mas, por outro, ela também se servia de uma certa ideia de ciência para *garantir o futuro de suas próprias lutas políticas*. É o século XVIII que oferece o exemplo mais puro dessa transferência de garantia sob a unidade da filosofia, na ideologia do Iluminismo. A filosofia garantia que as ciências fornecíam o conhecimento do mundo natural e social, e o poder da verdade científica garantia que um dia os homens reconheceriam a necessidade das reformas sociais a serem feitas para livrar o mundo da desigualdade e da servidão.

Nesse período em que a burguesia era uma classe revolucionária, a função filosófica da garantia abarcava, portanto, não só a ciência, mas todas as práticas sociais, e era progressista. Evidentemente, a filosofia burguesa "manipulava" as ciências e "explorava" seu prestígio, mas para libertar as ciências e os homens.

Essa mesma função de garantia pode atuar num sentido totalmente diferente, reacionário, de acordo com as relações de classes e os focos de interesse da luta de classes.

Quando, em meados do século XIX, a burguesia assentou-se no poder, continuou a precisar da ciência – e continua a precisar, pois a luta de classes obriga a burguesia a desenvolver e "revolucionar" continuamente (Marx) as forças produtivas do modo de produção capitalista. Mas, como se defrontava com os primeiros grandes ataques da luta de classes operária, foi obrigada a remanejar seu dispositivo filosófico. A filosofia, positivista ou neopositivista lógica, continua a servir de *garantia* para a ciência, mas é para *controlar* os seus trabalhadores, em nome de uma ideia da ciência diferente daquela dos filósofos do Século das Luzes, uma ideia que não está mais imediatamente relacionada com a ideia de libertação dos homens, mas que impõe a verdade como *ordem* e como verdade possuída por um pequeno número de homens, assegurando ou o "poder espiritual" (ideológico e político), como em Auguste Comte, ou a organização geral da sociedade, como os tecnocratas modernos assistidos por seus computadores.

Assim como a ideia de liberdade, antigamente associada à ideia de ciência, não chegava aos filósofos burgueses clássicos apenas a partir da prática científica, mas, acima de tudo, da prática da luta de classes para a libertação dos homens, também a ideia de ordem não chegou aos positivistas a partir das leis da natureza, ou aos filósofos da tecnocracia apenas a partir da programação dos computadores, mas chegou-lhes, acima de tudo, da prática da luta de classes de uma burguesia agora forçada a *impor sua ordem*, porque esta é contestada pelos trabalhadores, em nome de uma filosofia que garante que deve haver uma ordem, e que a ordem burguesa é a verdadeira.

Se, nos dois casos mencionados, a filosofia idealista "explora" a ciência, seus resultados e seu prestígio, é preciso ter o cuidado de distinguir bem a diferença de sentidos dessas palavras.

No primeiro caso, a filosofia idealista "explora" a ciência, ou seja, coloca certa ideia de ciência a serviço de práticas sociais. Mas, como essas práticas são revolucionárias, a ideia de ciência que é assim "explorada" respeita genericamente o essencial dos valores da prática científica. De fato, a luta pela libertação da ciência e a luta pela liberdade política caminham no mesmo sentido, o que evita deformações excessivamente graves, mas não as exclui (Descartes, Kant e Hegel deformaram as ciências para encaixá-las em seus sistemas).

No segundo caso, porém, a filosofia idealista "explora" as ciências, ou seja, coloca uma certa ideia de ciência a serviço de práticas sociais. Como essas práticas são reacionárias, como se trata de fazer voltar violentamente à ordem (burguesa) os trabalhadores que a ameaçam, a ideia de ciência que assim é explorada muda de conteúdo. A ciência torna-se o modelo do saber que constata o fato e ponto final, estabelece leis e ponto final, faz reinar a ordem das leis nos fenômenos. E tudo o que não passa por essa ideia tranquilizadora (para o poder estabelecido), todas as ciências que ameaçam essa ideia e essa ordem são declaradas nulas, imposturas. É o caso da teoria marxista e da psicanálise. Em contrapartida, todas as formações teóricas da ideologia dominante, a economia política, a sociologia, a psicologia são consideradas ciências, e é preciso submeter-se às suas "leis", que reforçam a ordem estabelecida. A garantia filosófica da ciência mudou de sentido: em vez de servir globalmente à libertação das ciências e dos homens, torna-se princípio de autoridade e de ordem.

Portanto, nada é menos "inocente" do que essas ilusões sobre a ciência que são o empirismo e o formalismo.

10

A PRÁTICA CIENTÍFICA E O MATERIALISMO

Descartadas as concepções empiristas e formalistas da prática científica, o caminho está livre para uma concepção muito diferente, que procura ser materialista.

Como devemos entender então a prática científica? Como um processo que mobiliza, inicialmente, uma matéria-prima dada, uma força de trabalho definida e instrumentos de produção. Nesse processo, a força de trabalho (os conhecimentos, a inteligência do pesquisador) utiliza os instrumentos de produção (teoria, dispositivo material da experimentação etc.) para trabalhar a matéria-prima dada (o objeto sobre o qual ele experimenta) a fim de produzir conhecimentos precisos.

Alguém poderá dizer que esse esquema não faz mais do que reproduzir o esquema da produção material, aquele do "processo de trabalho" (Marx). Isso não está incorreto, mas as diferenças entre um e outro são muito grandes.

A primeira dessas diferenças diz respeito à natureza da *"matéria-prima"*. Em vez de ser constituída de matéria propriamente dita (minério de ferro, carvão etc.) ou de matéria já trabalhada (aço, cobre etc.), a "matéria-prima" da prática científica é constituída de um misto de objetos materiais e representações não científicas e científicas, de acordo com o grau de desenvolvimento da ciência.

Para dificultar nossa tarefa, vamos supor que estamos assistindo ao nascimento de uma ciência (sabemos que é possível especificar de maneira mais ou menos aproximada a data de nascimento delas) e, então, imaginemos uma matéria-prima tão "pura" – isto é, tão pouco teórica –

quanto possível, pois sabemos que toda ciência já estabelecida trabalha a partir de uma matéria-prima em grande parte científica – ou seja, teórica.

Nesse caso extremo, vamos supor que o cientista tenha diante de si apenas os dados de suas percepções e ainda não disponha de nenhum instrumento de trabalho ou de medida para auxiliá-lo. Devemos ressaltar que essa hipótese é utópica, pois todos os exemplos que conhecemos provam que qualquer ciência, ao nascer, dispõe de um mínimo de aparelhagem técnica (a matemática grega definia suas figuras manejando a régua e o compasso). Mas isso não importa. Vamos imaginar uma espécie de nada absoluto de determinações teóricas. Estamos lidando com o quê? Não com o simples contato, descrito pelo empirismo, entre o sujeito cognoscente e o objeto cognoscível, não com o puro concreto, e sim com toda uma gama de abstrações. Sem dúvida, o concreto é dado nas percepções sensíveis, mas o que elas indicam é menos o que ele é (sua "essência") do que o simples fato de sua existência. Sem dúvida, para nos darmos conta da existência de alguma coisa, é preciso também que algo de sua "essência" nos seja dado. Mas, justamente, tudo isso acontece sob uma impressionante camada de abstrações, que parecem tão naturais em seus efeitos de deformação que nem sequer suspeitamos de sua existência. Que abstrações são essas?

São aquelas de todas as práticas concretas existentes em um grupo social: práticas de produção, práticas sexuais de reprodução, práticas de luta de classes (no caso de sociedades de classes), além de todas as práticas sociais abstratas que regulam as funções ou os conflitos de classes na referida sociedade – o direito, a moral, a religião e a filosofia (se existir). Essas abstrações – a experiência das sociedades primitivas, assim como de outras, mostra isso – não têm como única função regular as relações sociais às quais dizem respeito. Elas também atribuem lugar e sentido a todas as observações empíricas possíveis. Nem é preciso dizer que, na prática científica primária, é praticamente impossível dissociar as observações dos dados dessas generalidades abstratas que constituem não a sua base, e sim a sua rede de localização e de sentido.

Por isso, é legítimo dizer que a matéria-prima a partir da qual o cientista trabalha, na forma mais rudimentar da ciência, é inseparável de generalidades abstratas definidas, que por sua vez resultam de uma elaboração bastante longa das diversas práticas sociais. Foi por isso que, no passado[1], propus que se usasse o termo *Generalidades I* para designar essa matéria-prima. O plural teria a função de indicar a complexidade das abstrações que se condensam nos "dados" aparentemente imediatos com que o cientista lidaria. E entre essas Generalidades I incluí, ao lado das generalidades resultantes das outras práticas sociais, materiais ou sexuais, a presença das generalidades resultantes das diversas ideologias, como a jurídica, a moral, a religiosa, a filosófica etc.

O que acaba de ser dito sobre a ciência hipotética que examinamos é, *a fortiori*, válido para toda ciência estabelecida ou em desenvolvimento. A matéria-prima com que o pesquisador trabalha comporta, além das generalidades mencionadas, outras formas de abstração, as abstrações da prática técnica e os conhecimentos abstratos já produzidos pela ciência. De modo que podemos pensar no caso extremo, que é o da matemática, em que a ciência *trabalha apenas sobre si mesma*, ou seja, sobre os resultados que já produziu. Se considerarmos, então, a ciência como um "sujeito", poderemos dizer que ela se encaixa na segunda definição de Aristóteles, visto que não lida com um objeto exterior, pois é em si mesma seu próprio objeto.

A matemática, no entanto, é um caso extremo. Em todas as ciências experimentais existe um elemento material objetivo exterior. Mesmo que esse elemento esteja inserido no contexto de uma teoria, mesmo que seja realizado com os instrumentos de medida e de observação, não deixa de estar presente e, como tal, passa pela observação sensível, direta ou indireta. Na física moderna, é bem verdade, nunca se vê o objeto (tal partícula) a olho nu, diretamente, mas se observa pelo menos seu traço, direto ou indireto, no registro de um filme ou no deslocamento da posição das raias de um espectro luminoso. Esse elemento sensível propriamente dito, porém, não pode ser registrado a não ser com toda uma aparelhagem experimental, que representa uma gama considerável de abstrações e de conhecimentos possíveis com o uso desses aparelhos.

É preciso insistir firmemente no fato de que essas abstrações, contrariando o uso vulgar da palavra, não são vazias. Ao contrário, estão repletas de conhecimentos definidos, adquiridos ao cabo de um longo processo, e sua junção define não um espaço vazio, e sim um espaço per-

---

[1] *Pour Marx*. Paris: Maspero, 1977 (1965), p. 186 ff., Col. Théorie.

feitamente demarcado, aquele no qual vai se produzir o acontecimento, o "fato" científico, o que possibilitará novas descobertas ou obrigará a modificar as hipóteses de pesquisa ou o dispositivo de experimentação. De modo que, quanto mais a ciência avança, mais sua própria matéria-prima tende para o concreto, que é apenas o resultado da junção de múltiplas abstrações ou conhecimentos que o constituem. Marx dizia que a ciência não vai, como acredita a ideologia vulgar, "do concreto para o abstrato", não vai dos objetos empiricamente existentes para a verdade deles (contida neles por toda a eternidade e que bastaria extrair); *ao contrário, a ciência vai do abstrato para o concreto*, refina pouco a pouco as abstrações existentes, passa das abstrações ideológicas para as abstrações do saber prático-técnico, para então chegar às abstrações científicas e, combinando-as com exatidão, à abstração definida, que se refere a um objeto concreto e que se torna, assim, o conhecimento concreto dele[2]. É preciso dizer que a maioria dos filósofos, e mesmo dos cientistas, desconhece essa grande verdade materialista, mas sem ela não é possível compreender o que acontece na prática científica.

Há pouco a dizer, do ponto de vista do processo da prática científica, sobre o *pesquisador*, pois ele é inteiramente definido – com exceção de alguma aptidão em particular, que, em certos casos, pode ter um papel decisivo – pelo estado da ciência na qual trabalha. De fato, ele não pode inventar nenhuma teoria sem se basear nas teorias existentes, nem resolver nenhum problema sem se basear nos resultados já estabelecidos, nem criar nenhum dispositivo experimental sem utilizar os meios disponíveis, em teoria e em técnica etc. É um agente de um processo que o transcende, do qual não é o sujeito, ou seja, a origem, o criador. Assim, o processo da prática, isto é, da produção científica, é um "processo sem sujeito"[3], o que não significa que possa dispensar a força de trabalho e, portanto, a inteligência, os dons etc. do pesquisador, e sim que está subor-

---

2 *Contribution...* Introdução, op. cit., pp. 164-6.
3 L. Althusser, "Trois notes sur la théorie des discours" (1966), em *Écrits sur la psychanalyse. Freud et Lacan*. Paris: Stock-Imec, 1993, p. 165. "Não há um *sujeito* da ciência, do ponto de vista do discurso científico [...] assim como não há um indivíduo 'fazendo a história', no sentido ideológico dessa proposição." Sobre o processo sem sujeito, ver "Sur le rapport de Marx à Hegel", em *Lénine et la philosophie*. Paris: Maspero, 1972, pp. 49-71; "Remarque sur la catégorie 'Procès sans sujet ni fin(s)'", *Réponse à John Lewis*. Paris, 1973, pp. 69-76, Col. Théorie.

dinado a leis objetivas que determinam também a natureza e o papel do agente, do pesquisador científico.

Isso todos os cientistas sabem. Também sabem muito bem que o caráter gigantesco das instalações experimentais modernas mostra claramente que o pesquisador é apenas o agente de um processo complexo que o transcende. Sabem inclusive que os problemas científicos são postos não só por um determinado indivíduo, mas por toda a comunidade científica mundial, e que todas as grandes descobertas acontecem "em vários lugares do mundo" e "mais ou menos ao mesmo tempo", sem que os interessados tenham se comunicado. Sabem que a pesquisa está empenhada numa aventura impressionante, que em grande parte é determinada de fora, pela demanda da produção e pelas exigências da luta de classes. Sabem que, mesmo se unindo, não podem muito no que diz respeito ao curso do desenvolvimento da pesquisa científica. Sabem, pelo menos alguns, que, se quiserem atuar sobre esse curso, *precisarão "mudar de terreno" e começar a fazer política*. Pois, ao contrário do que pensam os filósofos idealistas, não é a ciência, o conhecimento, que comanda a política, mas é a política que comanda o desenvolvimento da ciência e do conhecimento.

Essa característica do desenvolvimento da prática científica como "processo sem sujeito" marca todos os seus momentos e todos os seus elementos, tanto sua matéria-prima como seus agentes (os pesquisadores), seus instrumentos de produção e seus resultados. Assim, deixaremos de lado essa ideia por ora, sabendo que poderemos retomá-la adiante, em outro momento.

Mas o que foi dito sobre a matéria-prima evidentemente vale também para *os instrumentos de produção*. Como dissemos, eles são a realização das abstrações científicas, dos conhecimentos teóricos. Todos os instrumentos usados na experimentação evidenciam isso. Antigamente, os instrumentos de medida eram simples; agora deram lugar a teorias extremamente abstratas para justificar sua natureza, a qualidade do metal com que são fabricados, a temperatura em que são empregados, o vácuo (ou não) sob o qual são utilizados etc. Não vou me estender sobre esse aspecto, que uma frase do filósofo Gaston Bachelard tornou célebre: "Os instrumentos são teorias materializadas."[4]

[4] Ver p. 92, n. 11.

Em compensação, gostaria de insistir num aspecto menos conhecido: no fato de que, entre seus instrumentos de produção teórica, figura também *a "teoria"* atual da ciência. Aliás, pode-se dizer também que ela está presente na matéria-prima, visto que uma matéria sobre a qual trabalhar é definida numa determinada ciência em conformidade com a bagagem teórica dela. Assim, Bachelard mostrou que se fazem experimentos com "corpos puros", mas eles não existem na natureza, pois todo "corpo puro" é produto de uma teoria científica e de uma técnica correspondente[5].

O que vale para os instrumentos de produção, porém, vale *a fortiori* para a matéria-prima, pois à teoria interessa figurar nos instrumentos de produção teórica não em uma forma diferente, seja no caso desses instrumentos ou da matéria-prima, *e sim na forma pura da teoria da ciência existente*. Certamente, isso não quer dizer que a teoria figure por inteiro nos instrumentos de produção, mas, em geral, apenas parcialmente, e na forma de um certo número de conceitos científicos, que, no entanto, para seu sentido operatório, dependem da teoria inteira. São esses conceitos que, seja na forma de hipóteses a verificar, seja na de instrumentos de medida, de observação e de experimentação, interferem, ao mesmo tempo, direta e indiretamente, no trabalho com a matéria-prima.

O que é interessante nesta análise é que, também aqui, podemos retomar o exemplo da matemática, que nos pareceu excepcional, e dizer que, de certa maneira, a ciência, mesmo experimental, só trabalha sobre si mesma e, nesse aspecto, é ao mesmo tempo sua própria matéria-prima, seu próprio agente e seus próprios instrumentos de produção. Mas, se ela só trabalha sobre si mesma, então como explicar que faça descobertas, que não se repita indefinidamente? Isso acontece porque trabalha com um objeto contraditório. No limite, a teoria que trabalha sobre si mesma não trabalha sobre uma teoria que tenha se libertado de toda contradição, ou seja, que tenha alcançado o conhecimento último do seu objeto. Ao contrário, é uma teoria inacabada que trabalha sobre seu próprio inacabamento, e desse "jogo", dessa distância, dessa contradição extrai com o que avançar, com o que ultrapassar o nível de conhecimento alcançado, em suma, com o que se desenvolver.

---

[5] *La poétique de la rêverie*. Paris: PUF, 1961, pp. 64-5. "Um devaneio de 'pureza' das substâncias – uma pureza quase moral – anima assim os longos trabalhos alquímicos. Evidentemente, essa busca por uma pureza que deve atingir os corpos das substâncias nada tem em comum com a preparação dos corpos puros na química contemporânea."

E o que ela produz então são conhecimentos novos. No passado, propus que se chamasse de *Generalidades II* esse conjunto complexo de abstrações e de instrumentos que o agente da pesquisa científica usa para "trabalhar" a matéria-prima (Generalidades I). Propus também que fossem denominados de *Generalidades III* os novos conhecimentos produzidos por todo esse processo de conhecimento.

Sei que podem ser feitas objeções a essa denominação; e que podem dizer principalmente que, se as abstrações científicas se distinguem das abstrações prático-técnicas por sua *universalidade*, como afirmei, conviria chamar de *Universalidades*, e não de *Generalidades*, os conhecimentos científicos adquiridos no final do processo. De fato, vocês devem lembrar a distinção que fizemos entre uma generalidade, que é sempre empírica, e uma abstração científica, universal, que é sempre teórica. Admito, portanto, que essa crítica em parte tem fundamento. Aliás, poderia ser estendida às *Generalidades II*, visto que nelas sempre figuram, para uma ciência avançada, abstrações científicas e, portanto, universais. Mas, justamente, tanto nas *Generalidades II* como nas *Generalidades I* figuram também generalidades ideológicas, que, como sabemos, são falsamente universais.

Ora, nos conhecimentos produzidos no final do processo, ou *Generalidades III*, também se pode observar a presença de generalidades ideológicas. É sinal de que a ciência não está, nunca pode estar, concluída, que não só seus problemas teóricos não estão totalmente solucionados, mas também que ela sofre inevitavelmente a pressão da ideologia existente, que contamina ou pode contaminar (e, aliás, às vezes auxiliar) a situação dos seus problemas científicos. Foi por isso que preferi conservar o termo *Generalidades*, mesmo para designar as abstrações científicas que são os conhecimentos produzidos pelo processo.

Se considerarmos agora todo o processo da prática científica, constataremos que ele é dominado por um conjunto de abstrações que são *relações*. Essas relações não são simples abstrações, mas abstrações combinadas de maneira específica, e que produzem uma estrutura relativamente estável. Entre essas relações, podemos citar aquelas de que já tratamos: as relações entre a teoria existente e a técnica do dispositivo experimental.

Observadas de perto, percebe-se que essas relações são de uma complexidade extraordinária. É sob elas que têm lugar os fenômenos da verificação experimental, cujas condições definem de modo estrito. Mas essas relações de produção teórica não são as únicas a atuar. Devemos acrescentar-lhes também as relações filosóficas e ideológicas. Se as filosofias idealistas se enganam na representação que fazem das relações existentes entre a filosofia e as ciências, se se enganam sobretudo ao dizer que a filosofia define os elementos de toda teoria científica, em contrapartida não se enganam ao apontar, entre as relações da produção científica, as relações filosóficas, e mesmo as relações ideológicas.

As relações filosóficas, quase sempre veiculadas, assim como as relações ideológicas, pela linguagem natural ou pela linguagem abstrata, mas passada para a linguagem natural, são constituídas por certos dispositivos de *categorias* e de *teses* filosóficas que desempenham um papel na fronteira entre o que a ciência conhece e o que ela procura, portanto, na constituição de sua teoria.

Para dar um exemplo simples, é evidente que a física científica, vinda de Galileu, não poderia ter se constituído sem um novo conceito de causalidade, que substituiu o conceito antigo, obsoleto, tirado de Aristóteles. Ora, quem trabalhou para produzir essa categoria de causalidade que colocou a física no caminho de um novo conceito de causalidade, senão a filosofia de Descartes e dos cartesianos? Nesse caso, pode-se considerar que a filosofia atendeu a uma demanda explícita da física. Com muita frequência, porém, também acontece de ela preceder toda demanda e, assim, criar categorias que só muito mais tarde encontrarão seu uso científico. Tomando, também aqui, um exemplo simples, Aristóteles, em sua filosofia, e por razões teóricas gerais que assumiram a forma teológica, havia elaborado a categoria de uma causa primeira que era, paradoxalmente, "motor imóvel" e, por isso, agia à distância. Ora, vinte séculos depois, Newton iria retomar essa categoria – para grande escândalo dos mecanicistas cartesianos, que não podiam conceber uma ação física sem contato e, portanto, sem choque – para pensar a ação à distância dos corpos uns sobre os outros, na atração e na repulsão.

É preciso perceber que, nesse fenômeno, em que descobrimos que *relações filosóficas* (e ideológicas, a diferença aqui não tem muita importância) comandam também o processo de produção dos conhecimentos científicos, não estamos lidando com um determinismo linear, nem no tempo nem no espaço, e sim com formas que, ao mesmo tempo que expressam relações filosóficas necessárias para o desenvolvimento das ciências existentes e, portanto, impostas pelos grandes problemas teóricos dominantes, podem reservar a surpresa da antecipação ou da nulidade. *As relações filosóficas de produção teórica* não são arbitrárias, quando se considera uma ciência determinada, num momento determinado de sua história. Mas, evidentemente, não esgotam a totalidade das categorias e das teses filosóficas então existentes.

De fato, a filosofia não tem só as ciências como foco de interesse de seus combates, mas precisa ocupar toda a linha de frente em que figuram todas as outras práticas humanas. E, para moldar as categorias e as teses que serão engajadas na linha de frente da prática científica, leva em conta *todos os focos de interesse de seu combate*, o que significa que, ao mesmo tempo que respeita, tanto quanto possível, a realidade da referida prática científica, é forçada a redirecionar a "representação" dela para ajustar todas as suas intervenções sobre uma base teórica em comum. É essa "torção" inevitável que faz com que a filosofia não seja, fundamentalmente, uma ciência, nem que forneça, fundamentalmente, um conhecimento, mas sim que seja habitada por uma prática particular: a intervenção nas relações teóricas (e outras) da prática científica e das outras práticas. Veremos mais adiante qual é a natureza dessa intervenção.

Evidentemente, essa tese de que existem relações de produção científica que não são puramente científicas, mas filosóficas e ideológicas, bate de frente com a representação positivista da ciência. De fato, para o positivismo, como para todas as formas de racionalismo, tudo o que intervém na prática científica é puramente científico, até mesmo o objeto, que, apesar de opaco antes da experimentação científica, prova, quando sua essência é extraída por abstração, que já possuía em si sua própria "essência".

É disso que o positivismo tira a tese da neutralidade científica absoluta da ciência, e também a tese da onipotência da ciência, que, portadora da verdade, só precisa se mostrar aos homens, ou ser-lhes ensinada, para ser reconhecida por eles e, portanto, servir-lhes de política, para seu bem maior. Essa concepção racionalista da ciência é a forma clássica da ideologia burguesa da ciência, e o é porque pertence à ideologia da classe dominante, ideologia também dominante. Pode-se constatar isso não só entre os cientistas, que são diretamente afetados por essa ideologia racionalista da ciência, mas também entre as camadas mais amplas da burguesia ou da classe operária, as quais essa ideologia atinge diretamente, através do ensino das ciências ministrado na escola primária.

E, a respeito disso, vale assinalar que, na verdade, é uma *abstração (ruim)* considerar que a ciência pode se reduzir à esfera limitada de sua prática pura e diretamente experimental. Não só porque tudo o que acontece nessa esfera (matéria-prima, materiais, instrumentos, mas também problemas teóricos etc.) depende do mundo exterior, mas também porque a prática científica não para nesses resultados puramente científicos. De fato, eles são objeto de aplicações técnicas, visto que essa é sua razão essencial de ser, mas também são objeto de ensino, necessário para a formação da força de trabalho. Esse ensino não reproduz de modo algum o processo de produção dos conhecimentos, limita-se a expor seus resultados fundamentais e, em vista da relação de forças, necessariamente os apresenta na forma da ideologia dominante: a da ideologia racionalista, que ignora o papel da ideologia, da filosofia e da luta de classes. Assim, esse ensino contribui para reproduzir o conjunto de condições da produção científica.

Esse é um aspecto da maior importância, sobre o qual, a propósito da produção material, Marx insistiu particularmente. Nenhuma produção é possível se não produzir, ao mesmo tempo que seus resultados, aquilo que substitui o que foi consumido de suas próprias condições no processo de produção. *Nenhuma produção é possível, ou seja, duradoura, se não assegurar as condições de sua própria reprodução.* Ora, pode-se considerar que, sob esse aspecto, as condições filosóficas e ideológicas desempenham um papel determinante, justamente, na produção das condições de reprodução[6].

6 *Le Capital*, op. cit., t. I, p. 403. "As condições da produção são também as da reprodução. Uma sociedade não pode reproduzir, ou seja, produzir de modo contínuo, sem retransformar continuamente parte de seus produtos em meios de produção, em elementos de novos produtos."
Le Capital, op. cit., t. III, p. 719. "[...] a fração dirigente da sociedade tem todo interesse em apor o selo da lei ao estado de coisas existente e em fixar legalmente as barreiras que o uso e a tradição traçaram [...] aliás, isso acontece por si só, a partir do momento em que a base do Estado existente e as relações que estão na sua origem se reproduzem continuamente, assumindo assim, com o passar do tempo, o aspecto de algo bem regrado e bem ordenado. Essa regra e essa ordenação, por sua vez, são um elemento indispensável de cada modo de produção, que deve assumir o aspecto de uma sociedade sólida, independente do simples acaso ou do arbítrio."

O que possibilita a uma ciência experimental, que varia as condições de suas experimentações, assim como suas hipóteses e suas montagens, pensar essas variações como possíveis, a não ser a existência de *relações invariantes*, que tornam essas variações pensáveis e realizáveis? E essas relações, se examinadas de perto, revelam que são *relações filosóficas ou ideológicas*. É o caso da noção de substância ou de causa: ela permitiu que as "variações" que foram a física aristotélica e, depois, a física galileana emergissem para responder aos novos problemas surgidos da prática da produção ou da prática militar. Do mesmo modo, a noção de lei natural e de natureza humana permitiu que as "variações" que foram todo o direito natural e, portanto, toda a teoria política correspondente, em suas mais diversas formas (basta pensar no que separa Hobbes de Locke e mesmo de Rousseau), viessem a nascer e tivessem consistência para responder aos novos problemas apresentados pelos conflitos políticos e ideológicos dos séculos XVII e XVIII.

Assim, há categorias filosóficas (substância, causa, Deus, ideia etc.) ou ideias ou noções ideológicas (lei natural como lei moral, natureza humana como racional e moral etc.) que dominaram séculos de cultura humana. E essa dominação não se exerceu apenas sobre os "ignorantes", os "simples"; serviu também de *matriz teórica* para construções teóricas, filosóficas e científicas da mais alta abstração, da maior complexidade e do maior alcance teórico e prático.

Esse conjunto de categorias (filosóficas) e de ideias (ideológicas) serviu, assim, para *reproduzir as condições da produção teórica*, para assegurar sua perpetuação e, portanto, seu avanço. Evidentemente, é preciso levar em conta o fato de que, sob o efeito da combinação dos diferentes problemas apresentados por diferentes práticas, esse corpo de relações de produção teóricas muda ao longo da história, mas essa mudança é relativamente lenta e os momentos de sua mutação são suficientemente visíveis para que se possa fazer periodização dessa história. Portanto, uma história da prática científica, em seus diversos ramos de produção (as diversas ciências), pode ser pensada e escrita, mas com a condição de não cair no anedótico dos puros acontecimentos visíveis no campo da referida prática, de pensar, como condição importante para ela, essas relações de produção teóricas que comandam a sua reprodução, ou seja, a sua existência.

Essa é, sem dúvida, uma forma de existência da filosofia que não é simples delimitar e definir, visto que pode, com facilidade, ser confundida com representações que o idealismo lhe atribuiu (a onipotência da filosofia sobre as ciências). Mas, com isso, é ainda mais importante concebê-la bem. Como percebemos, quando em um lugar coexistem tanto a filosofia como a ideologia, nele também há luta, e não uma luta arbitrária, mas uma luta necessária, ligada, em última instância, à luta de classes. E, se há luta, há forçosamente um partido que serve aos interesses da ciência e outro que os explora em favor da ideologia dominante. Portanto, a ciência não é neutra, visto que, em sua própria intimidade, prossegue esse combate a favor ou contra valores para os quais ela serve de ponto de apoio ou de álibi. Os cientistas em geral não sabem disso, o que os leva a ceder sem crítica à influência das ideias da ideologia dominante. Os não cientistas em geral também não têm consciência disso, o que os leva a ceder às ideias da mesma ideologia, que utiliza o prestígio e a eficácia da ciência em proveito próprio, ou seja, em proveito da classe a que serve. Só alguns raros cientistas, filósofos materialistas e os militantes políticos marxistas têm consciência disso e se comportam de modo coerente. Os primeiros sabem, pelo instinto de sua prática; os segundos, pelos princípios de sua filosofia; os terceiros, pela teoria do materialismo histórico (ou teoria das leis da luta de classes) descoberta por Marx.

11

A PRÁTICA IDEOLÓGICA

Depois de falar da prática da produção e da prática científica, é indispensável falar também da prática ideológica, pois sem conhecê-la é impossível compreender o que é a filosofia.

Existe realmente, a meu ver, uma prática ideológica, e, evidentemente, ela é muito desconcertante, pois não é fácil reconhecer nela as categorias que empregamos até aqui em nossas análises. Entretanto, é preciso observá-la mais de perto.

O mais desconcertante da prática ideológica é que não se percebem nela traços da presença de um agente. Se uma ideologia é um sistema de ideias relativamente unificadas, está claro que estas agem sobre as "consciências" sem a intermediação visível de qualquer agente que seja, nem mesmo daquele que as divulga, visto que é a evidência e a força das ideias que agem através dêle. Pois não se deve dizer que, numa ideologia, o agente é o indivíduo que a criou. Sabe-se muito bem que as ideologias que desempenham um papel efetivo na história mundial não têm autor conhecido, ou que, mesmo que se possa encontrá-lo (Cristo, por exemplo), ele poderia ser substituído, no mesmo momento, por qualquer outro. Assim, tudo acontece como se *a ideologia agisse por si mesma*, como se ela mesma fosse seu próprio agente, o que já a aproxima da definição aristotélica à qual fizemos alusão.

Mas o que também desconcerta na prática ideológica é a "natureza" da matéria-prima sobre a qual a ideologia age como seu próprio agente de transformação. Pode-se dizer, numa primeira abordagem, que essa matéria-prima são os indivíduos humanos, enquanto dotados de "consciência" e possuindo certas "ideias", quaisquer que sejam. De imediato, porém, fica claro que os indivíduos humanos e sua consciência são mencionados aqui apenas como *suporte* das ideias que possuem e que a matéria-prima sobre a qual a prática ideológica age é constituída por esse sistema de ideias. Portanto, vemo-nos diante desse paradoxo de uma prática ideológica em que um sistema de ideias age diretamente sobre outro, pois, como não há um agente distinto, os instrumentos de produção (Generalidades II) se confundem com o sistema único de ideias da ideologia existente. Nessas condições, pode-se então conceber a prática ideológica como uma transformação da ideologia existente sob o efeito da ação direta de outra ideologia, distinta da primeira, do contrário a questão de sua transformação seria absurda.

Tudo isso pode parecer misterioso. Entretanto, as coisas são bastante simples em seu princípio, mas com uma condição: a de compreender que uma ideologia só constitui um sistema de ideias (ou de representações) na medida em que é *um sistema de relações sociais*. Em outras palavras, sob a imagem de um sistema de ideias que age sobre outro sistema de ideias para transformá-lo, é um sistema de relações sociais que age sobre outro sistema de relações sociais para transformá-lo. E essa luta que acontece "nas ideias", ou melhor, "nas relações sociais ideológicas[1]" (Lênin), não é mais do que uma forma da luta de classes geral.

De fato, entre essas ideias acontece algo muito parecido com o que acaba de acontecer na relação de produção. Estão lembrados?[2] Relação

1 *Ce que sont les "amis du peuple" et comment ils luttent contre les sociaux-démocrates*, Œuvres complètes. Paris: Éditions Sociales, 1958, t. I, pp. 154 e 197. "A relação das formas com as condições materiais de sua existência não seria a questão da relação entre os diferentes aspectos da vida social, da superestrutura das relações sociais ideológicas com as relações materiais, para a qual a doutrina do materialismo oferece uma solução?"
2 Althusser está se referindo a uma passagem originalmente incluída no capítulo 11 e que ele suprimiu parcialmente ao reescrever seu texto: "Consideremos, por exemplo, a prática da produção material. Ela é um processo de trabalho, no qual um ou mais trabalhadores (força de trabalho) utilizam meios de produção (ferramentas, máquinas) para transformar uma matéria-prima (minério, madeira etc.) em um produto acabado. Esse processo se desenvolve sob relações abstratas que definem a relação material que deve existir entre os diversos elementos (tais ferramentas são necessárias para trabalhar a madeira, e não o ferro) para que o resultado (tal produto) seja alcançado. Pode-se dizer então que essas relações de produção são relações técnicas. Mas, se considerarmos esse mesmo processo não mais *abstratamente*, como acabamos de fazer (ou seja, de maneira independente de uma sociedade), mas concretamente, então teremos de pôr em jogo não só essas relações técnicas de produção, mas também as relações sociais que comandam os elementos,

com três termos, portanto com dupla entrada: entre duas classes, mas a propósito da relação destas com os meios de produção. Também aqui temos uma primeira relação: entre duas ideias ou dois sistemas de ideias. Mas uma segunda relação intervém imediatamente para dar sentido à primeira, pois a relação entre os dois sistemas de ideias intervém a propósito de sua *relação respectiva a propósito de uma outra realidade*. Qual? *Os focos de interesse* da luta de classes ideológica. Exemplos? Pode-se lutar no campo das ideias a favor ou contra a racionalidade da natureza, a favor ou contra o determinismo, a favor ou contra a liberdade política, a favor ou contra a existência de Deus, a favor ou contra a liberdade da arte etc., até o infinito.

Nesse caso, o que acontece? Pode-se dizer que a ideologia (as ideias) que age (prática ideológica) para transformar a "matéria-prima" existente, ou seja, as ideias (a ideologia) que atualmente dominam as consciências, nada mais faz do que transferir as referidas "consciências" da dominação da antiga ideologia para a nova. Portanto, a prática ideológica se reduz a essa *transferência de dominação*, a esse *deslocamento de dominação*. Exemplo: onde dominava uma concepção religiosa do mundo, a prática (luta) ideológica consegue impor a dominação de uma nova ideologia; digamos, uma ideologia racionalista burguesa. (Vemos isso acontecer entre os séculos XIV e XVIII na Europa.)

Tudo bem, dirão, mas essas simples afirmações suscitam problemas terríveis: primeiro, o problema do mecanismo dessa dominação; depois,

---

seus lugares e suas funções na produção. Sabemos que essas relações são, em última instância, duplas: relações entre grupos de homens (constituídos ou pela divisão do trabalho, ou pela divisão em classes) e relações entre esses grupos de homens e os meios de produção. Quando os meios de produção (matérias-primas, instrumentos de produção) pertencem coletivamente a todos os homens e são utilizados coletivamente, estamos lidando com relações de produção comunitárias (sociedades primitivas, sociedade comunista). Quando, ao contrário, esses meios de produção pertencem apenas a um grupo de homens, enquanto o restante dos homens da mesma sociedade está privado deles, e isso de modo orgânico, estamos lidando com uma sociedade de classes, em que a classe detentora dos meios de produção explora a classe que não os possui, apropria-se do sobretrabalho, ao qual a obriga por toda uma série de dispositivos, em cuja vanguarda figura o Estado, instrumento de sua dominação de classe. As coisas vão tão longe que, se deixarmos de levar em conta as relações sociais de produção, ou, para dizer com mais exatidão, a relação social de produção existente, se, ignorando essa relação, tratarmos os 'fenômenos' observáveis na produção, se analisarmos assim o que entra na produção, como o produto circula, como seu valor é repartido, teremos a impressão de estar fazendo o que chamam de economia política, e de assim estar produzindo uma obra científica. Entretanto, não estaremos fazendo nada disso [...]."

o problema do mecanismo da *constituição* dessas ideologias, pois tudo isso está pressuposto no que acaba de ser dito e não está explicado.

Vamos, então, falar um pouco do mecanismo dessa dominação. Como uma "consciência", a de um indivíduo concreto, pode afinal ser dominada por uma ideia e, principalmente, por um sistema de ideias? Dirão: quando as reconhece como verdadeiras. Certo. Mas como esse reconhecimento se opera? Sabemos que não é a simples presença do verdadeiro que o faz ser reconhecido como verdadeiro, pois é preciso todo um trabalho, o da prática técnica ou o da prática científica.

Mas talvez o reconhecimento, por sua vez, possa se produzir espontaneamente, sob o efeito da presença do verdadeiro. Quando encontro na rua meu amigo Pierre, reconheço-o, dizendo: "É ele mesmo." E realmente tenho a impressão de que sou eu, Louis, que me encontro em contato direto, concreto, com a verdade de Pierre estar ali na rua e vir ao meu encontro, e de reconhecê-lo: "É ele mesmo." Mas as coisas são um pouco mais complicadas. Pois, para que eu possa dizer "É ele mesmo", é preciso que eu saiba *quem é e como é Pierre*, que ele é alto, moreno, usa bigode etc. Portanto, o reconhecimento pressupõe o conhecimento, e me vejo diante de um círculo.

Entretanto, de algum modo, o reconhecimento prevalece sobre o conhecimento, pois, se preciso de tempo para o trabalho de conhecimento, é imediatamente, num átimo de segundo, que acontece o reconhecimento – como se este fosse precedido por ele mesmo, sempre e em todo lugar. Como se a ideia de Pierre tivesse se apossado de mim no momento em que julgo ser eu que reconheço Pierre. Como se, pela sua simples presença, fosse Pierre que me impusesse esta evidência: "É ele mesmo." De modo que vemos os papéis se inverterem. Sou eu que penso reconhecer Pierre ou certa ideia como verdadeira – por exemplo, a ideia da existência de Deus –, mas, na realidade, é essa ideia que se impõe a mim através do encontro com Pierre ou da manifestação dela (no caso de Deus, um sermão religioso).

E, se eu levar essa ideia paradoxal até as últimas consequências, chego a uma conclusão totalmente espantosa, que posso formular da seguinte maneira:

Tudo acontece como se, quando acredito numa ideia ou num sistema de ideias, não fosse eu que as reconhecesse e, ao deparar com elas, dissesse: "São mesmo elas! E são mesmo verdadeiras!" – mas, pelo contrário, tudo acontece como se, quando acredito numa ideia ou num sistema de ideias, fosse essa ideia ou esse sistema que me dominasse e me impusesse, através do encontro com sua presença ou sua manifestação, o reconhecimento de sua existência e de sua verdade, ao mesmo tempo que minha capacidade de reconhecê-lo como verdadeiro e de dizer isso com toda boa-fé. Tudo acontece como se, no limite, os papéis fossem completamente invertidos e não fosse eu a interpelar uma ideia para lhe dizer: "Ei, você aí, mostre um pouco a sua cara para eu dizer se você é verdadeira ou não!", mas como se fosse a ideia, ou o sistema de ideias, que me interpelasse e me impusesse sua verdade, o reconhecimento da sua verdade, e, com esse reconhecimento, a função, o que estou dizendo, a obrigação de reconhecer a sua verdade. É assim que as ideias que constituem uma ideologia se impõem violentamente às "consciências" livres dos homens, interpelando-os de tal maneira que eles são levados a reconhecer livremente que essas ideias são verdadeiras e, portanto, que eles são obrigados a se constituir como *sujeitos* livres, capazes de reconhecer a verdade onde ela se encontra, isto é, nas ideias da ideologia.

Esse é basicamente o mecanismo que atua na prática ideológica: *o mecanismo da interpelação ideológica, que transforma os indivíduos em sujeitos*. E, como os indivíduos sempre já são sujeitos, ou seja, sempre já estão assujeitados a uma ideologia (o homem é por natureza um animal ideológico), precisamos dizer, para sermos consequentes, que a ideologia transforma o conteúdo (as ideias) das "consciências", interpelando os sujeitos como sujeitos, ou seja, fazendo os indivíduos concretos (já sujeitos) passarem de uma ideologia dominante para uma ideologia nova, que luta para alcançar a dominação sobre a antiga através dos indivíduos.

Poderíamos ir muito mais longe na análise dos efeitos e das condições desse mecanismo muito particular, mas por enquanto vamos parar por aqui, pois também precisamos tentar responder à pergunta: Por que ideologias? De onde vêm as ideologias?

Por mais que remontemos na história social dos homens, constataremos que eles vivem na ideologia, ou seja, sob "relações sociais ideológicas". Por quê? Está claro que essas relações estão ligadas à vida social, à divisão e à organização do trabalho e às relações existentes entre os diversos grupos sociais. Sob esse aspecto, o que conta não é esta ou aquela ideia, enquanto fantasia individual, e sim *somente as ideias que tenham uma capacidade de ação social*: aí começa a ideologia; aquém disso, estamos no imaginário ou na experiência puramente individuais. Mas, tão logo estejamos lidando com um corpo de ideias socialmente estabelecidas, podemos falar de ideologia.

Mas, então, vemos surgir imediatamente a função social desse corpo de ideias. Falamos há pouco das diversas práticas sociais. O homem é feito de tal modo que a ação humana é inconcebível sem a linguagem e o pensamento. Segue-se que não há nenhuma prática humana que exista sem um sistema de ideias representadas por meio de palavras e que constitui, assim, a ideologia dessa prática. Como as práticas coexistem na vida social, e como algumas delas – as práticas da divisão e da unidade social, as da coesão e da luta social – evidentemente prevalecem sobre todas as outras, visto que são a sua condição, cada ideologia – refiro-me àquela ideologia sob a qual se exerce cada prática – não permanece isolada e intacta em seu canto, mas se vê dominada e reestruturada pelas ideologias sociais da unidade ou da luta social. E são essas ideologias (mitos primitivos, religião, ideologias políticas e jurídicas) que imprimem sua marca no conjunto de ideologias locais que submetem a si.

É por isso que, apesar de sua diversidade local e regional, apesar da diversidade e da autonomia material das múltiplas práticas que elas dominam e unificam, pode-se dizer que, *nas sociedades de classes, as ideologias sempre portam a marca de uma classe*, seja da classe dominante ou da classe dominada. E, como esse par ideologia dominante–ideologia dominada é intransponível enquanto vivermos em sociedades de classes, é melhor, em vez de falar de uma ideologia dominante e de uma ideologia dominada, falar, *em cada ideologia* (local e regional), *de tendência dominante e tendência dominada*. A tendência dominante da ideologia representa os interesses da classe dominante, e a tendência dominada procura representar, sob a tendência dominante, os interesses da classe dominada. Essa especificação é importante, pois sem ela não se compreenderia que a ideologia da classe dominada possa ser marcada pela ideologia da classe dominante, nem, principalmente, que elementos da ideologia dominante possam figurar na ideologia da classe dominada, e vice-versa.

Mas, se tudo isso é verdade, é preciso acrescentar um esclarecimento sobre as formas de existência da ideologia. Isso porque se tende a julgar que "*ideologia são ideias*" e nada mais. Na verdade, exceto numa filosofia idealista como a de Descartes, fica muito difícil dizer o que é ideia e o que não é ideia na "consciência" de um homem. Ficamos bem atrapalhados até mesmo para dizer o que, num homem, é consciência e o que não é. As ideias de um homem sempre têm nele uma forma de existência material ou um suporte material, no sentido mais humilde da palavra "matéria" – mesmo que seja apenas o ruído da voz, quando o homem articula sons para pronunciar palavras e frases, o gesto do braço ou a atitude do corpo que esboça um movimento designando um objeto, portanto uma intenção, portanto uma ideia.

Mais ainda quando se considera a existência social das ideologias. Elas são inseparáveis das chamadas *instituições*, que têm seus estatutos, seu código, sua língua, seus costumes, seus rituais, seus ritos e suas cerimônias. Uma simples sociedade de pescadores amadores já é um exemplo disso. Mais ainda uma Igreja, ou um partido político, ou a escola, ou um sindicato, ou a família, ou a Ordem dos Médicos, ou a Ordem dos Arquitetos, ou a Ordem dos Advogados etc. Também aí se pode dizer que as ideologias requerem suas condições materiais de existência, seu suporte material, ou melhor, suas formas materiais de existência, visto que esse corpo de ideias é realmente inseparável desse sistema de instituições.

Não seria coerente afirmar que cada instituição é concebida *unicamente* para encarnar a ideologia dominante e para *inculcá-la* nas massas populares, a serviço dos interesses da classe dominante. Está claro que a escola serve também para formar a força de trabalho, para transmitir às crianças e aos adolescentes conhecimentos adquiridos pela humanidade ao longo de sua história. Tampouco se poderia dizer que todos os partidos políticos e todos os sindicatos foram concebidos unicamente com o mesmo objetivo, pois um partido operário serve à classe operária. Também não se poderia dizer que o aparelho ideológico médico foi concebido apenas para divulgar a ideologia burguesa, pois ele serve também para tratar dos doentes, ou seja, para restaurar a força de trabalho etc. E não se poderia nem mesmo dizer que a Igreja, que parece não prestar nenhum serviço relacionado com a produção, seja mero aparelho de inculcação ideológica, primeiro porque ela não serve sempre e em todas as épocas à classe dominante, segundo porque cumpre, em situações que envolvem pessoalmente os homens, por ocasião do nascimento, do sofrimento e da morte, funções altamente sociais e simbólicas.

O fato é que, a pretexto dessas diversas funções sociais objetivamente úteis para a produção ou para a unidade social, esses aparelhos ideológicos são permeados e unificados pela ideologia dominante. Não que um belo dia a classe dominante tenha decidido criá-los para lhes confiar essa função. Ela só conseguiu conquistá-los (pois existiam antes e serviam à antiga classe dominante; por exemplo, a Igreja, a escola, a família, a medicina etc.) e só pôde lançar-lhes as bases *no decorrer e à custa de uma luta de classes muito longa e muito dura*. Portanto, sua existência nada tem do simples resultado de uma decisão, correspondente a um plano preconcebido, perfeitamente consciente de seus objetivos. É o resultado de uma longa luta de classes, por meio da qual a nova classe se constitui como classe dominante, se apossa do poder de Estado e depois, instalada no poder, empenha-se em conquistar os aparelhos ideológicos de Estado existentes, remanejá-los e lançar as bases dos novos aparelhos de que necessita.

12

OS APARELHOS IDEOLÓGICOS DE ESTADO[1]

Mencionei a palavra-chave: Estado. De fato, é mesmo em torno do Estado que tudo acontece. Com exceção dos idealistas da consciência, que se empenham em defender a ideia de que a ideologia são ideias e nada mais, encontramos teóricos dispostos a aceitar tudo o que acaba de ser dito sobre as ideologias, com a condição de *não se pronunciar a palavra Estado*. Os teóricos burgueses mais conservadores se dispõem a fazer esta concessão: sim, ideologia é diferente de ideias; sim, a ideologia se confunde com as instituições que a "encarnam"; sim, deve-se falar de *aparelhos ideológicos*. E o funcionalismo – filosofia que pensa que é *a função que define exaustivamente todo órgão*, todo elemento de um todo, que é a função religiosa do perdão que define a Igreja, que é a função de ensino que define a escola, que é a função de educação que define

---

1 Em 1970, Althusser reuniu fragmentos de um texto, "La reproduction des rapports de production" (ver p. 33, n. 1), para um artigo, que foi publicado em junho na revista *La Pensée*, denominado: "Idéologie et appareils idéologiques d'État (Notes pour une recherche)" [Ideologia e aparelhos ideológicos de Estado (Notas para uma pesquisa)]. Nas páginas que se seguem, ele responde aos críticos que haviam acusado o artigo de "funcionalismo", mas também de pessimismo quanto à possibilidade de derrubar a dominação ideológica da burguesia. Sua resposta segue uma estratégia já desenvolvida nas duas versões de um capítulo, então inédito, de "La reproduction..." (pp. 130-72), que visam mostrar, apoiando-se em exemplos históricos, que a burguesia francesa pôde manter sua ditadura após o período revolucionário somente "à custa de uma luta de classes muito longa e muito dura" contra as sobrevivências do feudalismo, de um lado, e contra a classe operária, do outro. Além disso, as páginas 158-160, 163-171 a seguir são muito semelhantes a uma resposta a seus críticos publicada em alemão, que Althusser autorizou em 1977, e em espanhol, no ano seguinte, mas que só foi publicada em francês em 1995 ("Note sur les AIE", *Sur la reproduction*, op. cit., pp. 249-62).

a família e que é a função de... serviço público² que define o Estado – está totalmente disposto a aceitar esses pontos de vista. Mas é aqui que passa a linha de demarcação: no momento em que se trata do Estado *em pessoa* e não do "serviço público", que é apenas um aspecto dele. No caso de sociedades de classes, obviamente, pois só nelas há Estado.

Por que insistir tanto em declarar que os aparelhos ideológicos importantes são aparelhos ideológicos *de Estado*? Para pôr em evidência a relação orgânica que existe entre sua função ideológica de classe e o aparelho de dominação de classe que é o Estado. Tudo acontece como se a classe que se apossa do poder de Estado e se torna dominante, além de usar os aparelhos repressivos dele (exército, polícia, tribunais), que "funcionam acima de tudo pela violência física", tivesse necessidade de utilizar outro tipo de aparelhos, *que funcionam acima de tudo* "pela ideologia", ou seja, pela persuasão ou pela inculcação de ideias da classe dominante, pelo "consenso". E não se trata aí de uma fantasia, de um luxo da classe dominante, que quisesse dominar não só pela força, mas também por meio de um suplemento gratuito: persuasão, consenso, consentimento. Pois nenhuma classe dominante pode assegurar sua permanência apenas pela força, precisa granjear não só o livre consentimento dos membros da classe que ela domina e explora, mas também o livre consentimento de seus próprios membros, que não concordam tão facilmente em subordinar seus interesses privados, individuais, aos interesses gerais de sua própria classe, e também não aceitam mais a ideia de que para a dominação de sua classe seja necessário reinar de outro modo que não pela violência, mas, justamente, pela ideologia e pela adesão da

---

2 Em 1976-1977, Althusser fez uma campanha aberta contra o iminente abandono do conceito de ditadura do proletariado pelo Partido Comunista Francês (PCF). O termo "serviço público", que reapareceu com frequência em seus textos e discursos polêmicos desse período, figura num artigo publicado em 1976 por um intelectual comunista, F. Hincker, que afirmava que um Estado "democratizado" podia desempenhar esse papel. Essa ideia é retomada num livro de Hincker, J. Fabre e L. Sève (*Les communistes et l'État*, Paris: Éditions Sociales, 1977, p. 180), que apresenta uma justificativa para o abandono da concepção marxista clássica de Estado e para a ambição da direção do PCF de participar de um "governo de esquerda" após uma vitória eleitoral. A noção de que o Estado pode ser reduzido ao papel de fornecedor benevolente de "serviços públicos" resumia, do ponto de vista de Althusser, as "posições muito duvidosas, até mesmo abertamente direitistas e burguesas" que ele contestava no interior do PCF, segundo um manuscrito inédito de duzentas páginas dedicado à ditadura do proletariado em 1976 (*Les vaches noires. Interview imaginaire*).

classe dominada às ideias da classe dominante. Ora, essa função de dominação ideológica não só pode ser assegurada apenas pela classe dominante e pelo instrumento de sua dominação, ou seja, o Estado, mas somente pode ser assegurada se a ideologia da classe dominante se constituir *como ideologia efetivamente dominante*, o que requer a intervenção do Estado na luta ideológica. E, se o Estado lhe assegura assim essa *unidade* relativa, que faz dela não *uma* das ideologias da classe dominante, e sim *a* ideologia dessa classe, é claro que o papel do Estado é determinante em tudo o que diz respeito à ideologia dominante e sua realização nos *aparelhos ideológicos de Estado*.

Tudo isso para dizer muito claramente que, se não pusermos em cena o conceito de Estado, se não designarmos o essencial dos aparelhos ideológicos de uma sociedade de classes como aparelhos ideológicos *de Estado*, estaremos recusando os meios de compreender como funciona a ideologia nessa sociedade, em proveito de quem se dá a luta ideológica, em quais instituições essa ideologia se realiza e essa luta se encarna. É por isso que existe um real perigo teórico em enfraquecer *o conceito de aparelhos ideológicos de Estado*, sob a forma do simples *conceito de aparelhos ideológicos*[3].

Examinemos isso um pouco mais detidamente.

---

3 Texto riscado: "Em contrapartida, a propósito desse conceito, pode-se levantar uma questão extremamente interessante. De fato, pode-se indagar: Mas, visto que o Estado é apenas um, por que falar de aparelhos ideológicos de Estado, no plural? Por que não falar de um aparelho ideológico de Estado, como se fala de aparelho repressivo de Estado? Que interesse há em mostrar essa diversidade e, sobretudo, por que essa diversidade, pois manifestamente a 'lista' de aparelhos ideológicos de Estado não é fechada? Sendo que se pode acrescentar-lhe o AIE médico, o AIE arquitetônico e sem dúvida outros ainda, e talvez mesmo o AIE econômico, visto que as empresas também são lugar de uma inculcação ideológica manifesta? É possível que, no início, eu tenha proposto o plural como uma forma de pesquisa aberta, mas ao mesmo tempo sentindo necessidade de unificar essa diversidade. O próprio Engels não diz – é bem verdade que de passagem – que 'o Estado é a primeira potência ideológica'? Isso justifica a insistência no caráter estatal dos aparelhos ideológicos, mas ao mesmo tempo sugere que essa unidade que o Estado lhes impõe poderia exprimir-se numa expressão unitária como o aparelho ideológico de Estado, subsumindo toda a diversidade que apontamos. Admito que, pensando bem, eu não saberia decidir com conhecimento de causa, de acordo com os modos de produção ou com as épocas históricas. Mas admito também que, levando em conta toda a história da luta de classes, que é indispensável a uma classe dominante para assentar sua dominação sobre o consentimento de seus próprios membros e dos membros da classe explorada por meio dos aparelhos ideológicos de Estado, me parece preferível fazer essa diversidade ser vista como a condição material prévia para toda unificação da ideologia dominante."

Uma classe dominante, quando se apossa do poder de Estado, encontra diante de si um certo número de aparelhos ideológicos que funcionavam a serviço do antigo aparelho de Estado e dentro dele. Esses aparelhos, por sua vez, resultam de um processo de unificação anterior, destinado a submeter as ideologias locais e regionais à unidade da ideologia da classe dominante. Mas essas ideologias locais e regionais não foram originalmente forjadas com o objetivo de servir a essa unificação e, portanto, à função dessa ideologia dominante. Estão enraizadas nas práticas correspondentes, cuja diversidade é, no limite, irredutível em sua materialidade; por exemplo, no início do capitalismo, no longo período de decadência do feudalismo, coexistem "ideologias locais", como a dos camponeses ainda servos, dos camponeses arrendatários e meeiros, dos trabalhadores em domicílio, e as ideologias regionais, como as dos diversos cismas religiosos (não só do protestantismo, mas também dos cátaros albigenses), as que acompanham as práticas científicas, as descobertas etc. Portanto, há *diversidade na materialidade das ideologias,* e uma diversidade que, como não pôde ser totalmente unificada na antiga ideologia dominante, também não pode ser inteiramente absorvida na unidade da nova ideologia dominante. É por isso que me parece correto reconhecer no princípio a dialética desse processo de unificação, inserindo esse reconhecimento na *pluralidade aberta dos aparelhos ideológicos de Estado.* Aberta porque não se pode predefinir o desenvolvimento da luta de classes, que pode ou devolver vida e consistência a antigos aparelhos ideológicos (por exemplo, a Igreja em alguns países, como na URSS), ou criar novos aparelhos totalmente inesperados (o aparelho de informação conhece atualmente, com os *mass media* modernos, avanços espetaculares).

As objeções mais enérgicas que esse esboço de uma teoria da ideologia e dos aparelhos ideológicos de Estado suscitou são de natureza teórica e política. Essa concepção foi acusada de cair no funcionalismo e assim subordinar cada indivíduo à determinação absoluta do sistema da ideologia dominante. Desse modo, eu teria transportado para a ideologia o determinismo da economia, que a interpretação economicista do marxismo coloca em primeiro lugar. Se todo indivíduo é "interpelado" como sujeito pela ideologia dominante, se os aparelhos ideológicos são *uniformemente* subordinados à lei dessa ideologia, perfeitamente unificada, segue-se que um partido político de oposição (por exemplo, o Partido Comunista) é apenas uma peça de um sistema, subordinada à lei desse sistema e inteiramente determinada por ele. Portanto, faria parte do sistema e o serviria – de maneira muito precisa, seria, a serviço da classe burguesa, um instrumento destinado a reprimir a classe operária e inculcar-lhe uma ideologia de submissão, de modo a aceitar sem se revoltar a exploração a que está submetida. Isso poderia acontecer, e valeria também para os sindicatos, a escola etc. Em parte alguma estaria aberta a possibilidade de uma ação política destinada a mudar a ordem reinante, seja na sociedade como um todo, seja em algum de seus setores. No limite, toda ação política estaria destinada ao reformismo, ou seja, na verdade estaria dedicada a melhorar o sistema da dominação burguesa – e qualquer ação revolucionária seria impossível.

Mas isso é equivocar-se sobre a teoria marxista da luta de classes e das classes, sobre a teoria marxista da determinação da superestrutura pela infraestrutura, da "retroação" da superestrutura – portanto, da ideologia e do Estado – sobre a infraestrutura, e abraçar a teoria burguesa da luta de classes. De fato, a luta de classes burguesa *tende* constantemente a impor sua hegemonia ideológica sobre a classe operária, a submeter a si suas organizações de luta e a penetrá-las do interior, revisando a teoria marxista. A teoria dos aparelhos ideológicos de Estado, em todo caso, explica esse fato histórico, essa tendência que a burguesia não pode abandonar, se deseja conservar sua posição dominante. É realmente um fato, inscrito na história da luta de classes, que a burguesia tende sempre a reconquistar as posições que teve de conceder no decurso da luta de classes. Não só tende a voltar atrás, a "restaurar" a ordem antiga, mas também – o que é mais sutil e infinitamente mais grave – até mesmo se mostra capaz de assimilar à sua própria luta as concessões que teve de fazer à classe operária.

Todos conhecem, por exemplo, a história das grandes conquistas operárias: redução da jornada de trabalho, reconhecimento do direito sindical, convenções coletivas etc. Nenhuma dessas conquistas foi aceita de bom grado pela burguesia, e sim ao cabo de uma longa e sangrenta luta de classes travada pelo proletariado e suas organizações de combate. Ora, todas as vezes a burguesia soube bater em retirada em boa ordem, e até agora soube integrar ao sistema de sua exploração as reformas concedidas. Se, por exemplo, teve de consentir no reconhecimento do direito sindical para os operários, arranjou-se para integrar com habilidade à ordem legal de suas instituições os sindicatos criados, ou seja, para fazer alguns deles desempenharem o papel de "amarelos" ou fura-greves. Se teve de conceder "vantagens sociais", como a seguridade social ou as alocações familiares, soube, com muita habilidade, fazer os trabalhadores pagarem por elas, seja diretamente (cotização dos trabalhadores) ou indiretamente (cotização patronal ou subvenção estatal recolhidas direta ou indiretamente – impostos – sobre a mais-valia da produção).

A mesma "lei" rege, evidentemente, os partidos políticos. Se o proletariado precisou de longas e sangrentas lutas para conquistar o direito de associação política, a burguesia soube perfeitamente tirar partido do resultado e ganhar para a causa do reformismo o grosso dos militantes operários, organizados nos partidos social-democratas. E não foi o advento do imperialismo que mudou essas práticas. Muito pelo contrário, acelerou-as e agravou-as, por meio da criação de novas formas de organização do trabalho nas metrópoles (o taylorismo e o fordismo), que, a pretexto de dar aos operários liberdade para usar seu tempo ou seu lugar na produção, escravizou-os ainda mais à ideologia burguesa, assim como por meio das novas formas de exploração impostas aos países do "Terceiro Mundo", *com o pretexto de* "libertá-los" politicamente.

Assim, há uma "lei tendencial" (Marx[4]) que vigora na luta de classes burguesa e age de maneira independente da consciência de seus agentes e de suas vítimas. O resultado é que *a luta de classes burguesa nunca se desarma. Quando tem de ceder terreno, é para retomá-lo*, e com muita frequência em condições superiores às anteriores.

Um dos exemplos mais notórios dessa lei é o da Segunda Guerra Mundial. As contradições imperialistas haviam conduzido o mundo capitalista a uma forma de crise que o antigo capitalismo não conhecera: uma crise que já não era só monetária ou econômica, mas também política e militar. No fundo dessa crise, continua a agir a mesma contradição entre a classe capitalista mundial e a classe operária mundial e os países explorados do "Terceiro Mundo", mas numa escala infinitamente mais ampla. O antigo capitalismo resolvia suas "crises cíclicas" destruindo as mercadorias excedentes (lançadas ao mar) e suspendendo provi-

---

4 Ver "Marx dans ses limites", *Écrits philosophiques et politiques*, op. cit., t. I, pp. 449-52.

soriamente o emprego de mão de obra (desemprego). Digo precisamente *"resolvia" porque as manifestações dessa crise anulavam-lhe as causas*: destruída a superprodução, podia-se recomeçar a produzir em bases mais saudáveis; reduzida a mão de obra empregada, podia-se recomeçar a contratá-la em condições mais vantajosas.

Com o imperialismo, tudo muda: como o capital financeiro e produtivo não é mais nacional, e sim internacional, como já não existe apenas um mercado mundial de mercadorias, mas também um mercado mundial de capitais que governa todos os investimentos, seu deslocamento e suas alianças no mundo inteiro, a crise torna-se mundial e, opondo entre si Estados ávidos de conquistas, torna-se política e militar. A crise mundial assume então a forma de uma guerra interimperialista, que provoca destruição em massa de bens e de homens. E também nesse caso *essa crise representa a solução das dificuldades que a provocaram: ela é, por si mesma, seu próprio remédio*.

Havia superprodução de capital? A guerra, que destrói as fábricas e as instalações produtivas, suprime a maior parte dessa superprodução. Havia excesso de mão de obra? A guerra "total", essa inovação aterrorizante, que ataca não só os combatentes, mas também os habitantes de um país, sem discriminação, destrói o excedente de mão de obra disponível. E a produção capitalista, isto é, a exploração capitalista, pode então recomeçar sobre bases mais saudáveis para o capitalismo. Certamente, dirão que, durante a primeira guerra imperialista, essas bases já haviam sido encolhidas pela passagem revolucionária da Rússia para o socialismo e, no final da Segunda Guerra, da Europa Central e da China. O imperialismo sabe abrir mão e *se reorganiza sobre sua base encolhida* em condições melhores, visto que a guerra destruiu as causas imediatas da crise. Além do mais, ele não se priva de tentar reconquistar, seja ideológica, seja política ou economicamente, o terreno que teve de ceder. Inclusive consegue isso bastante bem, a despeito de alguns reveses espetaculares (Vietnã), compensados por alguns êxitos em algum lugar do mapa-múndi (Chile etc.).

Mas o mais extraordinário, em todo esse processo inconsciente, é ver os caminhos pelos quais o imperialismo consegue superar sua própria crise. Para compreender isso, evidentemente, é preciso considerar essa crise na escala real em que ela se dá, ou seja, em escala mundial, e não na escala deste ou daquele país tomado isoladamente. É assim que se pode observar esse fenômeno assombroso. Em 1929, o mundo imperialista foi atingido em cheio por uma crise que existia bem antes, em estado aberto, mas de modo limitado, na Alemanha, na Itália e no Japão. Ora, quais foram as "soluções" políticas contrapostas a essa crise? Foram de duas espécies: as soluções fascistas e as soluções democráticas populares.

Os Estados mais atingidos, as vítimas da Primeira Guerra Mundial – a Itália, o Japão e a Alemanha –, responderam com o fascismo, ou seja, com a constituição de um Estado autoritário e violento, que usava medidas policiais e adotava uma ideologia nacionalista discriminatória para justificar suas execuções. Mas, analisando bem, percebe-se que essas medidas políticas eram apenas os meios de uma política de classe exposta a uma situação muito ameaçadora: a política de uma burguesia imperialista combatida com vigor pela classe operária e que encontrou as forças do contra-ataque nessas medidas políticas muito bem pensadas. Essas medidas políticas, entretanto, eram apenas os meios e a cobertura para uma política de exploração econômica muito precisa: a concentração monopolista, a estreita aliança entre o Estado e os monopólios, uma direção da economia, da produção e da circulação posta a serviço dos monopólios etc. Ora, o que acontecia na economia dos Estados fascistas, e que foi chamado de implantação do "capitalismo monopolista de Estado", acontecia também, ao mesmo tempo, nos Estados democráticos populares, *ainda que sob formas políticas opostas.*

O que a burguesia imperialista dos Estados fascistas conseguiu impor com sua luta de classes foi a luta de classes dos trabalhadores e das forças populares que impôs na França, na Espanha e nos Estados Unidos. Assim, as frentes populares, bem como – apesar de importantes diferenças – o New Deal de Roosevelt, foram, evidentemente sem intenção, os instrumentos da mais gigantesca concentração monopolista da história. E pouco importa que Roosevelt tenha fundamentado sua popularidade na luta contra os monopólios: isso era preciso para que ele pudesse impor-lhes a "ampliação do Estado", necessária para a instituição dos serviços sociais – seguridade social, auxílio-desemprego, medidas que definitivamente serviam à concentração, mesmo quando esta assumia a forma de concentração do capitalismo de Estado –, também ela indispensável para a solução "democrática" da gravíssima crise de 1929, para que a economia americana, estimulada pela entrada na guerra contra o Japão, pudesse recomeçar sobre bases mais "saudáveis". Com o passar do tempo, as medidas "sociais" tomadas na França e na Espanha pelos governos de Frente Popular tiveram, depois da derrota destes, os mesmos efeitos.

E, depois de recuar na retirada necessária, a burguesia em pouco tempo conseguiu passar ao contra-ataque e obteve um sucesso extremamente rápido. Evidentemente, não conseguiu se livrar do mesmo modo da luta mortal dos Estados imperialistas pela partilha do mundo: a guerra era inevitável. Mas a guerra também desempenhou seu papel na liquidação da crise, destruindo os capitais e a mão de obra no mundo inteiro. Sem dúvida, no fim dessa aventura sangrenta, a burguesia imperialista havia perdido terreno mais uma vez, mas, *dentro dos limites* que conservara, reergueu-se com galhardia e retomou o ataque ao mundo que provisoriamente perdera.

Se resumo assim os mecanismos essenciais dessa crise, que foi essencialmente econômica e política, mas também ideológica, é para mostrar as proporções que pode assumir essa capacidade do sistema imperialista e de seus aparelhos de Estado de "recuperar" conquistas operárias e colocá-las a serviço de seus fins, passado o momento em que elas podiam prometer amanhãs revolucionários. O que foi conquistado no âmbito ideológico – as novas liberdades da classe operária, e mais tarde os valores da luta popular na Resistência – viu-se, em seguida, "integrado" pela luta de classes ideológica da burguesia em suas próprias fileiras. Essa é uma *tendência* irresistível da luta ideológica da classe dominante: submeter, na medida do possível, todos os elementos ideológicos existentes, inclusive as formas avançadas da ideologia das classes dominadas, à lei da ideologia dominante, não por meio de uma operação externa, e sim por meio de uma transformação que atue a partir do próprio interior dos elementos da ideologia contrária. E, evidentemente, essa operação é impensável sem a existência das instituições, que são os aparelhos ideológicos de Estado, e sem sua intervenção.

E é justamente na medida em que os aparelhos ideológicos de Estado e a ideologia dominante que veiculam *são função e meio de luta da classe dominante* que eles *escapam a uma concepção funcionalista*. Pois a luta de classes não para na fronteira dos aparelhos de Estado, nem dos seus aparelhos ideológicos. De fato, a luta de classes da classe dominante não se exerce no vazio: luta contra um adversário real, de um lado a antiga classe dominante, do outro a nova classe explorada. E, em sua estratégia e em sua tática, deve levar em conta a existência desse adversário, as posições que ele ocupa e suas armas ideológicas. Sem dúvida, derrota-o pela violência: derrota a antiga classe dominante pela tomada do poder de Estado, e a classe explorada, pela violência da exploração e pela violência do poder de Estado. Mas não poderia exercer seu poder de modo duradouro se também não exercesse sobre ele uma "hegemonia" (uma direção) ideológica, que obtém no geral sua aquiescência à ordem estabelecida. Portanto, ela precisa tanto se apossar dos antigos aparelhos ideológicos de Estado como construir novos, levando em conta a realidade dessa relação de forças ideológica, respeitando, em certa medida, as ideias do adversário para fazer que virem a seu favor. Em resumo, precisa conduzir uma luta de classes lúcida para poder estabelecer sua hegemonia ideológica por meio da transformação dos antigos aparelhos ideológicos de Estado e da construção dos novos.

E essa luta não se regulamenta por decreto, menos ainda por si só. A burguesia levou séculos para vencê-la. E pode-se dizer, por mais paradoxal que pareça e embora contradiga uma ideia que parece cara a Gramsci, que algumas burguesias nacionais, tais como a italiana, nunca o conseguiram e sem dúvida nunca o conseguirão. Isso dá uma razão a mais para a tese que defendo. Pois, se não pode haver indecisão na esfera da definição e da posse do aparelho repressivo de Estado, em contrapartida as coisas podem ser muito mais incertas na esfera dos seus aparelhos ideológicos. O que prevalece nela, certamente, é a tendência à unificação como ideologia dominante, mas essa tendência pode ser "contrariada" (Marx) pelos efeitos da luta de classes proletária.

É por isso que digo que a teoria marxista dos aparelhos ideológicos de Estado escapa a todo funcionalismo e a todo estruturalismo – pois o estruturalismo define os lugares das instituições exercendo funções fixas, não sujeitas aos efeitos da luta de classes –, visto que ela é apenas a teoria da luta de classes no âmbito da ideologia, das condições de existência e das formas dessa luta, à qual se subordinam os lugares e as funções dos elementos. Isso significa, muito concretamente, que a luta de classes não só tem como focos de interesse, entre outros, os aparelhos de Estado propriamente ditos – como o demonstra toda a história da constituição de uma classe em classe dominante e, depois, hegemônica –, mas que ela se desenrola também nos aparelhos ideológicos de Estado (ver Maio de 68), nos quais, dependendo da conjuntura, pode desempenhar um papel considerável. E entende-se que essa luta possa assumir uma intensidade extrema quando se pensa, por exemplo, na luta que opõe os partidos operários aos partidos burgueses no interior do aparelho ideológico político de Estado. Sem dúvida, essa luta é apenas eleitoral e parlamentar, mas tem prolongamentos que vão muito além dos escrutínios eleitorais e dos debates puramente parlamentares.

E, já que estou mencionando essa forma de luta, preciso esclarecer alguns pontos. Dirão que tal luta é política, e não ideológica. Dirão que os partidos políticos fazem parte do *aparelho político*, e não de um aparelho ideológico de Estado. Isso não é exato. Ou então, levando as coisas ao extremo, dirão que cada partido político é um aparelho ideológico de Estado e, por esse fato e como tal, se acha integrado ao sistema de dominação da classe dominante. Isso também não é exato.

Para compreender essas nuanças, que são importantes, é preciso atentar para a distinção entre aparelho (repressivo) e aparelhos ideológicos de Estado. Fazem parte do aparelho repressivo, que é unificado e bem definido[5]: a presidência do Estado, o governo e sua administração, por meio do Poder Executivo, as Forças Armadas, a polícia, a justiça e todos os seus dispositivos (tribunais, prisões etc.). É preciso esclarecer também que o presidente da República, que representa a unidade e a vontade da classe dominante, bem como o governo que ele dirige e sua administração, fazem parte do *aparelho de Estado*; são, portanto, aquela parte do aparelho de Estado que dirige o Estado e sua política. É preciso lembrar que, apesar de suas pretensões de "servir ao interesse geral" e desempenhar o papel de "serviço público", também a administração faz parte do aparelho repressivo de Estado. Encarregada de aplicar em seus detalhes a política do governo burguês, também está encarregada de controlá-la, portanto de sancioná-la, portanto de reprimir os que não a respeitarem. E, se cumpre funções que parecem interessar a todos os homens de uma mesma formação social (o ensino, os meios de comunicação, os correios e a telefonia, as obras públicas etc.), a experiência mostra que os inte-

---

5 Riscado: "e não no plural, como os AIEs".

resses de classe em geral dominam essas atividades aparentemente "neutras", visto que, considerando apenas esses três exemplos, as obras de infraestrutura quase sempre beneficiam os trustes, o ensino é subordinado às exigências da reprodução material e ideológica da força de trabalho, os *mass media* estão nas mãos da luta de classes ideológica da classe dominante etc. Tudo isso em meio a inúmeras contradições.

Dito isso, e voltando ao *governo*, embora seja (mais ou menos) "responsável" perante uma Assembleia Nacional e um Senado eleitos (na França, por sufrágio universal), ele faz parte do aparelho repressivo de Estado. Seus membros e todos os funcionários que dele dependem constituem o que chamaremos de *aparelho político de Estado*, parte integrante do aparelho repressivo de Estado.

Em contrapartida, denominaremos de aparelho ideológico de Estado político o "sistema político", que também pode ser chamado de "constituição política", de determinada formação social, devido ao fato de esse sistema poder variar sob a dominação de uma mesma classe. Foi assim que a burguesia exerceu sucessivamente sua ditadura de classe sob a república democrática censitária, depois sob o Império, as monarquias constitucionais, a República, o cesarismo, a república parlamentar e, atualmente, a república presidencial, depois de passar, durante a Ocupação, por um regime fascista.

O aparelho ideológico de Estado político pode então ser definido pelo modo de representação (ou de não representação) da "vontade popular", perante cujos representantes o governo presumivelmente é "responsável". Mas se sabe que ele dispõe de um número considerável de maneiras de se esquivar dessa "responsabilidade", assim como o Estado burguês dispõe de recursos infinitos para falsear o jogo do sufrágio universal, quando concorda com sua instituição (sistema censitário, exclusão do voto das mulheres e dos jovens, sufrágio com vários graus, câmara dupla, "divisão de poderes", manipulação das eleições etc.). Isso permite, em última instância, falar do "sistema político" como de um *"aparelho ideológico de Estado"*. É a ficção, que corresponde a uma certa realidade, de que as peças desse sistema, bem como seu princípio de funcionamento, *se baseiam na livre escolha dos representantes do povo pelo povo, em função das "ideias" que cada qual tem da política que o Estado deve seguir.*

Foi com base nessa ficção – pois a política do Estado é determinada, em última instância, pelos interesses da classe dominante em sua luta de classes – que surgiram os "partidos políticos", que presumivelmente representam as grandes opções opostas de uma política da nação. Cada indivíduo pode, então, expressar "livremente" sua opinião votando no partido político de sua escolha (se este não estiver condenado à ilegalidade). Observem que há alguma realidade nos *partidos políticos*. Em linhas gerais, eles representam os interesses das classes sociais antagonistas na luta de classes, ou das camadas sociais que tentam fazer prevalecer seus interesses particulares através dos conflitos de classes. E é através dessa realidade que acaba ficando relativamente claro, apesar dos obstáculos das artimanhas eleitorais, o antagonismo de classes fundamental.

Se esta análise estiver correta, dela resultará que não se pode, de forma alguma, declarar – como alguns quiseram me fazer dizer, para me encerrar numa "teoria" que negaria qualquer possibilidade de luta de classes – *que cada partido político e, portanto, também os partidos da classe operária são aparelhos ideológicos de Estado*, integrados ao "sistema" burguês e, por isso, incapazes de travar sua luta de classes. Se o que acabo de dizer for correto, então será possível ver com clareza que a existência dos partidos políticos, longe de negar a luta de classes, está inteiramente baseada nela. E se a classe burguesa tenta perpetuamente exercer sua hegemonia ideológica e política sobre os partidos da classe operária, essa é também uma forma de luta de classes, e a burguesia só consegue fazê-lo na medida em que os partidos operários se deixam apanhar em suas armadilhas, seja porque seus dirigentes se deixam intimidar (cf. a União Sagrada de 1914-1918) ou mesmo "comprar", seja porque a base dos partidos operários se deixa desviar de sua tarefa revolucionária em troca de vantagens materiais (a "aristocracia operária") ou cedendo à influência da ideologia burguesa (o "revisionismo").

Tudo isso poderá ser percebido ainda mais claramente se considerarmos os partidos operários revolucionários, por exemplo, os partidos comunistas. Como se trata de organizações da luta de classes da classe operária, isso deixa evidente que são totalmente alheios aos interesses da classe burguesa e a seu sistema político. Sua ideologia (com base na qual recrutam seus membros) é antagônica à ideologia burguesa. Sua forma de organização (o centralismo democrático) nada tem a ver com as formas de organização dos partidos burgueses e mesmo dos partidos social-democratas e socialistas. Seu objetivo não é limitar sua ação à luta de classes no Parlamento, e sim estendê-la a toda a atividade dos trabalhadores, desde a luta de classes econômica até a luta de classes política e ideológica. Sua vocação última não é "participar do governo" e sim derrubar e destruir o poder de Estado burguês.

É preciso insistir nesse ponto, visto que, hoje, a maior parte dos partidos comunistas ocidentais se declaram "partidos de governo". Mesmo se lhe acontecer participar de um governo – e pode ser justo fazê-lo em certas circunstâncias –, *um partido comunista não pode, por motivo algum, ser definido como "partido de governo"* burguês, nem mesmo de governo sob a ditadura do proletariado.

Esse ponto é fundamental. Pois um partido comunista não poderia participar do governo de um Estado burguês, mesmo que fosse um governo "de esquerda" unitário, decidido a pôr em prática reformas democráticas, para "gerir" os assuntos públicos de um Estado burguês. Mas também não poderia participar de um governo da ditadura do proletariado, considerando que sua vocação última é *gerir os assuntos públicos de um Estado cuja destruição ele deve preparar*. Se empenhar todas as suas forças nessa gestão, não poderá contribuir para destruí-lo. Portanto, por razão alguma um partido comunista pode se comportar como "partido de governo", pois ser um "partido de governo" é ser um "partido de Estado", o que equivale a servir ao Estado burguês ou a contribuir para perpetuar o Estado da ditadura do proletariado, que ele tem como missão contribuir para destruir.

O que explica essa incompatibilidade é, em última instância, o tipo de "prática política" (Balibar) que é característico de um partido comunista e que é totalmente diferente da prática de um partido burguês. Este conta com o apoio e os recursos da burguesia, com sua dominação econômica, sua exploração, seu aparelho de Estado, seus aparelhos ideológicos de Estado etc. Para existir, ele não precisa unir prioritariamente as massas populares que quer convencer a aderir a suas ideias: é a própria ordem social que se encarrega desse trabalho de convencimento, propaganda e adesão. Quase sempre, basta o partido burguês organizar bem sua campanha eleitoral para receber de bandeja os frutos dessa dominação, convertida em convicções interesseiras. Aliás, é por isso que um partido burguês não precisa de doutrina científica para existir: basta cultivar os temas essenciais da ideologia dominante para congregar "partidários" convencidos de antemão.

Um partido operário revolucionário, ao contrário, nada tem a oferecer a seus membros, nem prebendas nem vantagens materiais. Apresenta-se como é: uma organização de luta de classes operária, dispondo, como única força, de uma doutrina científica e da livre vontade de seus membros, acordes a respeito das bases dos estatutos do partido. Organiza seus membros segundo as formas do centralismo democrático, a fim de conduzir a luta de classes em todas as suas formas: econômica, política e ideológica. Define sua linha e suas práticas políticas não com base na simples revolta dos trabalhadores explorados, e sim em sua teoria científica e nas análises concretas da situação concreta, ou seja, das relações de força existentes na luta de classes atual. Portanto, dá a maior importância às formas e à força da luta de classes dominante, a da classe dominante. É em função dessa "linha" que ele pode julgar útil e "justo", em determinado momento, participar de um governo de esquerda que não ataca o Estado burguês, mas para conduzir ali sua própria luta de classe, com seus objetivos. Em todos os casos, sempre subordina os interesses e as práticas imediatos da organização operária aos interesses futuros da classe operária. Submete sua tática à estratégia do comunismo, ou seja, à estratégia da instauração da sociedade sem classes.

Nessas condições, os comunistas têm razão em falar de seu partido como um "tipo novo de partido", totalmente diferente dos partidos burgueses, e de si mesmos como "um novo tipo de militante", totalmente diferentes dos homens políticos burgueses. Sua prática da política, ilegal ou legal, extraparlamentar ou parlamentar, nada tem a ver com a prática política burguesa.

Sem dúvida dirão que, assim como os partidos burgueses, também o Partido Comunista se constitui com base numa ideologia, que, aliás, ele mesmo chama de ideologia proletária. É verdade. Também nele a ideologia desempenha o papel de "cimento" (Gramsci) de um grupo social definido. Também nele essa ideologia "interpela os indivíduos como sujeitos" e constitui o motor da ação subjetiva e objetiva deles. Mas o que é chamado de ideologia proletária não consiste em uma ideologia puramente espontânea do proletariado. Pois, para existir como classe consciente de sua unidade, e ativa, o proletariado necessita não só de experiência (as das lutas de classes que vem travando há mais de um século), mas também de conhecimentos objetivos, que a teoria marxista lhe fornece. É sobre a base dupla dessas experiências, aclaradas pela teoria marxista, que se constitui a ideologia proletária – ideologia de massa, capaz de unir e "cimentar" a unidade da vanguarda da classe operária em suas organizações de luta de classes. Portanto, é uma ideologia muito particular: *ideologia por sua forma*, visto que, no nível das massas, ela funciona como qualquer ideologia ("interpelando" os indivíduos como sujeitos), mas *teoria científica por seu conteúdo* (visto que edificada com base numa teoria científica da luta de classes).

Ideologia, certamente, mas não qualquer ideologia. Isso porque cada classe se reconhece numa ideologia específica, e não arbitrária, aquela capaz de unificá-la e orientar sua luta de classes. Assim, sabe-se que a classe feudal se reconhecia na *ideologia religiosa*, ou cristianismo, e a classe burguesa, pelo menos na época de sua dominação incontestável, na *ideologia jurídica*. A classe operária, por sua vez, embora seja sensível até mesmo a elementos de ideologia religiosa e moral, se reconhece acima de tudo na *ideologia política* – não na ideologia política burguesa, e sim na ideologia política proletária, a da luta de classes para supressão das classes e instauração do comunismo. É essa ideologia, espontânea em suas primeiras formas (o socialismo utópico), depois instruída a partir da fusão entre o movimento operário e a teoria marxista, que constitui a ideologia proletária.

Desconfia-se que tal ideologia não tenha resultado do ensino dispensado por intelectuais (Marx e Engels) ao movimento operário, que a teria adotado não se sabe por quais razões. Tampouco, como queria Kautsky, foi "introduzida de fora no movimento operário", pois Marx e Engels não poderiam ter concebido sua teoria se não a tivessem edificado sobre posicionamentos teóricos de classe, consequência de seu pertencimento efetivo ao movimento operário da época. Essa ideologia, produto da fusão entre o movimento operário e a teoria marxista, foi na realidade o resultado de uma luta de classes muito longa, com duras vicissitudes, e que prossegue ainda, através de cisões dramáticas dirigidas pela luta de classe do imperialismo.

Essa realidade coloca mais uma vez a questão da ideologia e da prática ideológica. Não mais a questão de seu mecanismo, praticamente elucidada, e sim a questão de sua "ilusão". Pois acabamos de ver, no exemplo da ideologia proletária, que uma ideologia pode ser ideológica somente pela forma, e ao mesmo tempo ser científica pelo conteúdo. Como isso seria possível, se uma ideologia fosse apenas um erro puro e simples, até mesmo uma ilusão? Na realidade, nenhuma ideologia no mundo, nem mesmo a religião, é puramente arbitrária. É sempre indício de questões ou de problemas reais, ainda que revestidos de uma forma de desconhecimento, e, portanto, necessariamente ilusória. Foi esse caráter duplo da ideologia que eu quis transmitir ao dizer que ela era um *conhecimento* sob a forma de um *desconhecimento*, e uma *alusão* a uma realidade sob a forma de uma *ilusão*[6].

Digo precisamente: uma ilusão, e não apenas um erro. Pois quem se engana, se engana, e ponto final, e, no dia em que descobre seu erro, reconhece-o e abandona-o para adotar a verdade. Mas toda ilusão é, por natureza, como se diz, tenaz: perdura e, de certo modo, zomba da verdade. É porque algo nela tem "interesse" em perdurar ou em fazê-la perdurar. Sobre ela age uma causa que ela não pode conhecer (que desconhece necessariamente) e que tem interesse nessa persistência no erro. Como essa causa não pode estar no "objeto", como se encontra no sujeito e ao mesmo tempo o transcende, ela é social, e os "interesses" duradouros a que serve são os de determinadas "causas" ou "valores" sociais. E é neles que deve ser buscada a razão do caráter duplo da ideologia.

Suponham então que seja necessário, para a ordem social reinante, que todos os membros da sociedade – quer a dominem, quer sejam dominados e explorados – aceitem livremente certas "evidências", como a existência de Deus, uma moral transcendente, a existência da liberdade moral e política etc. ou de quaisquer outros mitos, mais simples ou mais complexos. Então veremos instalar-se, sem que ninguém seja propriamente seu autor, um sistema de representações que será, ao mesmo tempo, "verdadeiro", na medida em que explicará as realidades vivenciadas pelos homens, e "falso", na medida em que imporá "sua" verdade a essas verdades, para conferir-lhes seu sentido "verdadeiro" e confiná-las nele,

---

6 Cf. "Idéologie et appareils idéologiques d'État", *Sur la reproduction*, op. cit., p. 289.

com a proibição de sair dele para olhar um pouco mais de perto se toda essa bela história é verdadeira. Isso será a ideologia – conhecimento––desconhecimento, alusão–ilusão, sistema sem exterior possível com que se possa compará-lo, sistema que é só "exterior", visto que engloba tudo o que existe no mundo e enuncia, antes mesmo da mínima experiência, a verdade sobre todas as coisas.

É preciso dizer que as ideologias não são as únicas a corresponder a essa estranha definição. As filosofias idealistas também são desse tipo: não admitem um exterior e, mesmo que, na maior parte do tempo, reconheçam a existência do mundo exterior, absorvem-no por inteiro e possuem de antemão a verdade de todas as coisas passadas, presentes e futuras. Assim, são apenas puro "exterior". E não são só as filosofias idealistas que funcionam desse modo. Mesmo as ciências podem, apesar do "corte" que as distingue da ideologia, cair na ideologia. O próprio marxismo, no período stalinista, funcionou desse modo, numa redoma de vidro, sem exterior, isto é, reinando sobre o exterior sem nenhuma exceção, sendo puro "exterior" implacável.

Se a ideologia se apresenta assim, numa forma dupla, conhecimento e desconhecimento, compreende-se que ela não seja vetada de antemão e de modo radical de toda possibilidade de conhecimento e, portanto, do conhecimento científico. E, de fato, a história nos oferece constantemente exemplos de ciências que nascem, por "corte", da ideologia que lhes serve de base, não por simples "inversão", como Marx e Engels pretenderam de maneira um tanto apressada, mas como efeito de conjunções muito complexas, em que intervêm práticas materiais, sob essas "relações de produção teóricas" que são elementos de ideologia e de filosofia.

Assim, a ideologia ocupa uma posição-chave no conjunto das práticas e de suas abstrações. 1. Só há prática sob uma ideologia. 2. Há ideologias locais e regionais. 3. A ideologia é tendencialmente unificada como ideologia dominante sob efeito da luta da classe dominante para se constituir como classe dirigente, hegemônica. 4. A ideologia dominante tende a integrar a seu próprio sistema elementos da ideologia dominada, que assim se vê absorvida por ela. 5. A ideologia age interpelando os indivíduos como sujeitos. 6. A ideologia é dupla: conhecimento–desconhecimento, alusão–ilusão. 7. A ideologia não tem exterior, ela é apenas exterior. 8. A ideologia comanda do exterior, nas formas de sua luta, a filosofia.

9. A ideologia faz parte das relações de produção teóricas constitutivas de toda ciência. 10. Uma ciência pode ser "praticada" como uma ideologia e rebaixada a seu nível. 11. A ideologia proletária é uma ideologia particular, que resulta da fusão entre a ideologia espontânea do proletariado e a teoria marxista das leis da luta de classes.

Disso se pode concluir que só há luta de classes, ou seja, prática política, sob uma ideologia. Mas com isso abordamos a questão da prática política.

13

A PRÁTICA POLÍTICA[1]

O próprio Marx declarou que a essência da prática política era constituída pela luta de classe, mas que não havia sido ele que descobrira as classes e sua luta, e sim economistas e historiadores burgueses (de Maquiavel aos economistas e historiadores do início do século XIX). Essa observação, que Marx fez uma única vez, em 1852, tem importância, pois está contida na mesma carta em que ele diz que o que se deve a ele é apenas ter "demonstrado a necessidade da ditadura do proletariado"[2]. Mas ela é interessante também por apontar que, ao contrário do que julgam certos marxistas "esquerdistas" em teoria, a burguesia sabia perfeitamente o que eram tanto a política como as classes e a luta de classes. Entretanto, a burguesia se enganava ao pensar que as formas da prática política (portanto, da luta de classes), com exceção de algumas circunstâncias, eram, em toda parte e sempre, as mesmas e, portanto, "eternas". Ora, na mesma carta Marx insiste na dependência histórica dessas formas com relação aos modos de produção existentes.

São esses detalhes, aparentemente ínfimos, que distinguem a teoria marxista da luta de classes da teoria clássica burguesa da mesma luta de classes. Isso porque os teóricos burgueses nunca chegaram a descobrir a "base" na qual a luta de classes está enraizada: a relação de produção, a exploração de classe, em outras palavras, a luta de classe na produção ou "luta de classe econômica", que varia de acordo com os modos de produção.

---

[1] No manuscrito aparece "filosófica", evidentemente por equívoco.
[2] Carta a J. Weydemeyer de 5 de março de 1852, *Correspondance Marx–Engels*, "*Lettres sur Le Capital*". Paris: Éditions Sociales, 1964, p. 59.

De fato, representada esquematicamente, pode-se dizer que a teoria burguesa clássica da luta de classes considera que ela é resultado de um encontro conflituoso entre classes preexistentes. A figura mais clássica desse encontro é a guerra, a invasão. Era assim que, nos séculos XVII e XVIII, os teóricos feudais e burgueses viam as coisas: os "bárbaros" invadiram os territórios do antigo Império Romano, escravizaram seus habitantes e tornaram-nos servos. Assim, como efeito da invasão vitoriosa, a classe dos bárbaros dominava a classe dos nativos, outrora dominados pelos romanos. Foi a origem do feudalismo, esse "regime gótico" (Montesquieu) que de início reinou nas florestas da Germânia, em que o rei era apenas "par entre seus pares", numa espécie de democracia de guerreiros. E esses mesmos teóricos puseram-se a denunciar os maus hábitos de reis degenerados, que mais tarde fizeram aliança com "plebeus" para impor sua lei a seus antigos pares.

A isso os teóricos da burguesia retorquiam que os mesmos reis não tinham feito nada mais que recolocar em vigor o direito político do Império Romano para subjugarem uma nobreza turbulenta que, com suas guerras perpétuas, lesava seriamente o povo em seus trabalhos. Também aí, duas classes opostas: de um lado, o rei e os plebeus, administrando e produzindo; do outro, uma nobreza exploradora, vivendo dos despojos da guerra, feita totalmente às custas do povo. Mas, em ambos os casos, na origem dessas relações políticas e, portanto, desses conflitos, um mesmo *encontro* puramente *externo*: uma invasão militar[3].

Entretanto, Maquiavel, o mais profundo entre os teóricos políticos burgueses, ancestral direto de Marx, ia mais longe. Ele havia compreendido que a relação política era não de acaso ou de encontro, e sim necessariamente antagonista, que o conflito era primordial, que a dominação e a servidão governavam todas as formas e todas as práticas políticas. E extraía disso consequências capitais para a prática política: é preciso se apoiar no povo para se precaver contra as pessoas importantes etc. Mas Maquiavel não via – ou não dizia claramente – que esse antagonismo político estava enraizado num antagonismo de exploração *na própria produção*.

---

[3] Althusser resume as duas teorias feudais do encontro de um modo um pouco diferente em *Sur la reproduction*, op. cit., pp. 205-6, nota.

Na verdade, para compreender a natureza da prática política da burguesia, era preciso ir ainda mais longe e levantar a questão de seu enraizamento no modo de produção capitalista, que, na época de Maquiavel, ainda não estava suficientemente estabelecido para que as coisas aparecessem com clareza.

O que é um *modo de produção*? Uma certa maneira de produzir, isto é, de extrair da natureza os produtos necessários para a subsistência dos homens de uma formação social. Essa relação com a natureza, que é uma relação material e técnica, põe em jogo relações sociais determinadas para cada modo de produção, não só formas de cooperação no processo de trabalho, formas de divisão e organização do trabalho, mas, acima de tudo, *relações de posse* ou *de não posse que grupos sociais, definidos por essas relações, mantêm com os meios materiais de produção*. Portanto, é a união das forças produtivas (meios de produção + força de trabalho) e das relações de produção, sob estas, que define um modo de produção[4].

No entanto, não se deve julgar que um modo de produção caia do céu para, num momento qualquer e quaisquer que sejam as circunstâncias, apoderar-se dos homens de certa região do mundo. Também não se deve julgar que um determinado modo de produção engendre em seu próprio seio, de modo automático e em sua forma definitiva, o modo de produção que o sucederá. Tampouco se deve julgar, apesar de algumas fórmulas apressadas do prefácio à *Contribution* de 1859, de Karl Marx[5], que as relações de produção se adaptem ao desenvolvimento do modo de produção e que, assim, todo modo de produção seja definido pelo grau de desenvolvimento de suas forças produtivas ou pelo grau de adaptação de suas relações de produção. De fato, nessas diferentes interpretações, estamos lidando com um determinismo mecânico e uma dialética linear. Na realidade, as coisas são mais complexas. Nenhum destino impõe automaticamente a determinado modo de produção que engendre o modo de produção seguinte.

Tomemos o caso do modo de produção capitalista. Sabe-se com que verve Marx ridicularizou a "teoria" capitalista das origens do capita-

---

[4] Althusser retoma as teses apresentadas nos dez parágrafos seguintes em "Le courant souterrain du matérialisme de la rencontre", op. cit., 1982, pp. 570-6.
[5] *Contribution...*, op. cit., Prefácio de 1859, p. 5.

lismo. Para os ideólogos capitalistas, o capitalismo teria nascido do... pequeno trabalhador independente que sabia *abster-se* de usufruir de imediato dos produtos de seu trabalho. Assim, originariamente, teria existido uma multidão de pequenos trabalhadores independentes que produziam o alimento para alimentar a si mesmos, sua mulher e seus filhos. E, um dia, um deles, ao produzir além do que necessitava, dispôs assim de um *excedente*, que usou para alugar o trabalho de um indigente. No mesmo momento, percebeu que também podia *trocar* uma parte desse excedente com outros pequenos produtores independentes e, por convenção, estabelecer de modo estável, por meio da *moeda* metálica, o valor das unidades trocadas.

Daí nasceram o comércio dos produtos e o comércio da força de trabalho. O trabalhador assalariado era naturalmente empregado por bondade, para evitar que morresse de fome! Mas seu empregador não lhe dava a totalidade do produto de seu trabalho, só o suficiente para que alimentasse a si e aos seus. Essa foi a origem da *exploração do trabalho*. E o pequeno produtor independente, transformado em patrão que empregava operários assalariados ou em comerciante que vendia o excedente aumentado de sua produção, viu suas reservas metálicas engordarem, tornando-se, assim, o primeiro capitalista. Em suma, em virtude da abstinência, da perseverança e da generosidade! Esse era, para os ideólogos do capitalismo, o melhor modo de demonstrar: que o capitalismo, sendo de ordem natural, sempre existira; que o capitalismo, sendo de ordem natural, sempre existiria; que era antinatural atacar a ordem capitalista.

Marx mostrou[6], apoiando-se em documentos, que as coisas haviam acontecido de modo muito diferente. Demonstrou que o capitalismo, como modo de produção, nascera de um *"encontro"* histórico, que, por ter sido necessário, nada tinha de fatal, entre *"homens do dinheiro"*, que haviam acumulado tesouros por meios pré-capitalistas (usura, comércio selvagem ou desigual, roubo, pilhagem, apropriação de "bens comunais", usurpação dos bens dos pequenos produtores etc.); *"trabalhadores livres"*, ou seja, livres de corpo e de movimentos, mas despojados de seus meios de trabalho (terra, ferramentas) pela violência; *descobertas cientí-*

---

[6] Tese proposta em L. Althusser, "Livre sur l'Impérialisme" (1973, inédito).

ficas e técnicas importantes, revolucionando os processos de trabalho (bússola, aparelhagem óptica, máquina a vapor, tear etc.).

Costuma-se dizer, numa visão esquemática, que o modo de produção capitalista foi produzido pelo modo de produção feudal, em seu próprio seio, pois este continha seu "germe". Era basicamente assim que raciocinava o filósofo idealista Hegel, fazendo uso da distinção entre o "em si" (germe) e o "para si" (germe desenvolvido). É certo que o modo de produção capitalista só podia surgir (pelo menos naquela época) no seio do modo de produção feudal. Mas nasceu de um modo estranho, e que nem sempre foi entendido, talvez nem mesmo por Marx. Pois aqueles *"homens do dinheiro"*, ancestrais dos burgueses e já burgueses por sua função, inclusive pelo papel político que exerciam no Estado das monarquias absolutas, ou tendentes a tornar-se monarquias absolutas, *nem todos eram burgueses por sua origem social ou mesmo por seu lugar na sociedade*. Muitos eram aristocratas que se dedicavam ao comércio ou às finanças (cf. a Alemanha e a Holanda). O mais espantoso é que muitos deles eram aristocratas rurais, grandes proprietários de terras que, por uma razão ou por outra (por exemplo, na Escócia, para obter vastas áreas de caça!), se apoderaram dos campos dos pequenos produtores e os jogaram na rua, ou, ainda, se dedicaram à exploração das minas existentes em suas terras ou utilizaram a energia hidráulica dos rios que as atravessavam para lançar as bases da metalurgia (a própria França). Portanto, esses senhores feudais, *por razões pessoais*, mas que *encontraram* as razões dos burgueses propriamente ditos, participaram da "libertação", ou seja, da expropriação dos trabalhadores indispensáveis à constituição da produção capitalista.

Portanto, pode-se defender com razão[7] a ideia de que *o modo de produção capitalista encontrou-se com a burguesia* (e com os senhores feudais que haviam se tornado burgueses) ou, mais precisamente, que ele nasceu do "encontro" daqueles processos independentes que afetaram, de uma só vez e ao mesmo tempo, *senhores feudais* enriquecidos ou proprietários de terras ávidos por concentrar ou explorar seus bens, *burgueses* nascidos do comércio internacional (portanto, todos "homens do dinheiro") e, por fim, os *trabalhadores "libertados"* pela sua espoliação.

---

7 Yves Duroux. [Nota de Althusser.]

Se virmos as coisas assim, certamente reconheceremos que o modo de produção capitalista realmente nasceu no seio do modo de produção feudal, *mas do concurso de processos relativamente autônomos* e que poderiam não ter se encontrado, ou ter se encontrado sob condições que não permitissem o aparecimento do modo de produção capitalista[8]. Prova disso é que é muito plausível considerar que *o modo de produção capitalista nasceu e morreu várias vezes na história*, antes de se tornar duradouro. Por exemplo, nas cidades italianas do vale do Pó, em fins do século XIV, em que se encontravam reunidas condições surpreendentes: a grande indústria mecanizada (graças à energia hidráulica), o salariado e mesmo o trabalho parcelado. Nessa concepção, pode-se então começar a pensar o papel social e político singular, e que continua intrigando os historiadores, de uma burguesia que, de modo paradoxal, pertence ao modo de produção feudal[9], ao mesmo tempo que se antecipa, também por sua participação no Estado da monarquia absoluta, ao advento do modo de produção capitalista.

Essa burguesia se antecipava a tal advento na medida em que era, assim como a aristocracia pré-capitalista, *uma classe exploradora*, que extorquia mais-valia de seus trabalhadores assalariados, nas manufaturas, nas minas e nos portos. Pode-se dizer que essa condição de exploração marcou, desde seus inícios e para sempre, *a prática política da burguesia*.

E marcou-a por duas razões. Em primeiro lugar, porque a prática política da burguesia devia necessariamente levar em conta a exploração a que sujeitava seus assalariados, mesmo que fosse apenas para se defender da revolta deles. Em segundo lugar, porque a jovem burguesia ascendente era fraca demais para se apossar sozinha do poder de Estado e tinha o maior interesse em direcionar a cólera de seus explorados contra o Estado feudal, portanto, *em fazer aliança com seus próprios explorados contra a ditadura do feudalismo*. E como a luta de classes da burguesia contra o feudalismo não parou na tomada do poder do Estado, mas prosseguiu ainda por muito tempo, contra as reações do mesmo adver-

---

8 No texto datilografado aparece "feudal", evidentemente por equívoco.

9 A ideia de que o capitalismo tenha "nascido e morrido várias vezes" é proposta em "Livre sur l'Impérialisme", op. cit. Sobre a burguesia feudal como "peça bastante bem integrada do próprio sistema feudal", cf. *Montesquieu. La politique et l'histoire*. Paris: PUF, 1992 (1959), p. 114 ff., Col. Quadrige.

sário, que não havia se desarmado; como durante muito tempo ela precisou da aliança de seus próprios explorados para derrotar esse adversário; como, vencido esse adversário, ela perseverou na mesma prática, dessa vez dividindo a classe operária para se aliar com a parte que soubera conquistar, compreende-se que a prática política da burguesia fosse necessariamente marcada por essas condições muito particulares.

Assim, pode-se dizer que o aspecto específico da prática política da burguesia – que nisso difere radicalmente da prática política do feudalismo e da prática política do proletariado – sempre foi e continua a ser *agir por meio de pessoas interpostas,* muito precisamente *pela ação interposta da classe ou de uma parte da classe que ela explora e domina.* Assim, foi o povo humilde dos campos e das cidades que forneceu o grosso das tropas da revolução de 1789 na França; foi a classe operária que, com sua intervenção, decidiu as revoluções de 1830 e 1848 na França e na Europa. E todas as vezes, quando seus resultados de classe foram alcançados, a burguesia soube fazer voltar à ordem, se preciso pelo fogo, as "tropas" do mesmo povo humilde que haviam lutado ao seu lado. E, quando a ameaça se tornou forte demais, em junho de 1848 e em 1871, sob a Comuna, a burguesia empregou os amplos recursos do massacre militar. Desde então, não parou de forjar para si aliados na divisão – alimentada por ela – da classe operária.

Fazer que seus próprios objetivos de classe sejam cumpridos, basicamente, *por seus próprios explorados,* é saber dominá-los do alto, politicamente, e ao mesmo tempo é saber subjugá-los do alto, ideologicamente, pelo Estado. Assim, o poder da burguesia é, por excelência, *poder de Estado,* e assim sua prática política própria é a prática de seu próprio Estado de classe. Foi por isso que a burguesia cuidou tanto de "aperfeiçoar" seu Estado, de dotá-lo de todos os aparelhos necessários, repressivos ou ideológicos, e de unificar por todos os meios sua ideologia como ideologia dominante. Pode-se resumir assim a prática política própria da burguesia: utilizar ao máximo as forças das massas populares que domina através da repressão e da ideologia de Estado.

E entre as armas ideológicas que a burguesia adotou como meio de domínio figura, na linha de frente, o *aparelho ideológico político de Estado* e, antes de tudo, o sistema representativo parlamentar (quando foi o caso), que conseguia realizar a proeza de submeter "livremente" a ela a vontade de seus próprios explorados, pelo mecanismo eleitoral, em que cada um presumivelmente expressava sua vontade pessoal, e a "vontade geral" presumivelmente resultava da contagem dos votos. Será que vale a pena mostrar a eficácia desse sistema de dominação política e ideológica de Estado quando eclodiram as grandes guerras imperialistas? O povo dos campos e das cidades partiu para pegar em armas, sem revolta, julgando lutar "pela pátria", mas indo "morrer pelos industriais" (Anatole France), e foi forçado, por medidas de extrema violência, a voltar à luta quando alguma sedição despontava (as revoltas da Frente de 1917, banhadas em sangue por Pétain).

Quando, na aurora da ascensão da burguesia, Maquiavel descrevia a prática dessa classe, imaginava um príncipe que se oporia aos senhores feudais. Mas, para ter condições de desempenhar seu papel, esse príncipe devia apoiar-se na massa dos burgueses, e, para seu Estado perdurar, era preciso que ele "se tornasse vários", ganhando assim a confiança do povo em seu grande desígnio. O Príncipe de Maquiavel já era esse homem, símbolo da burguesia, que se alia aos burgueses e seus explorados e edifica um Estado que os dominará com sua força armada e sua ideologia. Assim como não trabalha, mas faz trabalhar, e é para isso que domina seus explorados, assim também *a burguesia não age com as próprias mãos, mas faz outros agirem: aqueles que ela explora*. Admirável prática política, que extrai da exploração e da dominação a garantia de seu próprio poder.

Nunca é demais dizer que *a prática política proletária é ou deveria ser totalmente diferente*, "uma nova prática da política" (Balibar[10]). E como poderia ser de outro modo? O proletariado só tem suas mãos para viver, só tem suas ideias e sua argumentação para lutar. Por definição, é desarmado – sempre sob ameaça das armas das tropas burguesas. Se quiser armas, terá de conquistá-las com as mãos nuas e arriscando a própria vida. Mas suas ideias lhe são difíceis de conquistar de outra maneira.

10 É. Balibar, *Cinc études du matérialisme historique*. Paris: Maspero, 1979 (1972), n. 12, p. 99, Col. Théorie. "Proponho essa expressão intencionalmente, para retomar a fórmula que Althusser já utilizou a respeito de Lênin, ao falar de uma 'nova prática da filosofia' [...]. Na verdade, visto que, como mostra Althusser, a filosofia não é nem mais nem menos do que a política na teoria, trata-se realmente, sob duas modalidades, do mesmo problema."

Pois o proletariado vive sob o domínio das ideias da classe dominante, seja direto (Igreja, Estado), seja indireto (escola, sistema político etc.). Se quiser conquistar um pouco de independência em sua revolta, começará por se servir das ideias que lhe são impostas, por exemplo, ideias religiosas, como na guerra dos camponeses sob Lutero, na Alemanha; ideias morais, ou jurídicas, como nas primeiras formas do socialismo; ideias políticas burguesas (liberdade, igualdade) etc. E, como cada revolta que se ergue sob a bandeira dessas ideias é derrubada, um longo trabalho é realizado, na provação e na reflexão, e o povo procura outras ideias com que pegar a burguesia pela palavra. Pouco a pouco, acaba entrevendo que essas ideias são enganadoras e destinadas a enganá-lo, e põe-se a buscar *ideias que sejam dele, só dele*, e capazes de libertá-lo da servidão ideológica a seu adversário de classe. Acaba "encontrando" essas ideias nas obras de intelectuais, membros de direito do movimento operário combatente da época, primeiro em Owen, depois em Proudhon e Bakunin, por fim em Marx e Engels, na *teoria marxista*. Longo combate, longa experiência, não sem reveses. Também aqui, nada era fatal, mas sem esse *"encontro"* (comparável, guardadas as devidas proporções, ao "encontro" entre a burguesia e o modo de produção capitalista), a "fusão", a "união" entre o movimento operário e a teoria marxista não teria acontecido. O fato de ela ser sempre precária comprova, ainda hoje, o caráter relativamente contingente desse "encontro". Mas o fato de seus efeitos perdurarem comprova, ao mesmo tempo, a razão[11] desse "encontro".

Diferentemente das ideias políticas da burguesia – que são separadas de sua prática, visto que consistem acima de tudo em *ideias para os outros* –, as ideias do proletariado, como eram nascidas da *luta*, não podiam evitar (a menos que morressem) traduzir-se em atos, e dos atos passarem para a organização de luta, primeiro organizações da luta econômica, formadas antes mesmo da "fusão", ancestrais dos *sindicatos*, depois *partidos políticos*.

E, mais uma vez, diferentemente das práticas políticas da burguesia, as práticas do proletariado organizado foram sempre práticas diretas, sem intermediários. Se os proletários se unem, é porque sabem que "só podem contar com suas próprias forças". São eles que fazem greve

---

11 Primeira redação: "necessidade".

para defender suas condições de vida e de trabalho. São eles que fazem as insurreições para a tomada do poder. Sob o efeito de uma longa e dura experiência, as práticas políticas do proletariado permanecem alheias ao *putschismo*, em que um especialista organiza um golpe de Estado, bem como ao *espontaneísmo*, em que se sonha que uma greve geral dará o poder ao povo sem engajamento político. Ao contrário das organizações políticas burguesas, dominadas por uma casta de políticos ou de tecnocratas, as organizações políticas proletárias tendem à máxima democracia de discussão, de decisão e de execução, mesmo que essa tradição também possa se perder. E, com base nessa ampla experiência política de massa, vai se erguendo e se fortalecendo, pouco a pouco, uma ideologia política nova, em que não são os indivíduos nem as ideias que fazem a história, e sim as massas, livremente organizadas[12].

Evidentemente, o que também distingue a prática política proletária da prática política burguesa são suas *perspectivas*, não as perspectivas *subjetivas* (a burguesia quer manter sua exploração, o proletariado quer a revolução política e social), e sim as perspectivas *objetivas*. Pois, ao mesmo tempo que está a par das formas de sua própria prática, *a burguesia não dispõe de uma teoria científica das leis da luta de classes nem quer reconhecê-la*. Resta-lhe sempre alguma coisa dos mitos que já examinamos a respeito da natureza da luta de classes. Considera que não há razão alguma para que sua dominação desapareça e, junto com ela, desapareçam as classes e sua luta. Considera natural e normal a ordem da exploração que impõe aos assalariados: é realmente necessário que haja chefes, senão os homens ficariam vagando ao acaso e no infortúnio. Para isso, basta mantê-los submissos, pela força ou com promessas habilidosas. A burguesia não desconfia um momento sequer de que representa uma ordem temporária, ou, se desconfia (e desconfia cada vez mais), é para defendê-la com uma energia decuplicada. Mas, de qualquer modo, não quer conhecer a razão objetiva dessa ameaça que a ronda.

Por meio da teoria marxista, o proletariado sabe que é a luta de classes que faz a história. Por meio dela, sabe que a pretensa economia política não é mais que uma formação teórica da ideologia burguesa, destina-

---

[12] "John Lewis: 'O homem é que faz a história.' Marxismo-leninismo: 'As massas é que fazem a história'." (L. Althusser, "Réponse à John Lewis", em *Réponse à John Lewis*, op. cit., p. 24).

da, juntamente com a sociologia e a psicologia reinantes, a mistificar os explorados e a "adaptá-los" à sua condição de explorados. Por meio dela, sabe que as crises do imperialismo, mesmo "globais", serão superadas pela burguesia, a menos que as massas invadam o palco da história para derrubar a ordem burguesa. Também por meio da mesma teoria marxista, o proletariado sabe que toda a ordem de uma sociedade de classes se deve à ditadura da classe dominante e que, portanto, é preciso derrubar a ditadura burguesa pela ditadura do proletariado para mudar o curso da história e abrir caminho para o comunismo, do qual o socialismo é apenas "a fase inferior" (Marx)[13]. Esse conhecimento das leis necessárias da história, longe de condenar o proletariado à passividade política, dá-lhe, ao contrário, meios para intervir na história, por meio de suas organizações e alianças. E o proletariado sabe que essas perspectivas não são utópicas, pois o comunismo não é um sonho, e sim uma necessidade, uma tendência inscrita na história atual. Sim, o comunismo já existe entre nós há muito tempo, e não só em germe, mas na realidade, por exemplo, nas organizações comunistas e em outras comunidades (mesmo religiosas) ou atividades – com uma condição absoluta: *que não impere nenhuma relação mercantil, e sim a livre associação de indivíduos que desejam a libertação dos homens e agem em conformidade com isso.*

É isso que dá à prática dos comunistas esta característica tão particular: homens "diferentes dos outros". Mesmo quando atuam dentro de um parlamento ou de uma municipalidade, os comunistas não são homens "como os outros". É que não têm em vista o simples horizonte fechado dessas assembleias, nem mesmo o de seus eleitores: agem para as grandes massas, não só para hoje, mas para o amanhã e o futuro do comunismo. E é por isso que, sobre essas bases, podem encontrar com muitos homens de boa vontade, que, no entanto, podem abraçar ideologias muito diferentes, por exemplo, homens religiosos e outros, mas que agem no mesmo sentido.

Por fim, o que dá à prática dos comunistas, os melhores e os mais conscientes entre os proletários, outra característica é que, no fundo, em sua prática política, eles buscam *o fim de toda política*, inclusive o

---

13 *Critique des programmes de Gotha et Erfurt.* Paris: Éditions Sociales, 1972, p. 32, Col. Classiques du Marxisme.

fim de toda democracia, forçosamente limitada por suas regras. É que sabem que, queira ela ou não, *toda política está ligada ao Estado*, e o Estado nada mais é que a máquina de dominação da classe exploradora, visto que é produto da luta de classes e serve à luta da classe dominante, ao assegurar as condições para a reprodução da sociedade de classes como um todo. Portanto, os comunistas agem politicamente *para que a política tenha fim*. Servem-se da política, da luta de classes, para que um dia a política e a luta de classes tenham fim. Dialética é isso. Como dizia Hegel: aprende a te servires da gravidade contra a gravidade, é assim que poderás construir uma casa com arcadas que param em pé sozinhas.

Os comunistas também sabem, como já dizia Lênin e como mostra a experiência diária, que o momento mais difícil de atravessar é o socialismo, esse rio cheio de redemoinhos e de correntes contrárias, em que o barco poderá se perder se o leme não for firmemente defendido contra os capitalistas por meio da ditadura do proletariado. Pois o socialismo não é mais o capitalismo, mas ainda não é o comunismo. E, na *transição*, coexistem relações capitalistas (a mais-valia, o salariado, o dinheiro, o Estado e seus aparelhos, o regime de partidos)[14] e relações comunistas (a propriedade coletiva, o partido etc.). E, nessa transição, a luta de classes, ainda que sob formas novas e com frequência irreconhecíveis, perdura sempre, ameaçando o curso da travessia. Sim, pode-se voltar a cair no capitalismo, caso se siga uma linha economicista e idealista. Ao contrário do que subsiste de ideologia profética no próprio Marx, a passagem para o comunismo nunca está garantida de antemão, mesmo que se proclame, como faz a URSS, que estão sendo lançadas as "bases materiais" (conceito que não tem sentido na teoria marxista, a qual, por sua vez, fala de *a* "base", ou seja, da infraestrutura, e não das "bases materiais", que assim poderiam se distinguir das relações de produção). Daí a necessidade de uma vigilância política que nunca perca de vista a perspectiva do comunismo, e nunca sacrifique a reformas imediatas seu futuro, ainda que distante, mesmo sabendo que esse futuro é aleatório.

Por fim, será que é preciso acrescentar que, inspirada tão profundamente por uma prática tão original da política, a ideologia proletária pode ter efeitos marcantes sobre a maioria das outras práticas? Podem-

---

14 Primeira redação: "o partido comunista".

-se esperar dela resultados surpreendentes, por menos que as lições dessa prática sejam estendidas à prática da produção, à organização do trabalho, à democracia do partido e das outras organizações e mesmo às ciências da natureza. Mas, assim como Marx não queria "pôr a ferver as marmitas do futuro", também evitaremos fazer antecipações. O que importa é estarmos atentos para tudo o que pode nascer e já está nascendo ao nosso redor.

O que destacar dessa breve análise da prática política? Que ela nos mostra *uma relação específica com a abstração*. A prática política, assim como a prática da produção, a prática técnica, a prática ideológica, não pode dispensar abstrações. Em primeiro lugar, porque ela existe com a condição absoluta de relações (econômicas, políticas, ideológicas) que a marcam em todas as suas determinações. Em segundo lugar, porque, sob essas relações sociais, *ela mesma produz abstrações*, primeiro práticas, depois abstratas e teóricas, que modificam seu próprio campo de ação e de verificação. Por fim, porque essas abstrações acabam por "encontrar" a abstração de uma ciência, é bem verdade que constituída por intelectuais armados de toda a cultura de sua época, mas que só podem edificar essa ciência sobre as posições teóricas (filosóficas) da classe proletária.

Entretanto, há aqui uma diferença, que já foi apontada, a respeito da prática ideológica, que vai se reforçando. É que todo esse processo social da prática política, mesmo quando assume a forma da divisão antagonista da luta de classes (o que é sempre o caso nas sociedades de classes), *diz respeito menos a um objeto exterior do que ao processo em si*. Sem dúvida, conseguimos mostrar que, no caso da prática política burguesa, estava em causa fazer os outros agirem para si e, portanto, "manipular" os explorados da burguesia para agirem na situação da relação de classes. Em todo caso, de acordo com o esquema geral da prática, estava em causa utilizar meios operatórios para transformar (ou conservar, defendendo-a) a ordem existente. Mas, mesmo nesse caso, o "sujeito" do processo (ou seja, a burguesia) estava implicado nele e, portanto, não agia do exterior sobre uma situação. Muito pelo contrário, de certa forma era a situação das relações de classes que agia sobre si mesma, por intermédio da burguesia, que fazia, é verdade, seus próprios explorados agirem em seu lugar e para seu proveito. Não é preciso dizer que, *considerada glo-*

balmente, essa prática correspondia muito mais à segunda definição de Aristóteles (transformação de si por si) do que à primeira (produção de um objeto externo).

O mesmo vale, com mais motivo ainda, para a prática política proletária. Pois, desta vez, não há mais nenhum intermediário, e é característico dessa prática assumir essa condição e *realizar a unidade da transformação da situação objetiva e da transformação de si*. Marx apresentou as primeiras fórmulas dessa identidade nas *Teses sobre Feuerbach*, em que fala da *"práxis"* revolucionária como identidade da transformação do objeto (a relação de forças) e do sujeito (a classe revolucionária organizada). Nesse caso, o que subsistia de exterioridade na prática política da burguesia, entre os que dirigem e os que agem, entre as ideias e a ação, desapareceu em proveito de uma dialética de unificação e de transformação mútua entre a situação objetiva e as forças revolucionárias engajadas no combate.

É essa nova relação, essa nova abstração, agora concreta, que dá todo o seu sentido à tese materialista-marxista do primado da prática sobre a teoria. Nela se vê claramente que a oposição esquemática entre, de um lado, uma prática que fosse apenas material e, do outro, uma teoria que fosse apenas espiritual e contemplativa pertence às oposições da filosofia idealista, visto que aqui a prática política é alimentada com teoria, e a teoria política é inteiramente inspirada nas "lições da prática".

A relação entre a prática e a teoria e o primado da prática sobre a teoria devem ser pensados em termos de conteúdo: é da prática que pode provir toda transformação da teoria já existente, mas nunca se está lidando com uma prática pura, desprovida de teoria. Em contrapartida, a teoria, edificada sobre o núcleo das transformações da luta política, devolve para a prática, como abstrações científicas fecundas, o que recebeu da prática na forma de experiências concretas. Assim, a unidade entre a teoria e a prática constitui um círculo ou, se preferirmos, como que uma roda de locomotiva, sempre lastrada com um *balancim* para conservar-lhe e acelerar-lhe a rotação, ou seja, a *prática*. Mas, por sua vez, esse peso que conserva e reativa o movimento está fixado no círculo da roda. Portanto, a análise da prática política confirma o que aprendemos das análises anteriores: o reconhecimento do fato de toda prática ter como condição relações abstratas, que dependem, em última instância, das relações sociais e, portanto, das relações de classe. Desse ponto de vista, a prática política ocupa uma situação privilegiada, visto que tem como matéria-prima, agente e instrumentos de produção essas próprias relações de classe, diretamente.

Será que agora podemos passar à prática filosófica e a suas formas de abstração? Não, pois antes precisamos examinar duas outras práticas, muito importantes para nosso intento: a prática psicanalítica e a estética.

14

A PRÁTICA PSICANALÍTICA

Pode-se dizer que é somente a partir da última guerra mundial que a prática psicanalítica (ou "analítica"), fundada por Freud no início do século, começa a ser reconhecida e se percebe seu alcance ideológico e político. É que sua descoberta representava uma espécie de escândalo. Na verdade, Freud tentava dizer que era preciso acabar com a representação idealista burguesa do homem como ser totalmente consciente, como sujeito sensível, jurídico, moral, político, religioso, filosófico, como ser transparente, "sem costas". Freud não queria dizer o que os bioneurofisiologistas afirmavam havia muito tempo: que o homem *tem um corpo* e um cérebro e, quando pensa, não sabe o que acontece em seu corpo, nem em seu cérebro. Isso os filósofos sempre disseram. Ele não queria dizer que, quando o homem pensa, como a maioria de seus pensamentos é apenas produto da atividade social externa a ele, não sabe qual é o mecanismo que os produz. Isso os historiadores e outros sociólogos já declaravam havia muito tempo. Ele não falava desses "exteriores"; falava de um exterior *dentro do pensamento propriamente dito*.

Freud dizia que o pensamento é essencialmente inconsciente, mas pensado, e que a parte consciente do pensamento é limitada. Assim, falava não mais da consciência, do sujeito consciente, e sim de um "aparelho psíquico" que pensa sozinho, sem sujeito, e que impõe seus "pensamentos inconscientes" a essa parte dele que é dotada de pensamento pré-consciente e consciente. François Mauriac conta que, quando criança, estava convencido de que os adultos "não tinham a parte de trás". Em suma, até Freud, a humanidade, embora já suspeitasse disso antes dele, não acreditava que o pensamento tivesse "uma parte de trás", que atrás da consciência, unido a ela como sua verdade, houvesse um "inconsciente" que, à sua maneira, "pensa", feito não de realidade biológica ou social, e sim de realidade imaterial muito particular.

O filósofo cristão Malebranche já havia dito, referindo-se a Deus: "Ele age em nós sem nós."[1] Guardadas as devidas proporções, o inconsciente de Freud se comportava do mesmo modo. Algo – um "isso" inominável, sem sujeito – agia em nosso "aparelho psíquico", portanto, em nós, independentemente de nossa vontade consciente, e governava até nossos pensamentos conscientes e nossos atos conscientes.

Não era preciso buscar muito longe exemplos concretos dessa realidade, no sonho, no dia a dia ou nos mais estranhos instintos. A história que Sófocles teatralizara, de um filho que mata o pai e casa com a própria mãe, Diderot reencontrou nos filhos dos selvagens: deixem-nos fazer o que bem quiserem, e eles vão querer matar o pai para dormir com a mãe![2] Estranho "instinto", porque alheio a toda razão, impulsivo como a fome e, entretanto, sem nenhum motivo comparável, pois o que se ganha com esse assassinato, e com esse incesto, que não possa ser obtido num outro relacionamento sexual sem risco? Nesse caso, todo homem – ou, pelo menos, toda criança – é "agido", em si mesmo e independentemente de sua vontade, por uma força mais forte que ele.

E que dizer dos "*atos falhos*" da vida diária, esses gestos sem razão, mais fortes que toda razão, aparentemente sem sentido, mas que revelam um desejo inconsciente, seja de esquecer certo detalhe, seja de ressuscitar certa lembrança, em suma, de "realizar" certo desejo inconsciente? Freud decifrava-os com desconcertante facilidade, assim como decifrava os sonhos. A mais antiga tradição humana havia atribuído aos sonhos poderes divinatórios, e esse reconhecimento expressava o desejo inconsciente

---

1 *Réflexions sur la prémotion physique*, em N. Malebranche, *Œuvres complètes*, ed. A. Robinet. Paris: Vrin, 1958, t. XVI, p. 35. "[...] é nesses sentimentos e nesses movimentos (da concupiscência), que Deus produz em nós, sem nós, que consiste o material do pecado"; "Deus, como causa eficiente, produz em nós, sem nós, todas as nossas percepções e moções".
2 *Le neveu de Rameau*, ed. H. Coulet, em Denis Diderot, *Œuvres complètes*. Paris: Hermann, 1975, t. XII, p. 178. "Se o pequeno selvagem ficasse entregue a si mesmo, se conservasse sua imbecilidade e reunisse, à pouca razão da criança no berço, a violência das paixões do homem de trinta anos, torceria o pescoço do pai e dormiria com a mãe".

dos homens de controlar seu futuro. Mas, nos detalhes, quantos desejos inconscientes se revelavam na análise dessas estranhas narrativas, feitas em estado de vigília, do que havia sido "sonhado" e salvo do esquecimento para poder ser contado! Freud falava de "realização de desejo", nos mesmos termos (*Wunscherfüllung*) que cinquenta anos antes dele o filósofo alemão Feuerbach empregara para falar da religião[3].

Portanto, era preciso explicar todos esses fatos, observáveis por todos, e extrair deles uma lição. Foi esse o trabalho de Freud, que supôs a existência, por trás desses atos e da consciência deles, de um *aparelho inconsciente*, em que agiam desejos inconscientes, movidos por "pulsões", forças situadas no limite entre o biológico e o aparelho psíquico, investidas segundo leis de distribuição econômica e dinâmica em formações muito específicas, pouco numerosas e muito estranhas, denominadas fantasmas.

Por "fantasmas" Freud entendia "fantasias", portanto representações imaginárias, mas inconscientes, dotadas de autonomia e de eficácia, que existiam apenas por sua disposição em determinada "cena", em que figuravam umas ao lado das outras, em *relações* de afinidade ou de antagonismo, e que pareciam representar, no inconsciente, disposições análogas de situações reais tiradas da primeira infância. Na infância, temos a criança, sua mãe (seu primeiro objeto de amor) e seu pai (mais os irmãos e as irmãs). E entre esses personagens reais existem relações de dependência, de amor, de medo, de rivalidade etc., com as quais a criança vai, pouco a pouco, construindo a experiência gratificante ou decepcionante. No inconsciente, parece que se tem também, *mas em forma de fantasma*, o equivalente de todos esses "personagens", representados, porém, em forma de imagens inconscientes (imagos), quase sempre condensadas: o fantasma da mãe pode representar ocasionalmente a imagem do pai, o fantasma da própria criança também pode representar a imagem do pai ou da mãe etc.

---

[3] L. Feuerbach, *L'Essence du christianisme*, trad. francesa J.-P. Osier e J.-P. Grossein. Paris: Maspero, 1968, p. 355, Col. Théorie. "Todo desejo representado como realizado é um fato." S. Freud, *Naissance de la psychanalyse, Lettres à Wilhelm Fließ, notes et plans*. Paris, 1956, p. 246. "Não apenas o sonho é uma realização do desejo, mas também o ataque histérico. Isso vale para o sintoma histérico e, sem dúvida, também para todos os fatos neuróticos, o que eu já havia reconhecido no delírio agudo." Cf. L. Althusser, "Sur Feuerbach", *Écrits philosophiques et politiques*, op. cit., t. II, p. 227.

O mais notável, porém, é que as relações entre esses "personagens" fantasmáticos aparecem na "cena" do inconsciente, essa "outra cena" (Freud), ligados entre si por desejos sexuais. A criança deseja efetivamente "dormir com" sua mãe, cujo "personagem" vai se compondo pouco a pouco a partir dos "objetos parciais", que são o seio, o rosto etc., os únicos apreendidos nos primeiros momentos da infância. Note-se que Freud não descobriu a existência da "sexualidade infantil" a partir da observação real, o que também pode ser feito, mas a partir da análise dos fantasmas dos adultos no tratamento analítico. E foi um senhor escândalo afirmar a existência deles diante de uma cultura que desde sempre a havia censurado ferozmente. Mas, de fato, era preciso apresentar essa hipótese para explicar todos os fatos revelados pela experiência, tanto da vida cotidiana (o sonho etc.) como da análise do inconsciente dos adultos tratados pela análise. Sem isso, todos esses fatos permaneceriam incompreensíveis.

Trabalhando com esses fatos, Freud conseguiu formular abstrações específicas para explicá-los, as famosas "tópicas"[4]. Chama-se tópica uma certa disposição num espaço abstrato em que figuram algumas realidades definidas, as quais desempenham um papel particular em função de suas propriedades e, sobretudo, de suas relações. Assim, num primeiro momento, Freud instalou na primeira "tópica" o "inconsciente" (a fim de romper com qualquer ideia de consciência e de sujeito)[5]. Acima do "inconsciente", lugar dos pensamentos (ou pulsões, ou fantasmas) inconscientes, ele colocou o *"pré-consciente"*, lugar dos pensamentos não conscientes, mas que podem livremente tornar-se conscientes (as lembranças comuns). Acima do "pré-consciente", colocou não a consciência, e sim o *"consciente"*, órgão da percepção e da ação. Entre o grupo consciente–pré-consciente, de um lado, e o inconsciente, do outro, introduziu a barra da *repressão*, essa força inconsciente que impede os pensamentos inconscientes de emergirem na consciência e mantém sua força eficaz no inconsciente. O "inconsciente" seria o reservatório energético geral cujas forças se distribui-

---

[4] Sobre a primeira tópica, ver "L'inconscient" (1915), em S. Freud, *Œuvres complètes*. Paris: PUF, 1968, t. XXIII, pp. 203-42. Sobre a segunda tópica, ver "Au-delà du principe du plaisir" (1920), *Œuvres complètes*. 2. ed. Paris: PUF, 2002, t. XV.
[5] Riscado: "ou base (pode-se comparar proveitosamente a tópica freudiana com a tópica marxista da base e da superestrutura)".

riam seguindo uma economia estrita, no pré-consciente e no consciente, onde provocariam os estranhos fenômenos frequentemente observados. Parecia que essa abstração era suficiente para explicar os fatos. Mas novos fatos, que afetariam em particular a natureza do "eu", que se supunha plenamente consciente, obrigaram Freud a modificar seu dispositivo abstrato. Daí a "segunda tópica", que estendeu até o "eu" o âmbito do inconsciente. Vimo-nos, então, em presença de uma nova distribuição: na base, o *"isso"*, que então não ficou mais limitado a seu próprio âmbito de ação; acima, o *"eu"*, correspondente ao consciente "percepção–consciência", dependente da vigilância e da ação; depois o *"superego"*, instância inconsciente que representa a interdição e reprime os pensamentos inconscientes no "isso"; por fim, o *"ideal do eu"*, ou representação inconsciente–consciente da ideia que a personalidade psíquica inconsciente–consciente busca para identificar-se com ela.

Entre essas diferentes instâncias, Freud sempre estabelecia relações econômicas e dinâmicas de distribuição, de repartição, de investimento e contrainvestimento de uma energia inconsciente localizada no "isso" e ligada – mas sem dizer como – à realidade biológica profunda do indivíduo: suas pulsões e seus instintos. Graças a essa economia, inspirada na teoria da produção–repartição–distribuição–investimento da economia política clássica, bem como no energetismo de Ostwald, químico alemão que havia elaborado um gigantesco sistema filosófico para reduzir tudo à energia, Freud podia explicar todos os fatos observados na experiência diária e na experiência clínica do tratamento.

O fato mais notável e mais extraordinário dessa teoria era que Freud a elaborara sem fazer a observação sistemática dos fenômenos objetivos da sexualidade infantil, mas a partir das observações efetuadas em adultos, sobretudo no tratamento analítico de adultos. Portanto, podia-se acusá-lo de uma extrapolação temerária. Mas os fatos observados na sexualidade infantil confirmaram sua hipótese: na observação, as crianças pequenas revelaram-se dotadas não só de uma sexualidade incontestável, mas até mesmo de uma "perversidade polimorfa" (ao contrário dos adultos, sua sexualidade pode assumir toda espécie de formas e fixar-se em toda espécie de objetos sexuais, indiferentemente).

O que foi e continua a ser mais assombroso, entretanto, é o caráter *absolutamente autônomo* de toda essa teoria e de todo esse mecanismo.

De fato, tudo acontece nos mecanismos do inconsciente, como se eles tivessem uma vida completamente independente *tanto* de sua condição biológica de existência, que entretanto os embasa, *como* de sua condição social de existência, que entretanto os comanda indiretamente.

Essa tese provocou ao mesmo tempo um escândalo teórico e incompreensão. Não se conseguia admitir a ideia de que todos esses mecanismos, visivelmente condicionados pelo biológico e pelo social, pudessem ser independentes de suas condições de existência. Entretanto, apesar de todas as resistências, foi preciso se render às evidências. A teoria de Freud, tão isolada como uma ilha surgida no meio de um imenso oceano desconhecido, realmente explicava os fatos e "funcionava bem", sem precisar se apoiar nas realidades em que se baseava, mas das quais não dependia.

Para explicar esse paradoxo, discípulos de Freud propuseram hipóteses suplementares, como Jung, recorrendo a um "inconsciente coletivo" de origem social ou biológica, ou como Reich, recorrendo às estruturas da família que se projetavam no superego etc. Freud resistiu ferozmente a todas essas extrapolações, atendo-se aos fatos e às explicações que havia apresentado. Disso resultaram, no movimento analítico, crises e cisões que ainda não foram resolvidas.

Será que era preciso, nessa conjuntura, tentar a qualquer preço concatenar a teoria analítica com as realidades das quais ela aparentemente é dependente, como a neurobiologia e a teoria das estruturas sociais e familiais e, portanto, com o marxismo, e, arriscando-se a cair naquelas construções arbitrárias e perigosas, deduzir assim a teoria de Freud da biologia ou do materialismo histórico? A experiência mostrou que isso era cair em uma aventura, como provam sobretudo as tentativas de Reich e seus discípulos, que, apesar de sua ambição, não tiveram nenhuma influência política sobre as realidades das quais pretendiam apossar-se.

Não seria melhor, como faz hoje Lacan na França, dar ênfase à autonomia real da teoria analítica, correndo o risco de seu isolamento científico e também de sua solidão? Essa segunda atitude parece a mais correta[6], pelo menos por enquanto. Às vezes, é preciso deixar uma teo-

---

6 Primeira redação: "Essa segunda atitude parece a mais correta, ainda que Lacan não tenha resistido à tentação de encerrar filosoficamente uma teoria que Freud tivera todo o cuidado de manter num estado de prudente inacabamento científico, não querendo antecipar-se às descobertas das ciências afins."

ria num estado de prudente *inacabamento* científico, sem se antecipar às descobertas das ciências afins. A experiência também mostra, efetivamente, que não se decreta o fim de uma ciência.

Em todo caso, a experiência da história da teoria analítica demonstra que abstrações objetivas, não ideológicas, mas ainda não científicas, podem e devem subsistir nesse estado, enquanto as ciências afins não tiverem atingido um ponto de maturidade que possibilite a reunificação dos "continentes" científicos vizinhos. Assim como é preciso tempo para levar a cabo a luta de classes, também é preciso tempo para levar a cabo a constituição de uma ciência como ciência. Ademais, não há certeza de que a teoria analítica possa assumir a forma de uma ciência propriamente dita.

Mas, seja qual for seu destino teórico, a característica mais notável da teoria analítica é *sua relação com a prática*. Deve-se observar aqui este ponto capital: a teoria freudiana só pôde ser edificada com base numa prática específica – a do tratamento, ou transformação das relações fantasmáticas no inconsciente de um indivíduo –, e só pôde se desenvolver pela produção de uma prática continuamente ajustada no decorrer da experiência: a do tratamento.

O que é o tratamento? É uma situação experimental, sob muitos aspectos comparável aos dispositivos e às montagens experimentais das ciências experimentais conhecidas. Mas é, ao mesmo tempo, uma *situação* prática, que provoca transformações em seu objeto, graças a instrumentos particulares de produção desses efeitos. O tratamento coloca frente a frente, numa aparente solidão a dois dominada por um terceiro (as leis do inconsciente), o analista e o paciente, que alguns (Lacan) chamam de analisante, para enfatizar o fato de que, afinal, é ele o motor de sua própria transformação, de certa forma o "médico curando a si mesmo", de que já falava Aristóteles, enquanto o analista está ali apenas para "pontuar" (Lacan) e redirecionar o discurso do analisante, sobrecarregado de significações inconscientes. Nas origens da análise, praticamente só eram tratados os neuróticos (doentes que, ao contrário dos psicóticos ou loucos, mantêm contato com o mundo exterior, mas estão gravemente perturbados em seu relacionamento com esse mesmo mundo). Agora, sobretudo a partir dos trabalhos de Melanie Klein, a análise se volta também para os psicóticos, os "loucos" propriamente ditos.

No tratamento, podemos reencontrar, *mutatis mutandis*, nossas categorias da prática. A "matéria-prima" é o próprio paciente, seu inconsciente e os efeitos produzidos pelo dispositivo "patológico" de seus fantasmas sobre sua consciência e suas atitudes práticas na vida. Os instrumentos de produção do efeito do tratamento são, de um lado, a identificação inconsciente com o analista pela *transferência* e, do outro, a *elaboração* (*durcharbeiten*) dos fantasmas inconscientes pelo analisante e pelo analista. A transferência só "engrena" (se isso acontecer) depois de algum tempo, quando, após um certo número de sessões, o paciente consegue se identificar com o analista, "tratando-o" então como o substituto de um personagem parental (pai ou mãe). Então "projeta" nele, ou seja, lhe atribui, como provenientes desse personagem real que o escuta sem dizer nada ou quase nada, seus próprios desejos inconscientes.

Como ele pode e "deve" dizer livremente tudo, consegue expressar, nessa estranha situação, seus próprios desejos inconscientes. Julga dizer uma coisa, expressar um *pedido* (me ajude! me ame!), e pouco a pouco percebe que está dizendo outra coisa muito diferente, visto que expressa um desejo inconsciente (desejo eliminá-lo! desejo morrer! desejo ser todo-poderoso! desejo ser amado!). Pouco a pouco, essa contradição vai se tornando ativa e, comparando seus pensamentos conscientes com seus desejos inconscientes, o paciente acaba fazendo uns trabalharem (*durcharbeiten*) sobre os outros, o que por fim provoca uma redistribuição dos "afetos" (apegos afetivos profundos e inconscientes a certas imagens fantasmáticas inconscientes) e um reequilíbrio do aparelho psíquico inconsciente e consciente, conjuntamente.

É então[7] que ocorre a "cura", sendo sua última etapa a liquidação da contratransferência. Pois o analista, ao contrário de uma ideia aproximativa que faria dele um "motor imóvel", semelhante ao Deus de Aristóteles, distante e impassível, também investe seus próprios desejos inconscientes no paciente, seja se empenhando em mantê-lo consigo, seja desejando se livrar dele prematuramente. Assim, auxiliado pelo analisante, que não cessa de desempenhar um papel ativo, o analista deve *analisar sua própria contratransferência* para levar a análise ao seu final. Quando tanto a transferência como a contratransferência não são liquidadas, o

---

7 Riscado: "embora toda análise seja 'interminável'".

tratamento pode se tornar aquela "análise interminável" que Freud descreveu em seus últimos textos. Se essa liquidação é levada a bom termo, o tratamento pode se encerrar, e o paciente retorna à sua vida privada em condições favoráveis.

Pudemos notar, pelo dispositivo do tratamento e sua prática, que a análise representa uma experiência concreta sem nenhum ou quase nenhum equivalente. O analista não tem nada de médico, ou seja, essa autoridade investida pela sociedade de um *saber* científico que lhe dá *direito* de tratar, de atender ao *pedido* de cura de um doente que sabe onde lhe dói e procura o médico para ser curado. A prática analítica é o questionamento mais grave que já existiu da *prática médica* ou de toda prática que envolva "um sujeito que supostamente sabe" (Lacan[8]), capaz de curar e de aconselhar pela autoridade de seu saber e de seu poder social. *O analista não é um médico, nem um conselheiro moral ou prático, nem um confessor ou um sacerdote, nem mesmo um amigo.* É simplesmente o agente silencioso de um processo sem sujeito, em que fantasmas (os seus) se confrontam, silenciosa mas realmente, com os fantasmas de outro indivíduo (o analisante), para conseguir reequilibrá-los, num estado que ponha fim aos distúrbios de seu psiquismo.

Ao introduzir uma nova prática no mundo das práticas, a análise produzia prodigiosos efeitos na ideologia e na filosofia. Em pleno domínio da ideologia e da filosofia jurídica, moral e religiosa burguesa, em pleno domínio da filosofia da consciência e do sujeito (Husserl era contemporâneo de Freud), a teoria analítica procedia a uma verdadeira "reviravolta copérnicana". Antes de Copérnico, acreditava-se que o Sol girava em torno da Terra, e Copérnico impôs a verdade objetiva de que é a Terra que gira em torno do Sol. Antes de Freud, acreditava-se que tudo no homem girava em torno de sua consciência, que a sua essência era a consciência, e Freud impôs a verdade de que a consciência era apenas um efeito derivado que "girava" em torno do inconsciente. Os precon-

---

[8] *Séminaire XI*, "L'Identification", de 15 de novembro de 1961 (gaogoa.free.fr/Seminaires_HTOL/09-ID15111961.htm). "É que ele nunca foi, na linhagem filosófica que se desenvolveu a partir das investigações cartesianas ditas do cogito, senão um único sujeito, que vou pôr à mostra [...] deste modo: o sujeito que supostamente sabe [...]. O outro é o depositório dos representantes representativos dessa suposição de saber, e é isso que chamamos de inconsciente, na medida em que o próprio sujeito se perdeu nessa suposição de saber."

ceitos ideológicos morais, jurídicos e religiosos receberam, assim, um golpe, que poderia ter sido mortal se não fossem sustentados por toda a ordem tradicional burguesa. Essa crítica freudiana do "*homo psychologicus*" (o homem, ser psicológico por essência), comparável somente, na história das ideias, à crítica marxista do "*homo economicus*" (o homem definido por suas necessidades econômicas), teve repercussões consideráveis em toda a filosofia. Lacan desempenhou na França um papel importante no reconhecimento desses efeitos, ainda que devesse interpretá-los de um modo que é contestado[9]. E uma certa junção entre a *filosofia* materialista de Freud e a de Marx veio à luz, produzindo alguns resultados interessantes, sem nenhuma relação com as tentativas aventureiras anteriores de um Reich[10].

Que lições extrair do surgimento da prática inaudita de Freud? Inicialmente, o ensinamento de que práticas podem surgir com base em experiências seculares até então inexploradas e renovar por completo um campo de experiências. Em seguida, que essas práticas surgem sempre sob relações abstratas determinadas, ainda que sua constituição seja totalmente paradoxal: basta que essas relações correspondam à natureza do objeto inédito que surge no conhecimento deste. Por fim, que, mesmo quando essas relações são tão insólitas quanto as da análise (relações de transferência entre inconscientes), são decisivas tanto para a teoria como para a prática em questão. A isso se deve acrescentar que a prática analítica enriquece ainda mais a velha intuição aristotélica da *práxis*, na qual é o próprio sujeito que produz pessoalmente, por intermédio do analista, sua própria transformação. Também nisso a prática analítica se aproxima da prática revolucionária, com a diferença de que, evidentemente, o objeto de ambas não é o mesmo, pois a primeira transforma somente o dispositivo do inconsciente de um indivíduo, enquanto a outra transforma a estrutura de classes de uma sociedade.

Essa última comparação tem consequências tanto teóricas como práticas. O próprio Freud já observara uma espécie de paralelismo (ver

---

9 Primeira redação: "relativamente contestável".
10 Althusser provavelmente está pensando nos *Cahiers pour l'analyse* (1966-1969), uma revista lacaniana de cuja fundação haviam participado alguns alunos seus. Os dez números da revista estão disponíveis *on line*: cahiers.kingston.ac.uk.

a tese espinosista)[11] entre as imagos inconscientes e as figuras sociais dos personagens familiais, entre a encenação do inconsciente e a encenação da família, entre a censura social e a repressão inconsciente etc. Mas ele evitou ir além da simples observação, do contrário teria caído no defeito de sociologismo, considerando as imagens inconscientes como puras reproduções ou imagens dos personagens sociais da família. Talvez chegue um dia em que se possa ultrapassar o estágio atual desse relacionamento, que permanece sem sequência, quando ocorrerem novas descobertas em ciências aparentemente "afins" (a neurofisiologia? a teoria da estrutura e da ideologia familial?). Mas não é possível se antecipar a esses desdobramentos futuros sem correr grandes riscos, enfrentados em vão por Reich em sua época e reassumidos hoje pelos partidários de um esquerdismo espontaneísta.

Se uma ciência quiser preservar sua independência e simplesmente perdurar, precisa aceitar viver, às vezes, muito tempo, e talvez indefinidamente, na solidão de suas próprias abstrações definidas, sem querer confundi-las com as abstrações das outras ciências.

---

[11] Althusser faz alusão ao "paralelismo" entre os atributos espinosistas em outros lugares, notadamente em "Trois notes..." (1966), op. cit., p. 150; "Le courant souterrain..." (1982), op. cit., p. 539; e principalmente *Être marxiste en philosophie* (1976 [publicado em 2015]).

15

A PRÁTICA ARTÍSTICA

Mesmo assim a psicanálise não deixou de exercer profundos efeitos sobre outra prática e sua teoria: a prática e a teoria estéticas.

Em todas as épocas, os homens produziram objetos estranhos, que tinham a particularidade de não apresentar nenhuma utilidade prática, de não atender a nenhuma das necessidades vitais da humanidade (alimentação, sexo e outras). Originalmente, esses objetos eram sempre dotados de uma significação social, por exemplo, religiosa, mas não prática. Eram apreciados pela sua *inutilidade*, por proporcionarem *prazer* aos que os "consumiam" com os olhos, o tato, os ouvidos etc. Esses objetos singulares seriam os primeiros esboços do que viriam a ser os objetos de arte. E, já nas origens, identificamos o duplo caráter que iria marcá-los. Esses objetos eram certamente *inúteis*, mas eram *sociais*, e para serem belos deviam ser reconhecidos como tais pelo grupo social, que não via neles apenas a beleza das formas ou dos sons, mas também, através desse reconhecimento universal, o reconhecimento de uma essência em comum, a sua, a da sua própria unidade social. Entretanto, essa unidade já era assegurada por outras relações e outras funções. Os objetos de arte sociais acrescentavam-lhes a função, aparentemente necessária à comunidade humana, de serem inúteis e belos e, portanto, carregados de *prazer*.

O resultado dessa singular atribuição originou *uma nova forma de abstração*. Todos os objetos de arte são produzidos materialmente pelo trabalho, que transforma uma certa matéria-prima, como todos os outros objetos. Mas o resultado dessa transformação não é a produção de um objeto útil, que satisfaça as necessidades vitais dos homens, e sim de um objeto que lhes proporcione um prazer especial, *um prazer gratuito e sem perigo*, um "triunfo fictício" (Freud)[1] provocado por seu consumo visual, auditivo etc. Em resumo, a abstração da produção dos objetos de arte apresenta-se na forma paradoxal da produção (exibição, apresentação, representação) de certa matéria aparentemente bruta (pedra, madeira, ruído), revestida de uma forma. Assim, a *abstração* se apresenta sob a forma de *um objeto concreto*, no qual a matéria, por assim dizer, é dada totalmente nua, na forma estética que a envolve. *O abstrato necessário existe sob a forma de um concreto inútil.*

Mas esse concreto, essa obra de arte – escultura, pintura, música etc. – caracteriza-se por *agradar*, mesmo quando representa aos espectadores os horrores de uma tragédia. Por que as obras de arte nos emocionam? Marx dizia, referindo-se às tragédias antigas: porque elas são a infância da humanidade, e os homens se comprazem com sua infância[2]. Aristóteles, indo mais fundo, dizia que um espetáculo é como uma purgação que liberta imaginariamente os homens de seus terrores e leva-os a sentir, diante do horrível, o prazer de um alívio que os liberta da ação que podem ver, e, assim, não precisam mais executá-la[3]. Era muito conveniente: desejavam uma ação proibida ou impossível, e ela se desenrola diante de seus olhos, sem perigo.

Retomando essa ideia, Freud vê na obra de arte a realização de um desejo[4], como no sonho – realização imaginária e, portanto, objetivamente sem efeito, mas subjetivamente agradável de contemplar. Que os homens sentem necessidade de viver, como um prazer imaginário, a satisfação de um desejo que não podem realizar, seja porque as condições de sua realização não estão reunidas, como na utopia, seja porque a censura social proíbe sua realização, parece um fato ao mesmo tempo incontestável e como que indispensável para o funcionamento das relações sociais. Assim como em todo modo de produção existem "*falsos custos*", produtos que servem para produzir certos efeitos, mas, por si

---

[1] Cf. L. Althusser, "Sur Brecht et Marx", *Écrits philosophiques et politiques*, op. cit., t. II, p. 555.
[2] *Contribution*..., op. cit., p. 175.
[3] *Poétique*, 1449b.
[4] "Le poète et l'activité de fantaisie", *Œuvres complètes*, op. cit., t. VIII, pp. 159-71.

mesmos, *não servem para nada*, também parece que na reprodução das relações sociais há *"falsos custos"* estéticos, que servem para produzir outros efeitos, mas por si mesmos não servem para nada, exceto para produzir um prazer imaginário.

Afinal, qual pode ser a função desse prazer imaginário? Sem dúvida, a de apoiar as práticas e as ideologias existentes. É um fato que, no prazer das *brincadeiras*, a criança se entrega a uma verdadeira aprendizagem, que a tornará apta para práticas de produção ou para as relações sociais. É um fato que *os jogos e espetáculos públicos, as festas* etc. reforçam a ligação social, ao reunirem os homens num mesmo lugar e lhes oferecerem para consumo o mesmo objeto de prazer, que exalta as relações e os ideais sociais ou "brinca" com suas proibições. Desse modo, as obras de arte – que não são puramente ideológicas, pois são objetos compostos de uma matéria e possuem uma forma diretamente percebida pelos sentidos – entram na órbita da ideologia, onde assumem seu lugar na grande divisão política do confronto ideológico.

Assumem ali seu lugar com todo o equívoco que conhecemos, visto que, definitivamente, a ideologia é organizada com relação ao Estado, seja a serviço da ideologia dominante ou dos "valores" pelos quais luta a classe dominada. E, sem dúvida, a história das formas estéticas sempre diz respeito a essa *matéria* trabalhada pelo artista, que é dada para ver ou ouvir; sem dúvida, essa história, com seu lastro de materialidade, depende das possibilidades objetivas dessa matéria, quer se trate de mármore, de madeira, de tecidos, de cores e sons ou dos "sujeitos" do teatro e do romance. Mas a escolha dessas possibilidades e sua combinação em formas propriamente estéticas não dependem menos da ideologia e da luta que a separa dela mesma. Essa condição paradoxal explica ao mesmo tempo a ilusão do artista, que julga não fazer mais do que uma obra artística, e a dos consumidores, que julgam não fazer mais do que um ato de consumo estético, enquanto o essencial acontece "pelas suas costas" (Hegel)[5], num confronto ideológico que incessantemente tenta colocar as obras de arte a serviço de sua causa.

Disso concluiremos que, assim como nas outras práticas, a prática estética, longe de constituir um puro ato que cria beleza, se desenrola

---

5 *Logique (Encyclopédie)*, op. cit., § 25.

sob relações sociais abstratas, que são não só as normas que definem o belo, mas também as relações ideológicas da luta de classes. Concluiremos também que – a ideologia sendo o que é e sempre apresentando falsamente as coisas – a arte, ao lado das maravilhas de prazer que proporciona aos homens, pode incentivar essa ideologia da pureza, da beleza e da autonomia absoluta, que serve de álibi para os intelectuais da classe dominante. É por isso que, tradicionalmente, *os filósofos idealistas sempre foram fascinados pela arte e pelo belo*, como por ideias que se sobrepõem ao tumulto de ideias e que são capazes de convencer os homens de que, seja como for, há uma saída para os conflitos sociais: na cultura e na beleza, em que todos poderiam "comungar".

Essa "fuga para a frente" na ideologia da arte, *leitmotiv* de todas as filosofias espiritualistas ou idealistas, atualmente pode ser observada na URSS, país que se declara socialista. Talvez não haja no mundo um país que dedique tantos trabalhos e ensinamentos filosóficos à estética (apesar da aflitiva pobreza das produções estéticas). Um professor de estética de Leningrado deu-me um dia uma explicação desconcertante: propõem ao operário que trabalha de má vontade que ganhe mais dinheiro trabalhando por peça. Isso não lhe interessa, pois ele não tem o que fazer com esse dinheiro. Então, depois do *interesse* pessoal, colocam em cena a *moral* socialista: dizem-lhe que precisa trabalhar mais por dever, pela sociedade socialista. Isso também não parece lhe interessar... Então lhe apresentam o último argumento: trabalhe mais, porque seu trabalho não é um simples trabalho, é uma obra, uma obra de arte, você é um artista. Ele não dá ouvidos. Mas, para fazer esse discurso, multiplicam os postos de especialista em estética e tentam despertar no povo o gosto pelas belas-artes. A "fuga para a arte" também pode ser equivalente à "fuga para a religião", a fim de encontrar nela uma solução imaginária para as dificuldades reais com que a sociedade depara. Se a arte realmente proporciona prazer aos homens, com muita frequência é também uma fuga para a arte essa singular abstração que existe na materialidade de um objeto concreto e que não passa, então, de má abstração.

Será que podemos tirar algumas conclusões provisórias dessa longa análise da abstração?

Podemos dizer, primeiramente, que *os homens vivem na abstração, sob relações abstratas* que comandam todas as suas práticas. Podemos dizer, em seguida, que *não existe abstração em geral*, e sim diversos tipos e níveis de abstração, de acordo com as diferentes práticas e seus diferentes tipos. Podemos dizer ainda que, embora não exista abstração em geral, *existem abstrações gerais*, que comandam todas as diversas práticas e influenciam, de modo mais ou menos profundo, suas abstrações próprias. Essas *abstrações gerais são as relações sociais*: relações de produção, de circulação, de distribuição, relações políticas e ideológicas – todas ordenadas pelas relações de classes e de luta de classes.

Por fim, podemos dizer que todas essas relações abstratas só são abstratas na medida em que estão e permanecem *enraizadas na materialidade das práticas sociais*, e que só são abstratas na medida em que possibilitam a *produção final do concreto*, quer esteja em causa a produção de objetos de consumo, a transformação das relações políticas, das relações ideológicas, das relações fantasmáticas, a produção de obras de arte etc.

Todo esse gigantesco ciclo da produção social, nos ritmos de suas diferentes rotações, em seus entrelaçamentos complexos, opera sob o primado do concreto–real sobre o abstrato e, portanto, sob o primado da prática sobre a teoria. Mas em nenhum momento do ciclo se observa uma distinção pura entre a prática, de um lado, ou o concreto e a teoria, do outro, ou a abstração. Em cada momento, toda prática só existe sob relações abstratas, que podem ser aplicadas ao nível da teoria. Em cada momento, todas as relações abstratas, inclusive as relações teóricas, só existem com a condição de estarem enraizadas na prática, no concreto. São as contradições desse imenso ciclo que produzem, em forma de luta de classes, o que chamamos de história humana e que tornam essa história *humana*, ou seja, não uma história descarnada, mas prenhe do peso, da materialidade, da finitude, dos sofrimentos, das descobertas e das alegrias humanas.

16

A PRÁTICA FILOSÓFICA

Precisávamos desse longo desvio pelas práticas e suas abstrações para finalmente chegar à filosofia. Diante da pergunta: mas, então, o que é específico da filosofia, se ela também vive sob a abstração e na abstração? E qual é a natureza da prática filosófica? Isso pode ser dito em outras palavras: qual é o objeto que a prática filosófica transforma?

Precisávamos desse longo desvio também por uma razão essencial: *o que a prática filosófica transforma são as ideologias sob as quais as diferentes práticas sociais produzem seus efeitos próprios.*

Vamos tratar a questão da filosofia tomando as coisas por um ângulo cômodo: o caráter das proposições filosóficas.

Quando digo "o gatinho morreu", enuncio um fato que pode ser verificado observando o animal ou por testemunhos: a abstração da linguagem já está presente neles. Quando digo "todos os corpos caem de acordo com uma lei que uma equação simples enuncia", também estou enunciando um fato, mas é o fato de outra abstração, a abstração dos conceitos científicos, visto que não estou falando deste corpo aqui, o do gatinho que caiu do telhado, e sim de todo corpo existente em nosso espaço euclidiano. Toda vez que enuncio uma proposição dessa ordem, sem dúvida mudo alguma coisa em meu conhecimento: eu não sabia que o gatinho tinha morrido, não sabia que todos os corpos caem de acordo com uma lei simples. Mas não mudo nada em meus "objetos": não devolvo a vida ao gatinho, nem impeço que um gato caia do telhado.

Entretanto, existem na linguagem proposições diferentes, que podem mudar alguma coisa em seu objeto. Quando digo a Pierre, que está a dez metros de mim, "Venha!", ele pode obedecer e vir até mim. Nesse caso, meu chamado mudou algo na ordem das coisas, visto que Pierre mudou de lugar. Quando batem à minha porta e pergunto "Quem é?", estou convidando a pessoa que está atrás da porta a responder, e ela pode fazer isso. Mas ela também pode permanecer em silêncio. Essas são proposições que podem ser ativas, mas sua ação não depende inteiramente de mim.

Vamos mudar de área. Quando o presidente do tribunal se senta e declara "Está aberta a sessão", ele pronunciou uma frase, e o resultado dela é que a sessão está efetivamente aberta, independentemente da opinião ou da oposição das pessoas presentes. O linguista inglês Austin chama essas proposições de "performativas"[1], pois agem diretamente, produzindo seu efeito apenas por terem sido pronunciadas.

Para termos uma ideia da natureza das proposições filosóficas, pelo menos daquelas que resumem os últimos pensamentos da filosofia, podemos partir dessa noção de proposição "performativa". Quando um filósofo como Descartes escreve "Deus existe", está agindo de modo semelhante ao presidente do tribunal que declara "Está aberta a sessão". A diferença é que a declaração de Descartes não provoca a existência de Deus, exceto no mundo de sua própria filosofia; ele, de certa forma, "abre" um mundo, o de sua filosofia. Sua frase faz que Deus exista para ele, visto que, de imediato, ele começa a argumentar, como se Deus existisse efetivamente, e sem nunca duvidar disso, visto que todas as outras proposições de sua filosofia dependem da existência de Deus.

Portanto, uma proposição filosófica não se parece com as proposições "*passivas*" que se limitam a fornecer o conhecimento de um fato ("o gatinho morreu") ou de uma lei (a lei da queda dos corpos: ½ de gt^2). É uma proposição *ativa*, que produz um certo efeito de existência e, portanto, faz passar do nada para o ser algo chamado Deus, mas com a ressalva de que não está em causa a existência *real* desse Deus, somente sua existência *filosófica*, sua existência na filosofia do autor e de seus discípulos. Ao mesmo tempo, obtemos de imediato a contraparte dessa propriedade, pois a mesma proposição filosófica não fornece nenhum conhecimento objetivo, embora constitua, para o filósofo que a enuncia,

---

1 *Quand dire, c'est faire*, trad. francesa G. Lane. Paris: Seuil, 1970, p. 41 ff.

um conhecimento incontestável. Com isso, pode-se ver logo que, se a filosofia age, é apenas nela, e não no mundo real.

Enunciadas essas simples observações, vemos que elas abalam todas as nossas crenças ingênuas. Pensávamos que a filosofia nos fornecesse o mais alto conhecimento, o conhecimento de todas as coisas, de sua "essência", e vemos que ela se limita a fornecer um conhecimento incontestável, mas somente para o filósofo que o enuncia! E pensávamos que a filosofia era "contemplativa", ou seja, passiva diante de seu objeto, e vemos que é ativa! Por fim, pensávamos que a filosofia lidava com os objetos reais, e vemos que ela produz diante de nós, e para ela, algo que nada tem a ver com os objetos reais! Estamos totalmente desnorteados.

É que não conseguimos evitar pensar a prática filosófica no modo ou da prática científica, que fornece conhecimentos, ou das outras práticas que já analisamos, ideológicas etc., que produzem transformações práticas, mas não conhecimento. Portanto, precisamos rever nosso ponto de vista[2].

Voltemos à proposição cartesiana: "Deus existe". É uma proposição ativa, mas não produz nada real, exceto no mundo da filosofia cartesiana. Isso quer dizer que esse enunciado é puramente ilusório? Não. Diremos, pois podemos fazê-lo sem exceder os limites do "fato" filosófico, que Descartes "coloca" a existência de Deus e, com isso, muda alguma coisa no que existia antes dele, num ateu, por exemplo, mas essa *colocação*, ao mesmo tempo que é ativa, permanece puramente filosófica, extraída do sistema de seu autor. E chamaremos de "*tese*", uma palavra traduzida do grego, que pode significar justamente *colocação*, a proposição filosófica que "coloca" a existência de um ser não real, mas essencial para a filosofia em questão.

Podemos dizer então: *a filosofia não produz conhecimento de um objeto real, e sim coloca teses* que enunciam ou a existência de um "objeto"

---

[2] Althusser, que, na primeira metade dos anos 1960, também pensou a filosofia no modo científico, em maio de 1966 começou a rever seu ponto de vista. Ele expôs sua nova concepção da "natureza política da filosofia" pela primeira vez no último capítulo de "La tâche historique de la philosophie marxiste" [A tarefa histórica da filosofia marxista] (maio de 1967). Esse texto, atualmente inédito em francês, foi publicado em húngaro, numa versão resumida, em 1968 (em *Marx – az elmélet forradalma*, trad. E. Gerö, Budapeste: Kossuth, pp. 272-306) e na íntegra, em inglês, em 2003 (em *The Humanist Controversy and Other Writings*, ed. François Matheron, trad. G. M. Goshgarian, Londres: Verso, pp. 155-220).

filosófico, ou as propriedades dele. Diremos, então, que *a filosofia não tem objeto* (no sentido em que a prática científica e a prática produtiva têm um objeto), mas que ela visa outra coisa: *objetivos ou focos de interesse*[3].

Exemplos de teses filosóficas? "Penso, logo existo", "Deus existe", "Deus é infinitamente perfeito", "duvido, portanto Deus existe", "os corpos são extensos", "o 'penso' acompanha a diversidade de minhas representações", "ser é ser percebido", "o mundo é minha representação", "a consciência é intencional", "a matéria precede o pensamento" etc. Como se pode ver, a definição que propomos da natureza das proposições filosóficas vale tanto para as teses idealistas como para as teses materialistas. Portanto, haveria uma "natureza" da filosofia como tal, que abarcaria as oposições que podem ser observadas nela.

De que se compõe uma tese filosófica? De termos abstratos, que, para distinguir dos *conceitos* científicos, chamaremos de *categorias*. Uma categoria não tem objeto, no sentido em que se diz que um conceito científico tem objeto. Seu sentido lhe é atribuído pelo conjunto das categorias que constituem o sistema filosófico. Ela pode desempenhar o papel de uma tese, caso resuma num ponto preciso a *colocação* da filosofia em questão. E uma tese pode desempenhar o papel de uma categoria, caso seja resumida por ela.

Assim como cada categoria recebe seu sentido do conjunto do sistema de categorias, do mesmo modo cada tese filosófica também remete ao conjunto do sistema de teses filosóficas. Existe, assim, uma rigorosa ligação interna entre todos os elementos teóricos de uma filosofia: a ligação de um "sistema" ou, mais precisamente, de uma "estrutura". O agrupamento de certas categorias sob a forma de tese expressa a tomada de posição da filosofia em relação a questões controversas. Assim, quando Descartes escreve "penso, logo existo", está assumindo posição contra a filosofia tomista, para a qual o pensamento não é idêntico à existência.

É aqui que começa a se tornar mais preciso o sentido prático, ativo, das proposições filosóficas. Se uma tese filosófica não tem objeto, se o objeto que ela coloca não é um objeto real e sim um objeto puramente

---

3 Teses esboçadas em "Lénine et la philosophie", em *Lénine et la philosophie suivi de Marx et Lénine devant Hegel*. Paris: Maspero, 1975 (1968), pp. 28-35, Col. Petite collection Maspero, e desenvolvidas em *Philosophie et philosophie spontanée des savants*, op. cit., pp. 13-8.

interno à filosofia, *esse objeto se torna para ela um meio para ocupar um terreno sobre um adversário filosófico*. Esse objeto filosófico representa o dispositivo "militar" por meio do qual, na guerra filosófica, a filosofia em questão ocupa posições definidas contra um adversário definido. De fato, uma tese só é formulada contra outra tese, contra uma tese adversa, ou seja, diferente ou contrária. *Portanto, toda tese é, por natureza, antítese.* E, assim, cada filosofia aparece como uma espécie de exército teórico em marcha, alinhado no campo de batalha, precedido e constituído por suas teses, que são seus batalhões ofensivos, destinados a ocupar o terreno contestado que o adversário já ocupa ou visa a ocupar. Compreende-se então a razão pela qual a filosofia não tem objeto nem proporciona conhecimento no sentido estrito: é porque não tem como fim a produção de conhecimentos, e sim uma guerra estratégica e tática contra as forças teóricas do adversário, a qual, como toda guerra, comporta *focos de interesse*.

De fato, é preciso imaginar a filosofia, ou seja, o conjunto das diferentes filosofias, em cada época, como um campo de batalha teórico. Kant, que queria fazer que nele reinasse, pela vitória de sua própria filosofia, desarmando todas as outras, a "paz perpétua" da filosofia crítica, chamava justamente a filosofia anterior, a "metafísica" (é expressão sua), de um "*campo de batalha*" (*Kampfplatz*). Deve-se acrescentar: um campo de batalha acidentado, escavado pelas trincheiras dos antigos combates, eriçado de fortificações abandonadas, ocupadas, reocupadas, marcado por nomes onde os combates foram particularmente encarniçados, sempre à mercê do renascimento de novos batalhões surgidos do passado e agrupando as forças novas que avançam. Deve-se acrescentar: um campo de batalha no qual pode até mesmo se delinear, em cada época, ao lado das frentes secundárias, uma frente principal em torno da qual se agrupam e se polarizam todas as forças adversas e secundárias. Deve-se acrescentar: um campo de batalha em que os combates perduram desde a primeira filosofia da história, em que é sempre a mesma batalha que continua, com novos nomes provisórios: a batalha entre o idealismo e o materialismo.

Os idealistas muitas vezes riram da tese de Engels segundo a qual a história da filosofia inteira nada mais é do que a luta perpétua do idealismo contra o materialismo. Na realidade, raramente o idealismo se mostrou com seu próprio nome, ao passo que o materialismo, que não levava a melhor, não avançava mascarado, e sim se declarava pelo que queria ser, ainda que não o conseguisse totalmente. Os idealistas criticaram Engels por seu esquematismo. Sim, *essa tese é esquemática*, mas somente se for mal interpretada.

Pois seguramente é fácil desfigurá-la e questionar: mas então nos mostrem na história *onde* vemos o realismo opor-se ao nominalismo, o mecanicismo ao dinamismo, o espiritualismo ao positivismo etc., então nos mostrem o conflito entre o idealismo e o materialismo! Isso é supor filosofias inteiriças, umas totalmente idealistas, outras totalmente materialistas; é supor que a frente permaneceu imóvel na história e procurar fantasmas. Na realidade, e mesmo que um dia tenhamos de refinar essa distinção por meio de pesquisas a respeito de cada sistema, *toda filosofia é tão somente a realização, mais ou menos bem-sucedida, de uma das duas tendências antagônicas: a tendência idealista e a tendência materialista*. E é em cada filosofia que se realiza não a tendência, e sim a contradição entre as duas tendências.

E isso não por razões de conveniência, como as que outrora podiam inspirar aos príncipes cuja política de comprar mercenários estrangeiros para reuni-los às suas próprias tropas Maquiavel condena[4]. É por razões ligadas à própria natureza da guerra filosófica. Se uma filosofia quer ocupar as posições do adversário, precisa fazer aderir à sua causa o grosso das tropas do adversário, inclusive devolvendo os argumentos filosóficos do adversário. Se queres conhecer teu inimigo, vai à terra de teu inimigo[5], dizia Goethe, citado por Lênin. Se queres vencê-lo, apodera-te não só de suas terras e de suas tropas, mas *acima de tudo de seus argumentos*, pois com seus argumentos terás nas mãos tanto suas tropas como suas terras. É preciso ressaltar que, por vocação, toda filosofia se destina a ocupar *todo o campo de batalha*. Assim, ela deve se armar *preventivamente* para a ocupação das posições contrárias, ou seja, colocar-se antecipadamente em condições de ocupar as posições ocupadas atualmente pelo inimigo, portanto, apoderar-se de antemão de suas próprias armas e de seus próprios argumentos.

[4] *Le Prince*, op. cit., pp. 110-12.
[5] "Wer den Feind will verstehen, muss in Feindes Lande gehen", adaptação de I. S. Turgueniev, citada por Lênin em *Matérialisme et Empiriocriticisme*. Paris: Éditions Sociales, 1973, p. 313, de dois versos de Goethe: "Wer den Dichter (o poeta) will verstehen/ Muß in Dichters Lande gehen."

É assim que cada filosofia porta em si, por assim dizer, seu próprio inimigo, vencido de antemão, responde *antecipadamente* a todas as suas réplicas, instala-se *antecipadamente* em seu próprio dispositivo e remaneja o dela para ser capaz dessa absorção. É por isso que toda filosofia idealista necessariamente comporta em si argumentos materialistas, e vice-versa. Não existe no mundo nenhuma filosofia que seja pura, isto é, totalmente idealista ou totalmente materialista. Inclusive a que é chamada de filosofia materialista marxista nunca poderá pretender ser totalmente materialista, porque então terá abandonado o combate, desistindo de se apoderar preventivamente das posições ocupadas pelo idealismo.

Tudo bem, dirão, aí está uma bela explicação. E compreendemos que adversários possam lutar assim. Fala-se de campo de batalha. Afinal de contas, existem realmente campos de jogo em que também está em causa ocupar as posições do adversário a fim de apossar-se do campo inteiro. Mas, pelo menos, num jogo sabe-se qual é o foco de interesse: a vitória, e sabe-se que ela é de brincadeira. Encerrada a partida, os jogadores deixam o campo. Os filósofos, como bons amadores, se enfrentariam por nada, apenas pela vitória e pelo prazer de se enfrentar e de exibir seus talentos diante dos espectadores? Mas onde está o prazer de jogar com homens tão sérios? E onde estão os espectadores?

É preciso levar a sério esse argumento, pois até agora nada fizemos além de definir as condições *formais* de uma guerra geral e perpétua, idêntica àquela descrita por Hobbes, que ocorre entre os homens do estado de natureza no *Leviatã*. E, pelo menos, em Hobbes se pode compreender por que os homens lutam: "por bens", que é a razão de última instância, que sustenta as outras, a rivalidade e o prestígio. Mas *onde estão os focos de interesse materiais dessa guerra filosófica*, que, sem eles, corre o grande risco de ser pensada em termos idealistas de luta pelo puro prestígio?

Aliás, se reconsiderarmos a história da filosofia, constataremos estranhas mudanças no traçado da frente de batalha teórica. Ora se luta a propósito de política e de moral (Platão), ora, e aqui muito calmamente, a propósito de matemática, de biologia, da retórica e da virtude (Aristóteles), ora a propósito da queda dos corpos (Descartes), ora a propósito da substância (Espinosa, Hume), ora a propósito das ciências puras (Kant) etc. Se a frente se desloca assim, se o combate se aferra desesperadamente a certa fortificação inesperada, se o mesmo combate se repete indefinidamente a propósito de objetivos tão variados, é porque, *dentro de seu próprio campo de batalha, a guerra filosófica se desloca*, seguindo um certo curso de acontecimentos ausentes desse campo, mas que repercutem profundamente nele para provocar esses deslocamentos: acontecimentos da história das descobertas científicas, acontecimentos da história da política, da moral, da religião etc. Portanto, há *focos de interesse reais* nessa guerra de brincadeira, focos de interesse sérios nessa guerra aparente, mas que não são vistos concretamente no campo de batalha porque *estão fora dele*.

Portanto, precisamos nos voltar para esses focos de interesse, a fim de conhecê-los. E então descobrimos que eles são constituídos do conjunto de práticas sociais que já analisamos. Na sequência dos acontecimentos históricos, que repercutem de longe no interior do campo de batalha filosófico, as práticas e as ideologias nem sempre ocupam o mesmo lugar, nem desempenham sempre o mesmo papel. Um acontecimento científico, como a descoberta da matemática nos séculos VI e V a.C. na Grécia, pode surgir subitamente na unidade contraditória então existente entre as práticas e as ideologias e produzir nela uma desordem que é preciso reparar a qualquer custo, como Platão fez tão bem – mas havia também a "decadência" (democrática) da cidade, que Platão, político, queria reformar. Outro acontecimento científico, como a descoberta da física galileana ou da atração universal, pode "rasgar" o tecido ideológico reinante e provocar a reação filosófica de um Descartes ou de um Kant. Mas em geral não são os acontecimentos científicos que desempenham o papel principal nas grandes reviravoltas ideológicas. São, acima de tudo, os acontecimentos sociais e políticos que modificam as relações de produção e as relações políticas, arrastando consigo as relações ideológicas. É preciso responder a essas gigantescas transformações na ideologia. A filosofia então interfere para remanejar seu antigo dispositivo e fazer frente às reviravoltas assim provocadas.

Mas, dirá nosso infatigável interlocutor, afinal, o que a filosofia tem a ver com esse assunto? Acaso os filósofos não são pessoas isoladas do mundo, que só têm na cabeça a "busca da verdade"? E, se interferem, será que alguém é capaz de explicar *por quê* e *em nome do quê* e *em busca de qual resultado*? Também aqui temos de levar a sério essa objeção e responder a ela. Mas para isso precisamos fazer todo um desvio: pelo Estado.

17

IDEOLOGIA DOMINANTE E FILOSOFIA

Já observamos que, em última instância, a ideologia é estruturada por uma contradição importante, que a perpassa e marca em todas as suas partes: aquela que opõe a ideologia dominante à ideologia dominada. Mas o que é ideologia dominante? "A ideologia da classe dominante" (Marx). Sabemos que essa ideologia dominante tem a função de possibilitar que a classe social que tomou o poder de Estado e exerce sua ditadura se torne "dirigente", isto é, obtenha o livre consentimento (consenso) de seus explorados e dominados ao lhes apresentar uma ideologia que impeça sua revolta e os submeta voluntariamente a ela. Mas sabemos também que essa ideologia dominante não tem como única função a submissão dos explorados e a unificação da sociedade sob o domínio da classe no poder. Tem como função primeiramente unir essa mesma classe, fundir numa vontade política unificada as diferentes camadas sociais que, em determinado período histórico, aglomeraram-se para formar essa classe social, e, no melhor dos casos, garantir o desenvolvimento de suas relações de produção, de sua produção, em suma, de sua história. Portanto, a ideologia dominante não é só para uso dos outros, dos explorados pela classe dominante, mas sobretudo para seu próprio uso e, *quando necessário*, devido a seus "recaimentos", para uso das classes dominadas.

Nessa explicação apareceram novamente as palavras "unificação", "unir", "unificada". Isso porque cada classe que chega ao poder, ao cabo de uma revolução social e política, deve remanejar todo o dispositivo social e político anterior para firmar sua dominação. Deve unificar a si mesma como classe, constituir uma unidade com os aliados de que precisa, transformar os aparelhos de Estado que herda, superar suas contradições. Deve, em especial, unificar o Estado ou reforçar-lhe a unidade. E, muito naturalmente, deve constituir, *por uma operação de unificação particular*, essa ideologia dominante de que necessita para reinar e que deve ser una para ser eficaz.

É aí que a classe dominante esbarra na diversidade material das práticas e das ideologias que elas inspiram e que as governam. Lembrem-se de Hesíodo: é o trabalho do marinheiro que dá ao marinheiro suas ideias, é o trabalho do camponês que dá ao camponês suas ideias, é o trabalho do ferreiro que dá ao ferreiro suas ideias. Há aí algo irredutível, que provém das práticas de transformação da natureza e do longo combate contra os ventos, o mar, a terra, o ferro e o fogo. Mas lembrem-se: todas essas práticas "locais", e as ideologias "locais" que lhes correspondem, não permanecem isoladas, visto que o homem vive em sociedade. Acima delas, unindo-as, formam-se ideologias "regionais", que produzem essas ideologias largamente partilhadas pelos homens, que são a religião, a moral, as ideias políticas, estéticas etc. Por fim, lembrem-se: em última instância, todas essas ideologias "locais" e "regionais" são reagrupadas em duas grandes tendências políticas, em confronto uma com a outra – a ideologia das classes dominantes e a ideologia das classes dominadas. É certo que a primeira esmaga a outra, que a reduz ao silêncio, que a torna irreconhecível, exceto quando lhe dá a palavra para melhor refutá-la. Mas nem por isso ela deixa de existir, como não deixa de existir a tendência à revolta entre todos os explorados e todos os escravizados, e não é a paz que reina entre os escravos que pode enganar seu mundo, quando se sabe que é a paz da servidão.

Se não houvesse no mundo esse contrapoder de revolta e de revolução, não compreenderíamos todas as formidáveis precauções que a classe no poder toma. Hobbes dizia: olhem suas portas, elas têm fechaduras, mas por que, senão porque vocês de antemão têm medo de ser atacados pelos ladrões ou pelos pobres?[1] Pode-se dizer igualmente: olhem sua ideologia dominante, ela também tranca todas as portas e faz

---

1 T. Hobbes, *Léviathan*, trad. francesa F. Tricaud e M. Pécharman. Paris: Vrin, 2004, pp. 107-8, Col. Librairie philosophique.

Deus montar a guarda geral para que tudo permaneça no devido lugar; mas por que, senão porque *vocês de antemão têm medo de ser atacados por seus adversários*, justamente esses que vocês mantêm na servidão e reduzem ao silêncio? O gigantesco aparelho ideológico que, no limite, reina assim num silêncio impressionante, quebrado apenas por alguns gritos ou, mais seriamente, por algumas revoltas, atesta a ameaça que pesa contra o poder ideológico estabelecido.

Portanto, a classe dominante deve, necessariamente, e também com toda urgência, *unificar sua ideologia como ideologia dominante*. Para fazer isso, em primeiro lugar deve levar em conta o estado da frente e dos argumentos ideológicos, para se apossar do que lhe pode servir. Não importa quem produziu tal argumento, contanto que ele possa servir a minha causa! Mas o que ela encontra assim, aqui e ali, está disperso, e precisa quebrar ou remanejar de dentro a unidade anterior que não lhe convém mais, para que passe a lhe convir. Isso não é fácil. Tente concatenar, tente ajustar tantos elementos tão díspares para com eles fazer uma ideologia una e que convenha aos objetivos políticos da classe dominante! Ainda mais porque as classes adversas – a antiga classe dominante e a nova classe explorada – não dão à classe dominante sossego para "montar" sua ideologia dominante nas horas vagas, nem de acordo com planos cuidadosamente estabelecidos de antemão. Em suma, todo esse longo trabalho de unificação é feito na confusão das lutas, em meio à luta de classes, e ele mesmo é um elemento e um episódio da luta de classes.

Vejam Platão: esse aristocrata, nostálgico da época em que reinavam na Grécia os grandes proprietários de terras, menosprezando a democracia ateniense, a braços com o surgimento da matemática e com as argúcias dos sofistas, que são um pouco os tecnocratas daquele tempo e seus demagogos, esse aristocrata tem de tomar distância acima da filosofia, da sua filosofia, para combater os "amigos da terra" e lançar uma gigantesca máquina de guerra no campo de batalha. Ele fala de tudo, de todas as práticas, de todas as profissões, de todas as ideias. Vocês pensam que faz isso por prazer? Mas esse homem vai oferecer seus serviços a chefes de Estado (na Sicília). Oferece-lhes ao mesmo tempo sua obra filosófica, da qual espera resultados muito precisos. O que faz Platão? *Propõe* aos homens políticos da época, revoltados contra o andamento das coisas, sua pequena contribuição pessoal de revisão da ideologia dominante, seriamente atingida pelos grandes acontecimentos da época, sua tentativa pessoal de restauração – mas levando em conta o que aconteceu – da antiga ideologia aristocrática, adaptada ao gosto do dia: um "aggiornamento". O indivíduo filósofo nada mais pode fazer, não pode assumir o lugar do chefe de Estado e impor sua filosofia. Contenta--se em fabricá-la e propô-la. Mas, *para fabricá-la, ele de certo modo se colocou no lugar do chefe de Estado ou da classe social* cujos interesses representa, fez-se "rei" filosoficamente. E foi para ela que elaborou toda essa obra imensa de remendo filosófico, em suma, de unificação da antiga ideologia aristocrática sobre novas bases, aquelas que os novos tempos lhe impõem.

Essa condição explica a relação dos filósofos como indivíduos com a filosofia. Eles só são filósofos ao se sentirem responsáveis por essa tarefa histórica e política e se a empreenderem. Daí a extraordinária seriedade dos filósofos, mesmo quando são mordazes, como Nietzsche, pois todos se sentem investidos de uma verdadeira tarefa histórica possível. Assim, as coisas acontecem de maneira peculiar: ninguém lhes encomenda nada, mas eles agem como se tivessem recebido um mandato, quer se sintam representantes da classe dominante, quer das classes dominadas. E, por assim dizer, vão ao mercado de produtos filosóficos para oferecer sua mercadoria teórica a quem quiser comprá-la. E ela pode encontrar o comprador que esperam, ou outro totalmente inesperado, que precisa dessa mercadoria para preparando-la à sua maneira e fazer sua clientela consumi-la. Também podem ir embora sem ter feito negócio, e continuar seu trabalho, até que, por fim, a oportunidade se apresente – ou muito tempo depois de sua morte, por um desses encontros históricos que será preciso explicar – ou não se apresente nunca. Assim, existe na história uma prodigiosa *quantidade de filosofias rejeitadas*, que são como detritos teóricos, mas esses detritos são os detritos de produtos acabados que encontram comprador no mercado. Como na produção material, existem assim, na produção filosófica, gigantescos "falsos custos" de produção.

Sem dúvida, existem em toda essa produção artesãos teóricos que fazem de suas fantasias individuais, ou de seu delírio, ou de suas preferências, ou do simples prazer de teorizar, uma filosofia. Mas, de modo geral, todas essas produções caem, de perto ou mesmo de muito longe, por um viés ou por outro, na lei da oposição entre o idealismo e o materialismo. É que um filósofo não pode se distanciar dessa lei implacável que domina o campo de batalha filosófico e que deseja, em última instância, direta ou indiretamente, que cada filosofia se alinhe num dos dois lados ou em suas margens (de erro ou de manobra). Não é obrigatório que essa adesão seja explícita, nem que cada filósofo retome palavra por palavra as teses materialistas ou idealistas. Basta que sua produção se ordene na perspectiva geral do campo de batalha, que leve em conta as posições ocupadas e os argumentos utilizados pelos adversários, e nem mesmo é necessário que os leve em conta explicitamente: certos silêncios às vezes são tão eloquentes quanto certas declarações. Descartes, por exemplo: ele fala tanto da matemática como da física e da medicina (da qual a moral é, para ele, tão somente a aplicação) e, evidentemente, de Deus. Mas não diz quase nada sobre a política, enquanto seu contemporâneo Hobbes trata dela abundante e escandalosamente, assim como Espinosa e Leibniz. Mas o silêncio de Descartes sobre a política, somado ao que diz em outro lugar sobre seu Deus "senhor e soberano como um rei em seu reino"[2], mostra bem qual é, em política, seu partido: o da monarquia absoluta, necessária para os interesses de uma burguesia à qual, no âmbito das ciências e da ideologia da verdade, a filosofia de Descartes serve.

Por exemplo, tomando um caso anterior a Descartes, um homem como Maquiavel, que só fala de história e de teoria política e militar, não diz uma palavra sobre filosofia. Mas sua maneira de falar de história e de política trai, de modo evidente, posições filosóficas que são radicalmente antagônicas a toda a tradição política moralizante herdada dos intérpretes de Aristóteles e da teoria cristã reinante. Assim, o silêncio, em certas condições em que é politicamente forçado (Maquiavel não podia se declarar filosoficamente adversário da filosofia dominante), pode representar uma colocação filosófica. Ora, esse valor lhe vem apenas da relação de forças entre as ideias que imperam no campo de batalha filosófico e se estabelece a despeito de seu silêncio, pois esse mesmo silêncio faz parte das forças em confronto.

---

[2] Carta a M. Mersenne de 15 de abril de 1630, *Œuvres*, op. cit., t. I, p. 145. "Foi Deus que estabeleceu essas leis (as 'verdades matemáticas') na natureza, assim como um rei estabelece leis em seu reino." Cf. *Méditations, Sixièmes réponses*, *Œuvres*, t. IX, Primeira parte, p. 236.

Portanto, a tarefa de unificar como ideologia dominante os elementos ideológicos existentes cabe à luta de classe da classe dominante e é realizada através das formas derivadas da luta de classes. Mas é aqui que a filosofia desempenha seu papel insubstituível, pois intervém nesse combate para cumprir uma missão que nenhuma outra prática pode realizar.

18

O LABORATÓRIO TEÓRICO DA FILOSOFIA

Para termos uma ideia dessa missão, vamos utilizar novamente uma comparação: a do *ajustador*[1], qualquer que seja sua especialidade. Mas, para clarear a ideia, vamos supor que se trate de um mecânico que deve fazer uma peça complexa destinada a uma máquina. Ele dispõe de uma certa quantidade de materiais: peças de aço, de ferro, de cobre etc. Precisa trabalhar essas peças e depois ajustar umas às outras para que fiquem firmes e funcionem de maneira adequada. Um longo trabalho de acabamento e de ajuste. Mas vamos imaginar que essas peças não sejam constituídas da mesma matéria, o *ferro*, e que a produção e a natureza do mecanismo a construir exijam que se empregue também *cobre*, recentemente descoberto e que não se pode dispensar, por causa da grande utilidade desse material. O mecânico deverá levar em conta a existência do cobre e de suas propriedades para ajustar o conjunto de peças de um modo diferente. Devido à diferença de plasticidade do cobre e a sua menor resistência, ele não ajustará as peças do mesmo modo que fazia quando eram todas de ferro. Assim, ao realizar o ajuste, levará em conta a natureza do cobre, o que exigirá *uma nova maneira de ajustar* as peças umas às outras. Um novo ajuste e, no limite, um novo ajustador, pois alguém pode muito bem saber ajustar peças de ferro, mas não se sair tão bem com peças de ferro quando surge uma peça de cobre.

As coisas se passam de maneira semelhante na filosofia. Ou melhor, a filosofia se torna necessária a partir da descoberta de um novo metal

---

[1] Cf. *Philosophie et philosophie spontanée des savants*, op. cit., pp. 57-8.

que surge entre os antigos metais conhecidos. Isso porque a filosofia nem sempre cumpriu o papel de unificar todos os elementos ideológicos. Durante muito tempo, a religião desempenhou esse papel unificador na história da maior parte das sociedades. Bastavam grandes mitos sobre a existência de Deus, a criação do mundo e a salvação final para que todas as atividades humanas e as ideologias correspondentes encontrassem neles seu lugar, constituindo assim a ideologia unificada de que a classe dominante necessita para assegurar sua dominação.

Mas chegou um tempo em que um novo tipo de saber, não mais técnico, não mais ideológico, surgiu na história: *o saber científico*. Ele representava sérios perigos para a ordem estabelecida, pois dava aos homens a prova de que o conhecimento "absoluto" das coisas podia lhes vir de sua própria prática científica, e não da revelação divina. Com isso, a ordem dos poderes, em que o saber religioso estava ligado ao poder político, podia ser abalada. Era preciso reagir a essa ameaça materialista que prejudicava os poderes estabelecidos, os homens munidos desse poder e a submissão de seus explorados. Era preciso se apossar da nova prática e de sua força e fazê-la entrar na ordem estabelecida. Mas, para isso, eram necessários outros homens, não os religiosos, para restaurar a ordem ameaçada, outros "ajustadores" para conectar as peças antigas com as novas e colocar de novo em funcionamento a máquina renovada, mas basicamente a mesma máquina. Esses homens só podiam ser homens capazes de dominar a nova prática científica: homens que entendessem de matemática.

Foi[2] dessa ruptura e da conjuntura política em que ela ocorreu que nasceu a filosofia. Pela sua função, ela não fazia mais do que suceder a religião no papel de *unificadora das ideologias como ideologia dominante*. Mas, pelo seu conteúdo, tinha de subordinar a si os elementos novos trazidos ao mundo dos homens pela nova prática.

Mas o que a ciência matemática trazia aos homens? Esta revelação: para alcançar um saber demonstrado, é preciso raciocinar sobre objetos puros e abstratos, usando métodos puros e abstratos. Quem não levasse

---

2 Na versão remanejada do capítulo 2 ("Filosofia e religião"), Althusser incorporou, modificando-as, algumas ideias desenvolvidas nas páginas seguintes, deixando inalterado o presente capítulo.

em conta essa novidade, estava ou podia estar destinado a ser superado por uma ideologia proveniente da prática matemática. Portanto, era preciso consentir na prodigiosa concessão de adotar os princípios da demonstração matemática e fazê-los servir aos objetivos das classes dominantes, para não se arriscar a se ver *"virado" para o lado esquerdo*. Tudo bem. A experiência podia ser tentada e ser conclusiva. Foi tentada e foi conclusiva, prova disso é a obra de Platão, que escreve no frontão de sua escola: "Ninguém entre aqui se não for geômetra", mas que ao mesmo tempo – e isso é revelador –, em seu sistema, subordina a matemática, rebaixada para a segunda posição, à própria filosofia e, em última instância, à política. Todo camponês sabe: basta pegar um cachorro bravo, treiná-lo, e ele lhe obedecerá, montando guarda à porta da casa. *Domesticar o adversário roubando-lhe sua linguagem* – este é todo o segredo da luta ideológica, mesmo quando, por razões históricas dadas, assume a forma de luta filosófica.

A questão de saber se Platão foi ou não o fundador da filosofia é uma questão que corre o risco de nunca encontrar resposta, pois ele foi precedido por outros homens, como Parmênides, que em seu modo de raciocinar levava em conta a existência da matemática. Mas Parmênides, como Platão, era idealista, e parece cômodo imaginar – com a ideologia dominante posta em causa e sendo necessariamente idealista, visto que é ideologia da classe dominante – que a filosofia começou pelo idealismo, que teria sido assim um gigantesco "aggiornamento" idealista para responder ao surgimento da matemática. Entretanto, não se tem certeza de que as coisas tenham acontecido assim. Pois nas obras de Platão há uma espécie de fantasma, o do materialista Demócrito, cujos oitenta tratados (obra gigantesca!) foram destruídos, e em circunstâncias estranhas, o que faz pensar numa destruição voluntária, numa época em que era difícil multiplicar os exemplares de uma obra.

É possível, portanto, que a filosofia tenha começado com Demócrito, ou seja, pelo materialismo, que assim teria expressado filosófica e positivamente, sem restrição teórica, os "valores" portados pela conjunção entre sua época e a descoberta da ciência matemática. E seria contra essa ameaça, já filosófica, já comentada em termos filosóficos, que Platão teria construído sua máquina de guerra, explicitamente dirigida contra os "amigos da terra", entre os quais é fácil reconhecer os adeptos de Demócrito. Seja como for, e aqui estamos vendo um exemplo concreto da seleção implacável que a ideologia dominante opera, quem permaneceu não foi Demócrito, e sim Platão, e com ele a filosofia idealista dominou toda a história das sociedades de classes, reprimindo ou destruindo a filosofia materialista (não é por acaso que temos apenas fragmentos de Epicuro, o maldito).

No entanto, das condições do começo da filosofia (trazida à existência pelo surgimento da ciência matemática) não se deveria deduzir que ela sempre tenha respondido apenas aos acontecimentos da história das ciências. Se foi a ciência que, com a forma abstrata de seus objetos e de sua demonstração, forneceu a condição absoluta do discurso necessário para acabar com a ameaça que ela representava, ao longo de sua história a filosofia reagiu a acontecimentos muito diferentes, e perigosos, de maneiras diferentes. De fato, pode-se dizer que foram as grandes reviravoltas sociais, as revoluções nas relações de produção e nas relações políticas que tiveram influência decisiva na história da filosofia. Não de imediato, pois é preciso tempo para passar de uma revolução econômica a uma revolução na política e, depois, na ideologia, mas com certo prazo, seja mais tarde (é a famosa fórmula de Hegel: a filosofia sempre se levanta quando o sol se põe, como a coruja de Minerva[3]), seja, paradoxalmente, por antecipação. Sim, por antecipação, pois a revolução social que amadurece nas profundezas da sociedade pode, durante muito tempo, ser impedida de eclodir pela capa de chumbo do poder estabelecido, da repressão dos aparelhos de Estado e da ideologia vigente.

Mas as mudanças que se produzem na base podem ter repercussões sob a dominação da antiga classe dominante e afetar a própria ideologia em vigor. O exemplo da história da ascensão da burguesia ilustra essa tese: as relações capitalistas começaram a se implantar na Europa ocidental já no século XIV, e foram necessários entre três e cinco séculos para que a revolução política burguesa as sancionasse com a existência de um novo direito, de um novo aparelho de Estado e de uma nova ideologia. Entretanto, durante todo esse intervalo, as mudanças na base haviam feito seu caminho nas instituições existentes. A monarquia absoluta, essa forma de Estado de transição que associava aos nobres os burgueses

---

3 *Phénoménologie...*, op. cit., Prefácio, t. I, p. xx.

capitalistas e togados, já era a manifestação disso. E, durante todo esse tempo, burgueses audaciosos começavam a lançar as bases de uma ideologia que mais tarde se tornaria dominante: a ideologia burguesa, fundamentada na ideologia jurídica.

Do mesmo modo, a ideologia proletária se desenvolveu sob a dominação da classe burguesa, no decorrer de uma luta que perdura há 180 anos e ainda não se encerrou definitivamente. Também nesse caso, a ideologia está adiantada com relação à revolução, e não é por acaso que ela pode se adiantar: é porque o modo de produção burguês já contém elementos que respondem antecipadamente a essa ideologia, socializando cada vez mais a produção, educando para a luta de classes os explorados pela concentração industrial, pela disciplina do trabalho, bem como por seu alistamento forçado na luta política ao lado da burguesia contra a aristocracia agrária do século XIX, ou na luta mortal travada pela burguesia contra as organizações da vanguarda da classe operária e contra toda a classe operária.

Mas, para compreender esse fenômeno surpreendente de antecipação ideológica com relação à história, também precisamos levar em conta o fato de que essa ideologia de vanguarda, que se desenvolve sob a dominação da classe no poder, inicialmente só pode se expressar sob as condições que a ideologia dominante lhe impõe. Os filósofos e ideólogos burgueses mais radicais não podiam jogar Deus para fora do barco, e por isso todos foram deístas, mesmo quando eram ateus, não acreditando no "Deus dos crentes", e sim no "Deus dos filósofos e dos cientistas"[4], ou acreditando no Deus natureza de Espinosa ou no Deus animal-mudo de Hobbes, que faziam tremer os crentes contemporâneos. Assim, a filosofia burguesa de vanguarda teve de simular comprometimento com os "valores" da ideologia feudal, quando na realidade utilizava esses "valores" contra ela. "Larvatus prodeo"[5], dizia Descartes: "Eu avanço mascarado." Para que as máscaras caíssem, era preciso que o poder feudal caísse. Com a ideologia proletária acontece o mesmo. Também ela teve de revestir as categorias emprestadas da ideologia burguesa, mesmo da religião (a burguesia da *belle époque* não era religiosa) e, depois, da ideolo-

4 Ver p. 45, n. 2.
5 Ver p. 49, n. 12.

gia moral e, posteriormente, da ideologia jurídica. Os primeiros combatentes da classe operária lutavam sob a bandeira da fraternidade dos filhos de Deus, depois sob a bandeira da liberdade e da igualdade de 1789, em momento posterior sob a bandeira da comunidade, antes de conseguirem adotar sua própria ideologia: a do socialismo e do comunismo.

Nessas prodigiosas mutações sociais e políticas e seus prolongamentos ideológicos, a filosofia desempenhava silenciosamente seu papel, contraditório, mas eficaz. Qual papel, em última análise?

Para entendê-lo, vamos retomar nosso exemplo do ajustador, mas agora levando em conta a exigência que acabamos de analisar, aquela a que se submete toda ideologia como efeito da luta de classes: *a exigência da constituição da ideologia existente como ideologia dominante* e, portanto, a exigência *da unificação, como ideologia dominante, de todos os elementos ideológicos existentes num determinado período da história humana.*

Algo agora está assente para nós: a partir do momento em que existem ciências na cultura humana, não é mais possível para uma ideologia qualquer, ainda que fosse a ideologia religiosa, levar a cabo essa tarefa, melhor dizendo, estar à altura dessa tarefa histórica, pois é perigoso para a ideologia dominante deixar as ciências produzirem sozinhas efeitos que só podem ser materialistas. Portanto, é preciso que essa tarefa de unificação seja cumprida por uma "teoria" capaz de chamar à razão as ciências, ou seja, colocá-las em seu lugar subordinado, portanto, subjugá-las por meio de uma "teoria" capaz de dominar as formas de demonstração científicas existentes e os efeitos inevitáveis e previsíveis dessas formas. Não é uma questão de escolha, mas de relação de forças. E também aí se trata de uma solução preventiva: a filosofia deve "tomar a dianteira", pois, se não intervier a tempo, toda a ordem ideológica que ela quer salvaguardar correrá o risco de ruir.

Assim, cabe à filosofia participar de um modo totalmente particular dessa obra de unificação ideológica a serviço da ideologia dominante. Digo claramente: *participar*, pois para a classe dominante e para a ideologia dominante não está em questão delegar todo o poder à filosofia. Os ideólogos burgueses ou esquerdistas modernos que identificam o saber filosófico e o poder confundem o poder e o saber que a filosofia atribui a si mesma *subjetivamente* com o poder e o saber fazer que lhe são *delegados pela ideologia determinante no interior da ideologia dominante*[6].

Adiante veremos qual é essa ideologia *determinante*, de acordo com os modos de produção conhecidos. Mas, seja como for, a filosofia tem seu papel a desempenhar nessa unificação ideológica da qual depende o destino da ideologia dominante. Qual é esse papel?

Eu diria que a filosofia pode ser comparada a uma oficina artesanal, na qual um *ajustador teórico* fabrica peças sob medida para interligar os diversos elementos (relativamente homogêneos e contraditórios) das formas ideológicas existentes, para com eles fazer essa ideologia relativamente unificada que deve ser a ideologia dominante. Não há dúvida de que essas novas peças fabricadas não podem ser totalmente estranhas, em sua matéria e em sua forma, aos elementos que se deseja interligar. Entretanto, trata-se de peças novas, que devem poder servir para todas as ligações possíveis. O filósofo Duns Scot disse, sobre essa questão, as palavras mais exatas possíveis: "Não se devem multiplicar os seres sem necessidade."[7] Traduzindo: *não se devem multiplicar as peças de ligação sem necessidade*. Para unificar bem uma ideologia, é preciso unificar também as peças de ligação, as peças de sua unificação. Isso significa, na verdade, indicar a necessidade de uma "produção em série" de peças polivalentes, que possam ser usadas em todos os casos em que a ligação ideológica se impuser. Basta pensar nas juntas produzidas em série pela indústria moderna: elas podem servir numa infinidade de casos.

E, naturalmente, como não se trata apenas de unificar uma ideologia, produzindo juntas de ligação intercambiáveis, e sim de *unificar também as peças* que é preciso interligar, pois esta última solução é a única econômica e eficaz, o trabalho do ajustador-filósofo consiste em *forjar categorias tão universais quanto possível, capazes de unificar sob suas teses os diversos âmbitos da ideologia*. É aqui que encontra seu primeiro sentido (adiante veremos qual é o segundo) a antiga reivindicação da filosofia

---

[6] Ideia desenvolvida com tonalidade polêmica em *Sur la reproduction*, op. cit., pp. 209-13.
[7] *Traité du premier principe*, ed. R. Imbach, trad. francesa J.-D. Cavigoli, J.-M. Meilland e F.-X. Putallaz. Paris: Vrin, 2001, p. 103, Col. Bibliothèque des textes philosophiques. "Nunca se deve colocar uma pluralidade sem necessidade." *Entia non sunt multiplicanda praeter necessitatem*, a fórmula equivalente que Althusser cita aqui, com frequência é atribuída a Guilherme de Ockham, mas parece não se encontrar nele nem em Duns Scot.

idealista de conhecer "o todo" ou de "tudo saber e conhecer". A filosofia deve impor seu domínio, ou seja, suas categorias, à totalidade do que existe, não diretamente à totalidade dos objetos reais, e sim à totalidade das ideologias sob as quais as diferentes práticas operam e transformam os objetos reais, seja a natureza ou as relações sociais. E, se ela impõe assim seu poder teórico a tudo o que existe, não é por prazer ou por megalomania, mas por uma razão muito diferente: para acabar com as contradições existentes na ideologia atual, para unificar essa ideologia como ideologia dominante.

Observem por um momento o que acontece com a filosofia burguesa entre os séculos XIV e XVII. Uma mesma categoria está imposta em toda parte, para dar conta de um número considerável de ideologias locais e regionais e das suas práticas correspondentes. Essa categoria é a do *sujeito*. Partindo da ideologia jurídica (ideologia do direito das relações mercantis, em que cada indivíduo é sujeito de direito de suas capacidades jurídicas, como proprietário de bens que pode alienar), essa categoria invade, com Descartes, o âmbito da filosofia que garante a prática científica e suas verdades (o sujeito do "eu penso"); invade com Kant o âmbito da ideologia moral (o sujeito da "consciência moral") e da ideologia religiosa (o sujeito da "consciência religiosa"). Já há muito tempo ela havia invadido, com os filósofos do direito natural, o âmbito da política, com o "sujeito político" no contrato social. É bem verdade que essa bela unidade posteriormente conhecerá acidentes, aos quais outros filósofos (entre eles, Comte) tentarão responder, mas, tal como se apresenta, de modo impressionante, na longa história da ascensão da burguesia, ela demonstra a tese que defendemos.

De fato, nessa longa história, vemos a filosofia "*trabalhar*" *uma categoria capaz de unificar a totalidade das ideologias e das práticas correspondentes* e aplicá-la com sucesso, forçando os agentes dessa prática a se reconhecerem nela. Pois, afinal, não se trata só dos filósofos, dos moralistas e dos políticos, mas também dos literatos e, abaixo de todos eles, dos explorados que podiam ter esperança de se tornar burgueses – suas práticas correspondentes foram modificadas, uma vez modificadas as ideologias que as dominavam, e essa unidade não ficou nas ideias, visto que acabou provocando a revolta política que resultaria nas revoluções inglesa e francesa.

Sem dúvida, é preciso evitar aqui uma concepção idealista do papel da filosofia. A filosofia não faz o que bem entende com as ideologias existentes. Do mesmo modo, não fabrica por decreto nenhuma categoria capaz de unificar ideologias sem nenhum suporte material. Há imposições materiais objetivas que ela é incapaz de contornar, que é obrigada a respeitar. Portanto, essa obra de unificação ideológica permanece tanto contraditória quanto inacabada. Sempre há dificuldades insuperáveis. Por querer unificar depressa demais o saber, Descartes simplesmente fabricou uma física imaginária, que não levava em conta a força. Mas, por levar em conta essa dificuldade, Leibniz, que a vira bem, entrou numa nova unidade ainda mais imaginária[8].

E, quanto a esses famosos filósofos que sabem que "avançam mascarados" e que são forçados a pensar, sob as categorias dominantes, verdades que nada têm a ver com elas, não se deve julgar que saiam indenes. Se Descartes se calou sobre o poder político, foi também porque compartilhava as ilusões da ideologia política sob as quais era exercido esse poder não criticado, não conhecido. Se Espinosa falou do poder político nos conceitos do direito natural para criticá-los, sua crítica ficou curta demais para que ele pudesse ir além da simples recusa da moral como fundamento de todo poder político, de uma concepção abstrata da força como fundamento do mesmo poder.

E, por fim, nesta enumeração, feita aqui do ponto de vista da ideologia burguesa, não se deve esquecer, ao lado da frente antifeudal, a frente antiassalariados da filosofia burguesa. Também nesse caso a tarefa de unificação da ideologia como ideologia dominante encontra obstáculos que ela pode escamotear, mas não pode realmente superar. Pois tentem fazer um assalariado explorado acreditar que é da mesma raça que a burguesia e possui os mesmos direitos, que também ele é um "sujeito" livre, moral, político, jurídico, estético, científico, quando quase todos os seus direitos lhe são praticamente recusados! A filosofia dominante vai até onde pode ir em sua função unificadora da ideologia, mas não pode saltar por cima de seu tempo, como dizia Hegel, ou por cima de sua condição de classe, como dizia Marx.

---

8 G. W. Leibniz, *La réforme de la dynamique*, ed. M. Fichant. Paris: Vrin, 1994; idem, "Échantillon des démonstrations universelles, ou "Apologie de la foi tirée de la raison", *Discours de métaphysique...*, op. cit., pp. 279-80.

Em todo caso, captamos aqui a razão pela qual, tradicionalmente, a filosofia se apresentou sob a forma de um sistema. O que é um sistema? É um conjunto de *elementos finitos*, ou abrangidos por um número de *categorias finitas*, inclusive a categoria de infinito, que se concatenam por uma mesma razão necessária, uma mesma ligação idêntica em todos os lugares – e um conjunto *fechado*, de modo que nenhum elemento possa escapar do domínio que é exercido sobre ele. Assim, o sistema é a verificação da existência da unidade, produto da unificação, a unidade exibida e demonstrada por sua própria exibição, a prova visível de que a filosofia realmente abarcou e dominou o "todo" e que nada existe que não seja abrangido por sua jurisdição.

E não venham aqui objetar a existência de filosofias que se apresentam abertamente como recusa e negação de todo sistema (Kierkegaard, Nietzsche), pois essas filosofias são como que o avesso dos sistemas que rejeitam, e sem eles não existiriam. Evidentemente, para chegar a essa concepção, é preciso fazer uma ideia das filosofias que não as considere de maneira isolada, e sim relacione todas com o "campo de batalha" filosófico como sua condição de existência e não se limite a ver nelas um testemunho pessoal ou uma busca subjetiva da verdade. Digamos que sua forma paradoxal – e não é por acaso que se observa sua existência em períodos de crise histórica, como o século V grego dos sofistas ou o século XIX germânico – representa uma espécie de dispositivo de combate de guerrilha filosófico, respondendo a condições em que certo filósofo não se sente preparado e forte para travar uma guerra frontal generalizada, e então ataca aqui ou ali, de surpresa, com aforismos, para tentar desmembrar a frente inimiga. Mas veremos que também podem existir outras razões para essa forma de existência filosófica.

19

IDEOLOGIA E FILOSOFIA

Entretanto, se tudo o que acaba de ser dito for exato, é preciso evitar uma ilusão: a ilusão de acreditar que *a filosofia possua por natureza o direito de exercer essa função de unificação teórica da ideologia*. Ela é apenas seu agente e, como tal, pode-se dizer que nada faz além de executar um plano que lhe vem de outro lugar. Qual plano? E qual é esse outro lugar?

Esse plano é quase sempre (não sempre) inconsciente, mas o conhecemos, visto que se trata de unificar, como ideologia dominante, os elementos existentes da ideologia. Mas esse é um plano formal, ao qual faltam as instruções e mesmo a matéria-prima essencial. Não usei esta última palavra irrefletidamente, visto que ela nos leva de volta a noções já analisadas. De fato, não devemos esquecer que essa tarefa realizada pela filosofia é um longo processo de luta (de classe) "na teoria" (Engels) e, portanto, um processo sem sujeito (um trabalho do qual a filosofia não é o criador absoluto). Essa tarefa é imposta à filosofia de fora, pela luta de classe como um todo, mais precisamente, pela luta de classes ideológica. É a relação de forças na luta de classes que faz com que, em certo momento, uma classe que chegou ao poder, ou que visa a conquistá-lo, sinta de maneira objetiva, porém mais ou menos "consciente", para se unificar e mobilizar seus partidários até nas classes que explora, *a "necessidade" histórica* de dispor de uma ideologia unificada para levar a bom termo sua luta de classe.

Formalmente, portanto, é da classe dominante empenhada na conquista do poder, ou em sua consolidação, que a filosofia recebe a "encomenda" de constituir um sistema filosófico unificado que possa unificar progressivamente todos os elementos da ideologia existente. Mas isso não é tudo: *essa "encomenda" vem acompanhada de "instruções" muito precisas*, que também não são arbitrárias.

De fato, a história mostra que todo o poder de uma classe exploradora se baseia nas formas de sua exploração e, portanto, nas formas assumidas pela relação de produção na posse e alienação seja dos meios de produção, seja da força de trabalho. Como diz Marx: "é na relação entre o produtor imediato e os meios de produção"[1] que jaz todo o mistério do poder, o mistério do Estado. Ora, no caso da burguesia, essa relação imediata se expressa sob a forma de *relação jurídica*, inseparável da *ideologia jurídica*. Para esta, todo homem é sujeito de direito, senhor e possuidor de seu corpo, de sua vontade, de sua liberdade, de sua propriedade, de seus atos etc. Essa ideologia jurídica não diz respeito apenas às relações mercantis de troca, estende-se também às relações políticas, familiais, morais etc. Assim, toda a sociedade burguesa está baseada no direito e na ideologia jurídica. Já existe aí, de maneira pouco explícita, uma espécie de unificação ideológica atuando na própria prática, uma forma quase universalmente reconhecida, já adaptada à maioria das práticas sociais existentes. Que essa forma seja generalizada, esta é uma exigência vinda da prática econômica e política da burguesia, que quer a livre circulação comercial dos produtos, a livre circulação da força de trabalho e até mesmo, pelo menos em seus primórdios, a livre circulação dos pensamentos e dos livros. A filosofia recebe assim a missão histórica de *universalizar essa forma*, encontrando as modalidades adequadas para cada elemento ideológico e para as práticas correspondentes. Portanto, é essa forma (a forma sujeito), e nenhuma outra, que a filosofia deve trabalhar prioritariamente como sua matéria-prima, para torná-la utilizável em todos os âmbitos da prática social; deve torná-la suficientemente abstrata para poder servir a todos os fins úteis e em todos os casos possíveis; deve conferir-lhe as modalidades requeridas por cada ideologia local ou regional; por fim, deve extrair dela as abstrações superiores que assegurarão a unidade e a garantia dessa unidade.

Com isso se dissipa a ilusão da onipotência da filosofia. E não é apenas o exemplo da filosofia burguesa que o prova. Já ficou bastante

---

[1] *Le Capital*, op. cit., t. III, p. 717. Cf. L. Althusser, "Marx dans ses limites", op. cit., pp. 454-7.

demonstrado que, sob o feudalismo, a filosofia era apenas a "serva da teologia". Do mesmo modo, se poderia dizer que, para o proletariado, a filosofia materialista de que ele necessita é a "serva de *sua* política", pois é pura e simplesmente da prática da luta de classe proletária que provém a "encomenda" de uma nova prática da filosofia[2], de que o proletariado necessita em sua luta e para sua luta. Basta pensar nisso por um momento. O proletariado não é uma classe exploradora, e sim uma classe somente explorada. As relações de produção a que está submetido lhe são impostas de fora, pela burguesia capitalista. Não constituem sua força; mais, constituiriam sua fraqueza. Ele não obtém nenhum poder da existência delas e de sua consagração suprema pelo Estado. Assim como só tem seus braços para viver, dispõe apenas de suas ideias e de suas forças para lutar. Necessita de uma ideologia própria para unir suas forças e opô-las àquelas que a ideologia burguesa reúne. Para unificar os elementos ideológicos de que pode dispor, e que em parte são herança da longa história da luta dos oprimidos, o proletariado também precisa de uma ideologia própria, que *ajuste* o conjunto de suas armas ideológicas para o combate de classe.

Portanto, em nenhum caso a filosofia é esse poder onipotente que decide sobre seu próprio destino e sobre a orientação de seu combate. Portanto, em nenhum caso a filosofia, que assume a aparência de fundar sua própria origem e sua própria força, é autônoma. É apenas, na teoria, *a delegação da luta de classe econômica, política e ideológica; por essa razão, ela é, "em última instância, luta de classe na teoria"*[3].

---

[2] L. Althusser, "Lénine et la philosophie", op. cit., pp. 44-5: "*O marxismo não é uma filosofia da práxis e sim uma prática (nova) da filosofia.*" Ver p. 182, n. 10.
[3] L. Althusser, "Réponse à John Lewis", op. cit., p. 11.

20

FILOSOFIA E CIÊNCIA DA LUTA DE CLASSES

Resta uma última questão, e da maior importância. Todas as filosofias do passado que conhecemos submeteram-se ao mecanismo que acaba de ser descrito: todas agiram "por encomenda", a serviço das classes dominantes, e trabalharam a "matéria-prima" da ideologia determinante para essa classe. Mas essa condição as tornava dependentes dos objetivos dessas classes e, *portanto, de sua subjetividade*. Se toda filosofia se desenvolve sobre bases teóricas de classe, se unifica como ideologia dominante os elementos ideológicos existentes, mas em proveito das classes dominantes, então se compreende que não produza conhecimento, mas seja apenas uma arma num combate. Uma arma é uma arma: nada produz além do poder da vitória. E, então, ao mesmo tempo se compreende que a filosofia sempre possa ter passado sem o dispositivo experimental, indispensável para toda ciência que produz conhecimentos. Mais ainda, compreende-se que esse dispositivo lhe seja totalmente alheio, pois nunca aparece em sua própria prática.

Mas, se é assim, acaso isso não significa que a filosofia, que depende da ideologia determinante da classe dominante, *nada mais é do que uma simples ideologia*? Não significa se expor aos sarcasmos clássicos de todos aqueles que, desde os sofistas, zombaram das pretensões da filosofia de dizer a verdade sobre todas as coisas? Em outras palavras, como assegurar que a filosofia não é o delírio teórico de um indivíduo ou de uma classe social em busca de garantia ou de adorno retórico? Como conciliar essa ligação de classe, que parece incontestável, seja com as pretensões da filosofia de estabelecer um saber objetivo, seja com as garantias que uma classe revolucionária pode esperar da filosofia materialista que deve orientar seu combate?

Essas questões merecem um exame sério. Pois, se há em tudo isso um resultado objetivo, é aquele que obtivemos ao estabelecer que toda filosofia ocupa, na teoria, posições de classe e que há, portanto, uma relação necessária entre qualquer filosofia e as relações de classe existentes em determinada sociedade. O fato de essa ligação objetiva ser ou não consciente e controlada depende de outra questão, a das posições que a classe ocupa na relação de forças da luta de classes. De fato, quando se trata de uma classe exploradora, é uma necessidade inconsciente que regula todo o dispositivo que resulta na dominação política e ideológica. Não é intencionalmente que os proprietários dos meios de produção exploram os trabalhadores assalariados, e sim como efeito de um mecanismo que põe em jogo relações de classe que os transcendem e os regem. Não é intencionalmente que se apoderam do poder de Estado e constituem a ideologia da qual extrairão resultados de dominação e submissão, e sim em razão de uma dialética que impõe a construção de um aparelho de Estado para garantir as condições da exploração. Em todo esse mecanismo, tudo está ordenado para essa exploração e para a dominação que a sanciona, e a ideologia dominante e a filosofia que ajusta suas categorias para alcançar sua unificação são impelidas pela dinâmica da exploração de classes. Nessas condições, compreende-se que a ideologia dominante e a filosofia que a unifica sejam demarcadas pelos limites dos objetivos, isto é, da subjetividade da classe dominante, e que o "saber" alcançado pela filosofia seja relativo a esses limites e, portanto, subjetivo.

Mas imaginem uma classe que não explore ninguém, lute pela sua libertação e pela supressão das classes. Imaginem que, em sua luta, essa mesma classe decida *unificar a si mesma unificando sua ideologia de classe, e unifique essa ideologia forjando uma filosofia* que consiga essa unificação. Então, se essa classe estiver armada de uma teoria científica da luta de classes, as condições de elaboração de sua filosofia mudarão completamente. A necessária dependência dessa filosofia com relação à ideologia política do proletariado não será, portanto, uma servidão cega, e sim, ao contrário, uma determinação consciente, assegurada pelo conhecimento científico de suas condições, de suas formas e de suas leis. *É esse conhecimento científico da ideologia comandando a filosofia encar-*

regada de unificar a ideologia proletária que vai propiciar as condições de um ajuste filosófico tão objetivo quanto possível: ajustando essa filosofia às condições que regem a existência tanto da luta de classes proletária como da ideologia proletária na luta de classe contra a burguesia.

É aqui que o termo *ajuste* alcança seu pleno sentido: na categoria marxista de *justeza*[1]. Dissemos há pouco que as proposições filosóficas não produziam conhecimento, pois não tinham um objeto, no sentido de que uma ciência tem um objeto. Isso significa que as proposições filosóficas não podem ser declaradas "verdadeiras". Agora podemos afirmar que elas poderão ser declaradas "justas", se o adjetivo *"justo" designar o efeito de um ajuste* que leve em conta todos os elementos de uma determinada situação na qual uma classe luta para alcançar seus objetivos. "Justo" é, então, o adjetivo não da justiça, categoria moral, e sim da justeza, categoria prática, que indica a adaptação dos meios aos fins, em função da natureza de classe daquele que os busca. E não pretendemos sair do subjetivismo de classe invocando, como fazia o jovem Lukács em *História e consciência de classe*[2], a natureza "universal" da classe proletária. Não afirmamos que a "justeza" da filosofia do proletariado seja equivalente à verdade em virtude dessa universalidade, que anula o particularismo da subjetividade. Muito ao contrário, diremos que *a "justeza" da filosofia do proletariado escapa à subjetividade porque está sob controle de uma ciência objetiva, a ciência das leis da luta de classes*.

E dispomos de exemplos históricos suficientes para demonstrar, ao mesmo tempo, a fecundidade desse "controle", sua existência e também suas fraquezas. Na crise da filosofia marxista que vivenciamos atualmente, o que quase provocou a falência definitiva da teoria marxista foi justamente uma interpretação subjetivista "de classe" da "justeza" das teses filosóficas marxistas. Quando Stálin, em sua célebre *História do PC* (b) (capítulo 6), apresentou uma versão positivista do marxismo e da dialética[3], na verdade estava se aliando a uma concepção subjetivista (burguesa) da filosofia proletária. Apresentava-a como enunciando as "ver-

---

1 Cf. L. Althusser, *Philosophie et philosophie spontanée des savants*, op. cit., pp. 55-7.
2 *Histoire et conscience de classe*. Paris: Éd. de Minuit, 1960.
3 "Matérialisme dialectique et le matérialisme historique", capítulo 4 (e não 6) de *L'histoire du parti communiste bolchevik de l'URSS*, em *Textes choisis*, ed. Francis Cohen, trad. francesa Cohen. Paris: Éditions Sociales, 1983, t. II, pp. 79-112.

dades mais gerais" da prática, como um conhecimento, como a ciência das ciências, e fazia do método seu apêndice. A partir de premissas tão frágeis, era fácil, com o auxílio das circunstâncias, sempre conservando essa determinação subjetiva básica, cair em outro subjetivismo de classe, o proletário. Foi a época da "ciência burguesa" e da "ciência proletária", do caráter de classe do conhecimento científico, cujos estragos e cuja história são conhecidos (ver Dominique Lecourt, *Lyssenko*)[4]. Mas, nesse caso, o mais evidente é que *essa concepção da "justeza" filosófica se baseava numa teoria errônea da ciência das "leis" da luta de classes*. A teoria marxista, interpretada com arrogância por Stálin, se reduzia a um evolucionismo economicista sem surpresas, destinado, como qualquer ideologia que estivesse à mão, a justificar o fato consumado da ordem reinante na URSS, pretensamente em nome da ditadura do proletariado, mas, na realidade, de sua própria ditadura. Tal "teoria" científica era incapaz de "controlar" fosse o que fosse da "justeza" das teses filosóficas que apoiava. Muito pelo contrário, Stálin lhe dava a filosofia de que ela necessitava e da qual, infelizmente, a maioria dos filósofos marxistas, como bons êmulos de Stálin, nunca saíram.

Em contrapartida – e também disso temos exemplos históricos –, pode-se conceber de modo muito diferente a relação de "controle" científico da teoria das leis da luta de classes sobre a "justeza" das teses da filosofia do proletariado. E os exemplos de que dispomos, de Marx, Engels, Lênin, Gramsci, Mao, não podem deixar de nos impressionar por uma característica surpreendente: a extrema discrição de suas construções filosóficas.

Não estou falando só de Marx. Sabe-se que, uma vez "acertadas as contas" com sua "consciência filosófica" de outrora, em *A ideologia alemã* (1845), ele praticamente se absteve, com exceção de algumas linhas, de qualquer produção filosófica. Mas hoje ninguém mais duvida de que a filosofia de Marx tenha sido fortemente pensada e praticada por ele, em suas obras teóricas e políticas, e que ele fosse materialista e dialético. E, quando Engels lhe apresentou o manuscrito de *Anti-Dühring*, que era

---

[4] *Lyssenko. Histoire réelle d'une "science prolétarienne"*. Paris: PUF, 1995 (1976), Col. Quadrige. Althusser acompanhou de perto a redação dessa obra e contribuiu com um "Avant-propos": "Histoire terminée, histoire interminable" (pp. 11-21).

uma contundente réplica polêmica das obras de um socialista antimarxista, Marx aprovou-o. Mas essa obra não era um tratado nem um sistema de filosofia. Sabe-se também que Lênin, com exceção de *Materialismo e empiriocriticismo* e de suas notas de leitura sobre a *Lógica* de Hegel[5], também deixou de trabalhar numa grande obra filosófica para se dedicar à prática política. E, como no caso de Marx, ninguém duvida de que a filosofia que atua nessa prática tenha uma força e uma consistência excepcionais. Também Gramsci não dedicou nada importante à filosofia, assim como Mao, que lhe reservou apenas algumas intervenções pontuais.

Portanto, estamos diante de uma espécie de paradoxo. É inconcebível que a posição de classe proletária em filosofia não se expresse, para auxiliar a unificação da ideologia proletária, tendo em vista a luta de classe proletária. Mas é surpreendente que, a não ser pela exceção aberrante de Stálin e de seus êmulos, ela seja tão discreta e descontínua, sem assumir as vantagens da exposição clássica dos sistemas, de seu rigor e de seu esgotamento. Pois, afinal de contas, não deve o proletariado, segundo a expressão do *Manifesto*, "constituir-se como classe dominante" e para isso dotar-se de uma ideologia dominante, impensável sem uma filosofia que lhe seja própria? Quando chegar ao poder, não terá também ele necessidade dessa filosofia para unificar os diferentes elementos ideológicos existentes e assim transformar, sob a ditadura do proletariado, as práticas sociais?

Ora, creio justamente que esse paradoxo é constitutivo da *posição marxista em filosofia*[6], pela razão que se segue. De fato, vimos que a unificação da ideologia como ideologia dominante estava ligada à existência das classes dominantes. Vimos também que a unidade sistemática da filosofia, que serve a essa unificação, estava ligada a esse processo de unificação como sua condição. E agora podemos acrescentar que todo esse "sistema", que excede o simples "sistema" unicamente da filosofia, *está em ligação direta com o Estado, com a unidade do Estado*. Engels conseguiu dizer, com poucas palavras, que "o Estado é a maior potência ideológica[7]", destacando de modo fulgurante a relação que liga a unidade do

---

5 *Cahiers philosophiques*. Paris: Bayard, 1996, Col. Bibliothèque de marxisme.
6 Cf. L. Althusser, "La transformation de la philosophie", op. cit., pp. 172-8.
7 *Ludwig Feuerbach et la fin de la philosophie classique allemande*, trad. francesa revista por G. Badia. Paris: Éditions Sociales, 1966, p. 76, Col. Classiques du marxisme.

Estado à unidade da ideologia dominante e da filosofia que a serve em sua forma "sistemática". E não é, como também diz Engels, mas desta vez com palavras mal escolhidas, para responder a "uma necessidade eterna do espírito humano", que não pode suportar "as contradições" (palavras espantosas num dialético), que a filosofia constrói "sistemas"[8]. Ela os constrói para forçar à unidade os elementos ideológicos aos quais deve fornecer as categorias de sua unificação. Mas, ao fazê-lo, reproduz em si a forma do Estado: sua unidade, mais forte que toda diversidade.

Seria preciso que o proletariado cedesse a essa forma obrigatória da ideologia burguesa dominante e a esse meio obrigatório da filosofia burguesa dominante: *o sistema*? A solução fácil estava ali, totalmente disponível, e foi ela que adotaram os primeiros filósofos "socialistas" – os utopistas Saint-Simon, Fourier, Proudhon e outros –, que se puseram a construir, como mais tarde o fez Dühring, "sistemas" proletários que rivalizavam com os sistemas burgueses. Havia ali todas as aparências das vantagens oferecidas por todo sistema: exposição de todas as coisas colocadas em seu lugar, suas relações internas, previsão do futuro etc. Mas havia também esse efeito de ilusão e de impostura de que uma classe exploradora necessita para estar bem segura de dispor de seu futuro, mantendo-o antecipadamente bem em ordem, numa exposição sistemática.

Por um profundo instinto político, Marx e Engels se recusaram a seguir aquele caminho da facilidade. Assim como, do ponto de vista deles, o proletariado só podia se constituir como classe dominante com a condição de inventar uma "nova prática da política", assim também era preciso, para sustentar essa nova prática da política, inventar uma "nova prática da filosofia". É sempre a estratégia do comunismo que atua nessas perspectivas, tanto filosóficas como políticas. Trata-se de preparar, a partir de agora, o futuro revolucionário e comunista, portanto, de implantar, a partir de agora, elementos inteiramente novos, sem ceder à pressão da ideologia e da filosofia burguesas – ao contrário, resistindo a ela. E, como é a questão do Estado que comanda tudo, é preciso romper, a partir de agora, o elo sutil, mas muito forte, que o liga à filosofia, em particular na forma de "sistema".

Que esse elo existe, Marx não revelou nem descobriu. Os filósofos conheciam-no há muito tempo, ainda que não soubessem exatamente

[8] Ibid., p. 18.

qual era a sua natureza. Platão sabia muito bem, e não só por ambição pessoal, que a filosofia tinha uma relação direta com o Estado. Na outra ponta da história da filosofia ocidental, Hegel o dizia de modo ainda mais claro. Na filosofia como no Estado, está em causa o poder. Na filosofia, há ideias que estão no poder que se sobrepõem a outras ideias e as "exploram". No Estado, há classes no poder que se sobrepõem a outra classe, que elas exploram. E o poder das ideias sobre as ideias apoia de longe, mas realmente, o poder de uma classe sobre outra. Caso se queira preparar os caminhos para outra filosofia que não seja mais a expressão de um poder de classe ou não encerre mais uma classe dominante nas formas de seu poder de classe, então é preciso romper esse elo que submete a filosofia ao Estado.

Desse ponto de vista, a relação da filosofia por nascer (e então se compreende o relativo silêncio dos grandes dirigentes e autores marxistas) com as ideologias se torna totalmente diferente. Já mostrei (em *Filosofia e filosofia espontânea dos cientistas*) que a filosofia idealista passa seu tempo "explorando" a prática científica, com máximo proveito para os "valores" morais, religiosos e políticos da burguesia. Essa exploração das práticas pela filosofia é de praxe, e inevitável, enquanto ela estiver a serviço da política de uma classe exploradora, incapaz de controlar-lhe os efeitos de maneira científica. De fato, é forçoso as práticas se deixarem prender no torno de ideologias submissas à ideologia dominante, e a filosofia, que une essa ideologia, aproveitar-se de umas para exercer sua pressão sobre as outras.

Mas é possível pensar numa relação totalmente diferente da filosofia com as ideologias e as práticas, na perspectiva revolucionária do marxismo: não mais uma relação de servidão e exploração, e sim de libertação e liberdade. Essa substituição não suprimirá toda contradição, é bem verdade, mas afastará, pelo menos no fundamental, os maiores obstáculos que entravam a liberdade das práticas: os que lhe vêm da luta de classes e da existência das classes. Não podemos nos antecipar a esse futuro, mas temos experiências suficientes, positivas e também negativas, para imaginar sua possibilidade e conceber sua fecundidade.

21

UMA NOVA PRÁTICA DA FILOSOFIA

Mas, se tudo isso for verdade, talvez possamos responder à famosa questão tão debatida da "filosofia marxista" e de sua possibilidade. Marx e Lênin haviam deixado no escuro essa questão, mas seu silêncio já era uma resposta, visto que insistiam ao mesmo tempo na ciência marxista das leis da luta de classes e na nova filosofia surgida com ela. Depois deles veio toda uma série de interpretações. Para os revisionistas, como Bernstein, Marx fundou uma ciência que pode aceitar toda e qualquer filosofia, e a mais eficaz é a melhor (por exemplo, a de Kant). Para o jovem Lukács, Marx fundou uma filosofia que absorve em si, à maneira de Hegel, o que é erroneamente chamado de ciência da história. Labriola e Gramsci estavam bastante tentados, nesse período de reação contra o economicismo da Segunda Internacional, a compartilhar esses pontos de vista, e também Stálin, à sua maneira dogmática, que fazia da filosofia uma ciência que englobava em si a teoria marxista da história.

Ora, todas essas interpretações, mesmo as mais sutis (Gramsci), eram inspiradas no modelo da filosofia burguesa – pela ideia de que a filosofia só pode existir sob certas formas definidas, em particular sob a forma do sistema, ou do "sentido", englobando a totalidade dos seres, designando-lhes lugar, sentido e fim e, no melhor dos casos, sob a forma de uma "teoria" distinta da ciência. Reconheço que nem sempre consegui escapar da influência dessa concepção e que, em meus primeiros ensaios filosóficos, representei a filosofia com base no modelo da ciência, sem confundi-la com ela, é bem verdade, mas o suficiente para dizer que Marx produzira, por "um duplo corte", ao mesmo tempo uma ciência (o materialismo histórico) e uma filosofia (o materialismo dialético)[1]. Mas creio que é preciso evitar esse tipo de expressões, que podem levar ao erro.

Se toda ciência é realmente inaugurada por um "corte", visto que deve "mudar de campo", abandonando o antigo campo das noções pré-científicas, que em sua maioria são ideológicas, para se edificar sobre novas bases teóricas, uma filosofia nova não procede desse modo. Não é marcada por essa descontinuidade, visto que não faz mais do que assumir seu lugar na continuidade de uma luta secular, que opõe adversários cujos argumentos mudam, mas cujos objetivos permanecem sensivelmente os mesmos ao longo das mudanças de conjuntura. Se quiser representar a concepção de mundo de uma classe revolucionária em filosofia, mas de uma classe que, não explorando nenhuma outra classe, quer a supressão de todas as classes, ela deve lutar no campo de batalha filosófico existente e aceitar as regras do combate, ou melhor, deve impor suas próprias regras de combate, mas nesse mesmo campo *e sem se enganar de adversário*. Impondo as regras de seu combate, ela pode desnortear o adversário ao recusar a maioria das regras tradicionais, pois elas servem apenas à dominação da classe no poder. É o caso da regra do "sistema" e muitas outras: a da verdade, a do sentido, a do fim, a da garantia etc. Em suma, deve impor, tomando a iniciativa, uma nova prática da filosofia a seu adversário.

Desse modo, eu não falaria em "filosofia marxista", e sim em *"posição marxista em filosofia"*[2] ou em "nova prática, marxista, da filosofia". Essa definição me parece conforme tanto com o sentido da revolução filosófica operada por Marx quanto com o sentido da prática política e filosófica dele e de seus sucessores. E, se levada a sério, deve permitir que se comece a sair da profunda crise em que a filosofia marxista está mergulhada desde a Segunda Internacional e desde Stálin. Posso acrescentar um pequeno esclarecimento? Eu não falaria do marxismo – como faz Gramsci, que talvez tenha sido forçado a isso pela censura de seus guar-

---

1 Por exemplo, *Pour Marx*. Paris: Maspero, 1977, p. 235, Col. Théorie. "Marx funda de fato uma nova problemática, um novo modo sistemático de colocar questões ao mundo [...] essa descoberta está contida imediatamente na teoria do materialismo histórico, em que Marx não propõe apenas uma nova teoria da história das sociedades e sim, ao mesmo tempo, implícita mas necessariamente, uma nova '*filosofia*', com implicações infinitas."
2 Riscado: "ou de posição materialista-dialética em filosofia".

diães – como "filosofia da *práxis*", não que eu considere a ideia de *práxis* (transformação de si por si) deslocada no marxismo, muito ao contrário, mas porque essa formulação pode levar à antiga forma idealista da "filosofia de...", que institui como essência ou "sentido" de todas as coisas uma determinação particular – aqui, a *"práxis"*. Para dizer tudo o que penso, uma formulação como essa pode conduzir a uma interpretação idealista da posição de Marx em filosofia, por exemplo, no estilo de um retorno a Kant ou a Husserl (vê-se isso na Itália, mesmo em E. Paci).

22

A DIALÉTICA: LEIS OU TESES?

Encontramos outro obstáculo idealista muito grande no caminho dessa "nova prática da filosofia" baseada em posições teóricas proletárias de classe. Esse obstáculo é constituído pela antiga distinção idealista *entre a teoria* (ou ciência) *e o método*, a qual provém da prática científica. Quando o cientista chega a um corpo de conhecimentos objetivos que pode unificar numa teoria, empreende sua experimentação "realizando" essa teoria, no todo ou em parte, num dispositivo prático que submete seu objeto "a interrogatório" (Kant). Para isso, "aplica" a teoria de que dispõe, e essa teoria, assim aplicada, torna-se então o método científico. Espinosa traduzia essa prática em termos materialistas ao dizer que o método nada mais é do que "a ideia da ideia", ou seja, a reflexão e a aplicação, numa nova experimentação, do conhecimento adquirido e, portanto, ele nada acrescenta aos conhecimentos adquiridos e não é uma verdade (transcendente) que vá além deles e permita apreendê-los por meio de uma fórmula mágica.

Ora, essa distinção entre a teoria e o método naturalmente foi explorada pela filosofia idealista, que deu ênfase à diferença entre ambos e foi tentada a considerar o método como uma verdade anterior a toda verdade e capaz de possibilitar a descoberta de toda verdade nova. É assim que, em Descartes, o método, apesar de reflexão da verdade, precede-a de direito, visto que a ordem da "busca da verdade" precede a ordem de sua exposição. É assim que, depois de Leibniz, Hegel pôde falar de um método absoluto, a dialética, superior a todo conteúdo de verdade. Nessa concepção, estamos lidando com uma visão do processo de produção do conhecimento que faz abstração completa de suas pressuposições históricas, mas que implica que o resultado da história passada da experimentação existe como um dado absoluto, que basta aplicar a qualquer objeto para dele extrair o conhecimento. É reduzir o pesquisador ao estado de uma criança a quem um adulto desse as regras da pesquisa e que se maravilhasse ao vê-las produzir resultados. Leibniz, num dia feliz, criticou a ideia cartesiana do método dizendo: "Pegue o que é preciso, aja como é preciso e obterá o resultado desejado."[1] Em suma, uma operação mágica.

Infelizmente, Marx e Engels herdaram essa distinção e essa representação fantástica do método. E, para pensarem sua relação com Hegel, empregaram essa fórmula infeliz. Em Hegel, o conteúdo era reacionário, mas o método era revolucionário, e o método era a dialética. E Engels, em sua *Dialética da natureza*, ainda desenvolveu essa distinção, dizendo que, na nova "filosofia", o materialismo (ou teoria da matéria e de suas propriedades) era a teoria e a dialética, o método, e afirmando quase o primado da dialética sobre o materialismo, sobre o qual se indagava como podia escapar à lei da mudança e do relativismo universal, a não ser contradizendo a dialética[2]. Com isso, Engels nada mais fazia do que abstrair, com o nome de método, uma propriedade essencial da matéria, *o movimento*, cujas leis estudava (as famosas "leis da dialética"), e aplicava essa propriedade (o movimento) a todas as formas da matéria e às suas transformações.

Essa distinção foi retomada e orquestrada por Stálin, e naturalmente causou estragos. Como se pode perceber, ela se baseava inteiramente na ideia de que a filosofia era uma ciência, com um objeto próprio (a matéria e suas propriedades), e conduzia inevitavelmente a uma teoria sistemática da filosofia como ciência do todo ou do Ser. Daí as concepções "ontológicas" da "filosofia marxista", que, acompanhadas das inevitáveis concepções "metodológicas", foram e ainda são defendidas pelos filósofos soviéticos que não abandonaram a herança stalinista. Daí também esse problema estranho e paradoxal de saber por que existem *"leis" da dialética*, sendo que não existem "leis" do materialismo, a menos que

---

[1] Carta a P. Swelingius, *Philosophische Schriften*, op. cit., Berlim: Weidmann, 1881, t. IV, p. 329.
[2] *Dialectique de la nature*. Paris: Éditions Sociales, 1975.

se suponha que as "leis" da dialética são as "leis" da matéria em movimento. Mas, então, por que falar de materialismo (ou seja, de filosofia) e não de matéria (ou seja, da realidade objetiva)? Daí também esse irritante problema de saber *quantas são as leis* da dialética, que ora são três, ora quatro, ao passo que poderiam muito bem se reduzir a uma única (o movimento em Engels ou a contradição em Lênin). Daí também esta consequência escandalosa: visto que se conhecem com antecipação as "leis" da matéria, basta "aplicá-las" a todo objeto para produzir o conhecimento sobre ele; em suma, basta "deduzir" de suas "leis gerais" esse conhecimento particular.

Em todos esses problemas, essa concepção pretensamente marxista faz mais do que "tocar de leve" a filosofia burguesa. Subordina-se a ela e se encontra presa na contradição insolúvel de se submeter a uma filosofia da qual pretende se libertar. É preciso, de uma vez por todas, pôr um fim a esse absurdo, reconhecendo que esse modo de colocar os problemas nada tem de marxista, mas corresponde inteiramente à filosofia idealista burguesa.

Aliás, esta pode ser uma boa ocasião para explicar essa distinção entre o materialismo e a dialética.

O que ela pode significar a respeito de *colocações* marxistas? Nada mais do que a diversidade das teses filosóficas. Portanto, se dirá que existem não "leis" da dialética, e sim *teses dialéticas*, assim como existem teses materialistas, não sendo o "materialismo", em absoluto, uma teoria de um objeto definido, e sim o conjunto das teses que comandam e orientam as práticas científicas e políticas.

Aliás, olhando bem de perto, se perceberá que essa distinção não pode consistir em alinhar, de um lado, teses que seriam puramente materialistas e, do outro, teses que seriam puramente dialéticas, mas, ao contrário, *toda tese é ao mesmo tempo materialista e dialética*. De fato, a própria ideia de tese implica essa conclusão, na medida em que vimos que uma tese não pode existir sozinha, confrontada com um objeto exterior cujo conhecimento ela fornecesse, e sim *contra outra tese*. Toda tese é, *ipso facto*, antítese e, portanto, só existe sob o primado da contradição, que é o primado da contradição sobre os contrários.

Pode-se mesmo dizer que essa proposição, que por sua vez é uma tese, é a tese nº 1 da concepção materialista marxista em filosofia, e pode-se mostrar que ela é, ao mesmo tempo, dialética (visto que afirma o primado da contradição sobre os contrários) e materialista, pois é uma tese de existência objetiva, que afirma o primado das condições de existência sobre os efeitos dessas condições (Lênin: "tudo depende das condições"). Isso vale para qualquer outra tese, seja ela declarada materialista ou dialética. Como toda tese, em sua forma extrema, como já vimos, se caracteriza por afirmar, formular o primado de uma "realidade" sobre outra "realidade", toda tese inclui em si a contradição dialética, mas, como essa contradição remete sempre a suas condições de existência, ela é ao mesmo tempo tese materialista.

Nessas condições, a questão de saber quantas teses dialéticas (declaradas "leis") existem, ou quantas teses materialistas existem, não tem nenhum sentido. As teses filosóficas são "postas" para responder às questões levantadas pelo desenvolvimento das práticas, que é infinito. Disso se pode concluir que *o número de teses é infinito*, como prova mesmo a "pesquisa" dos filósofos "marxistas" que professam a existência de um número finito de "leis" da dialética.

Vemos, por essas diferenças importantes, delinear-se o futuro de uma prática da filosofia que, ao mesmo tempo que reconhece a existência do campo conflituoso dela e suas leis, se propõe a transformá-lo para dar à luta de classe proletária, se ainda houver tempo, uma "arma para a revolução". Vemos também que essa tarefa não pode ser obra de um único homem, nem tarefa com tempo limitado, e sim uma tarefa infinita, continuamente renovada pelas transformações das práticas sociais e a ser continuamente retomada, para melhor *ajustar* a filosofia a seu papel unificador, sempre evitando as armadilhas da ideologia e da filosofia burguesas. Por fim, vemos que nessa tarefa se afirma continuamente o primado da prática sobre a teoria, visto que a filosofia nunca é mais do que o batalhão da luta de classe na teoria e, portanto, em última instância, ela está subordinada à prática da luta revolucionária proletária, mas também às outras práticas.

Mas, por isso mesmo, reconhecemos na filosofia algo completamente diferente da simples "serva da política" proletária: uma forma de existência original da teoria, voltada para a prática, e que poderá possuir uma verdadeira autonomia se sua relação com a prática política for constantemente controlada pelos conhecimentos produzidos pela ciência marxista das leis da luta de classes e de seus efeitos. Sem dúvida, o mais extraordinário dessa concepção é a profunda unidade que inspira todas as suas determinações, ao mesmo tempo que liberta de todas as formas de exploração e de opressão pela ideologia e pela filosofia burguesas as práticas que são o foco de interesse de sua luta. Assim, Lênin pôde falar da teoria marxista como de um "bloco de aço", "bloco" que nada tem a ver com um sistema, pois a firmeza dos princípios e das colocações tem como real objetivo não escravizar as práticas, e sim libertá-las.

E, sabendo-se que essa "teoria", por sua vez, está subordinada à prática da luta de classes e, portanto, também a seus erros e fracassos, bem como a seus desvios, sabendo-se que é inteiramente extraída da luta de classes, visto que constitui para ela, simultaneamente, um meio e um foco de interesse, compreende-se melhor que possa escapar à imagem idealista da filosofia burguesa, esse sistema fechado em que tudo é pensado de antemão, em que nada pode ser questionado sem abalar toda a construção. Compreende-se então que o filósofo marxista pode e deve ser alguém muito diferente de um homem isolado do mundo: ele pode e deve ser um militante que pensa, na filosofia, as condições teóricas do desenvolvimento teórico da luta de classes, e um teórico que se comporta como militante não só na filosofia, mas também na prática política.

Resta talvez uma última questão, que nos remete ao começo deste ensaio: a questão de saber em que todo homem é filósofo. Esta proposição é paradoxal, se reconhecemos o caráter altamente abstrato de toda tese filosófica, pressupondo conhecimentos profundos no âmbito de todas as práticas sociais. Concordaremos facilmente que todo homem é um "animal ideológico", visto que só pode viver e agir sob ideias, as de sua prática ou as das práticas que dominam sua própria prática. Mas, quanto a ser filósofo! Admitiremos sem dúvida, depois do que acaba de ser dito, que, se nem todo homem é filósofo no sentido da filosofia dos filósofos e conscientemente, pelo menos recebe, através da ideologia dominante ou da ideologia da classe dominada *elaborada filosoficamente*, como que "recaimentos" filosóficos, na medida em que eles acabam permeando sua ideologia espontânea.

Sim, nesse sentido todo homem é virtualmente filósofo, na medida em que poderia, se tivesse tempo e meios, tomar consciência dos elementos filosóficos que vivencia, de modo espontâneo, em sua condição individual e social. Mas, para realmente sê-lo, sugerirão que precisa, antes de mais nada, pôr-se a estudar a filosofia dos filósofos, visto que são suas obras que contêm a referida filosofia. Entretanto, essa solução é em grande parte factícia, pois livros são apenas livros e, sem a experiência concreta das práticas de que eles falam, nosso aprendiz de filósofo corre o risco de não lhes captar o sentido, pois ficaria preso no círculo fechado desse universo abstrato que não dá a chave de seu próprio sentido.

Nessa acepção, os grandes filósofos, mesmo idealistas, tiveram razão, de Platão a Kant, em defender a ideia de que filosofia não se ensina, nem pelos livros nem pelos mestres, mas se aprende na prática, com a condição de refletir sobre as condições dessa prática, sobre as abstrações que a comandam e sobre o sistema conflituoso que governa tanto a sociedade como sua cultura. Certamente, deve-se fazer uso dos livros, mas para se tornar filósofo, como os filósofos de profissão, como foi Lênin, que recebeu apenas uma formação rudimentar em filosofia, é preciso aprender a filosofia na prática, nas diversas práticas e, acima de tudo, na prática da luta de classes.

Se perguntassem: mas, afinal de contas, o que é um filósofo?, eu diria: é um homem que luta na teoria. E para lutar é preciso aprender a lutar combatendo, e para lutar na teoria é preciso tornar-se teórico pela prática científica e pela prática da luta ideológica e política.

Numa época em que a burguesia desistiu de produzir até mesmo seus eternos sistemas filosóficos, numa época em que ela desistiu da garantia e das perspectivas das ideias para confiar seu destino ao automatismo dos computadores e dos tecnocratas, numa época em que é incapaz de propor ao mundo um futuro pensável e possível, o proletariado pode aceitar o desafio: devolver vida à filosofia e, para libertar os homens da dominação de classe, fazer da filosofia "uma arma para a revolução".